Tanja Kasischke

111 GRÜNDE, SACHSEN ZU LIEBEN

Eine Liebeserklärung an das großartigste Bundesland der Welt

SCHWARZKOPF & SCHWARZKOPF

INHALT

2.50

111 GRÜNDE, SACHSEN ZU LIEBEN

hier unter einem Dach haust – Weil ein Kapitel Ελλάς zu Sachsen gehört – Weil Dresden einst ganz Amerika auf Eis legte – Weil es ohne Sachsen kein Oktoberfest gäbe – Weil die Sachsen zuerst nach Adam Riese rechneten – Weil Heinz Rühmann hier Haare gelassen hat – Weil es in Chemnitz an die Wäsche geht – Weil James Bonds bester Bösewicht Sachse war – Weil Sachsen am besten losmachen – Weil sogar die echten Preußen Sachsen sind – Weil Erich Kästner Sachse war – Weil Audi eine sächsische Marke ist – Weil Karl mag's in Chemnitz – Weil Joachim Ringelnatz Sachse war – Weil Napoleon am Elstermühlgraben baden ging – Weil in Sachsen Deutschlands Silicon Valley liegt – Weil Dresden seine Gäste grüßt

VORWORT

Sie haben Ihr Ziel erreicht

Wie bin ich zu den Sachsen gekommen? Indem zunächst eine Sächsin auf mich zukam. Sabine aus Görlitz schrieb mir im Frühjahr 1988, ob ich ihre Brieffreundin werden wolle. Jemand aus ihrer Familie kannte jemanden, der jemanden kannte. Dieser Jemand lebte in Süddeutschland, hatte keine Tochter, kannte aber meine Mutter. Die hatte mich. So erhielt ich Sabines Brief. Ich war zehn Jahre alt und die DDR für mich ein unbeschriebenes Blatt. Ich habe dem Mädchen nie geantwortet. Ich schrieb nicht besonders gern.

Seitdem habe ich mich bei Begegnungen mit den Sachsen besser angestellt. Daraus ist dieses Buch entstanden. Vermutlich wäre *111 Gründe, Sachsen zu lieben* anders ausgefallen, hätte mich eine jahrelange Freundschaft mit Sabine verbunden. So kam ich relativ spät zu den Sachsen, um die 20 zog ich nach Dresden und fühlte mich wohl. Obwohl ich diesmal das unbeschriebene Blatt war und schockiert, als man mir vorhielt, ich hätte als Westdeutsche »ein Jahr Schauspielunterricht gehabt«, weil unsere Gymnasien mit dem 13. Schuljahr abschließen, ein – scheinbar überflüssiges – Jahr später als die Schulen des Ostens. Schubladendenken kannte ich bis dato nur in umgekehrter Richtung, von West nach Ost, und nur bei den Erwachsenen. Ein Freund steckte mir, das Zitat habe die Berliner Politikerin Regine Hildebrandt im Mund geführt. Machte Sinn. Sachsen sind an sich nicht auf Krawall gebürstet. Nur schwer zu knacken, wenn man ihnen das Tempo vorgeben will. Dieses Buch ist sozusagen ein Tempomat. Und ein Navi. »Geht nicht sofort«, sagt ein Sachse, während woanders gar nichts geht. Das muss man wissen. Das ist nicht unhöflich, sondern pragmatisch. Oder sächsisch ausgedrückt: fischelant.

Viele der Geschichten auf den nachfolgenden Seiten habe ich vor Ort erzählt bekommen. Meine sächsischen Freunde hielten sich indes zurück, verkniffen sich Ratschläge. Nie waren sie misstrauisch, dass ihnen das Buch nicht gerecht werden könnte. Ich kannte ja inzwischen das Tempo. Auch das ist ein sächsischer Zug: Die Außenwahrnehmung Sachsens, davon sind die Menschen im Freistaat überzeugt, kann gar nicht besser sein als ihre Eigenwahrnehmung. Während Sie das Buch lesen, merken Sie, warum das so ist.

Tanja Kasischke

KAPITEL 1

GEOGRAFISCHE BREITE, EPISCHE LÄNGE

DIE SACHSEN VERSTEHEN

Weil Sachsen in Finnland vorne liegt

Geografisch geht da auf den ersten Blick wenig. Sachsen würde niemand zu Norddeutschland rechnen und damit ungeschoren davonkommen, weder in Norddeutschland noch in Sachsen. Bei den Finnen ist der Fall klar: Wo die sind, ist oben. Und das ist ihr Statement. Finnland führt seit Jahren die europaweiten Bildungsrankings an. Finnische Schüler rechnen besser und lesen lieber als die deutschen. Im Durchschnitt leiht jeder junge Finne 13 Bücher pro Jahr aus einer Bibliothek aus, deutsche Schüler bringen es im Schnitt auf drei. Karaoke singen können die Skandinavier Gerüchten zufolge auch überzeugender. Und Finnlands Platzierungen beim Eurovision Song Contest sind zwar nicht durchgehend spitze, zumindest liegen sie in Summe aber deutlich weiter oben, als Sachsen bei der deutschlandweiten Variante des Gesangswettstreits abgeschnitten hat. Noch. Denn abgesehen davon trumpfen die Sachsen im Kreise der übrigen 15 Bundesländer auf. Das Land ist Bildungsprimus und behandelt vom Erstklässler bis zum Hochschulabsolventen alle so vorbildlich, dass sie sich mit Lerneifer und guten Abschlüssen revanchieren. Sachsen ist Finnland auf deutschem Boden. Das allerdings veranlasste die Finnen nicht dazu, »Saksa« als finnisches Wort für »Deutschland« in ihren Wortschatz aufzunehmen.

Wer ehrgeizig genug ist, die einheimische Bezeichnung bei den Skandinaviern zu erfragen, bekommt eine völlig andere Begründung, warum Deutschland gleich Sachsen ist: »Saxonians were the first Finish trade partners.« Die Sachsen waren also als Erste am Ziel und verdienten sich als tüchtige Handelsleute einen Platz im Wortschatz der Finnen.

In Norddeutschland siedelnde Sachsen entdeckten vor 800 Jahren den Ostseeraum als Handelsort und Finnland als Absatzmarkt. Sprachlich muss das ein Experiment gewesen sein, dessen Ausgang den guten Eindruck, den die Geschäftspartner aufeinander machten, scheinbar nicht schmälerte. Umgekehrt dürften auch die finnischen Geschäfte gut gelaufen sein, die Handelsbeziehungen nahmen in der Blütezeit der Hanse zu. Seitdem wird die Corporate Identity der Partner aus »Saksa« universal verwendet.

Eine PISA-verdächtige Geschichte, sieht man von der historischen Tatsache ab, dass die wackeren Ostseehändler von einst – anders als mittlerweile mancher Souvenirverkäufer zwischen Travemünde und Stralsund – geografisch eher vom nördlicheren Ende der Elbe stammten. Die Hanse reichte nicht bis nach Dresden. Zwar waren die Räume damals noch nicht so differenziert, wie sie es inzwischen sind, tatsächlich aber zogen die norddeutschen Sachsen eher aus Niedersachsen ostseewärts, als dass Scharen von Wurzenern, Radebergern oder Rochlitzern Wohnsitz in Schleswig-Holstein oder Mecklenburg-Vorpommern nahmen. Mittlerweile hat sich das relativiert, vor allem während der Sommerferien. Um nicht als Nachzügler oder Erfolgsschmarotzer der Bundesnachbarn verunglimpft zu werden, haben sich die Sachsen mächtig ins Zeug gelegt.

Das kann auch das Finnlandhaus »Rolu« in Pirna von sich behaupten. Ehe sich die Elbe Richtung Hansedeutschland aufmacht, schlängelt sich der Fluss an dem beschaulichen Städtchen bei Dresden vorbei, und dort am Grundstück von Lutz Schier und Rosalinde Schier-Hartenstein. Das Paar ließ nach der Wende seine beiden Garagen zu einer finnischen Gaststätte mitsamt Sauna umbauen, letztere wurde sogar von einem echten Finnen konstruiert und von Botschaftsmitarbeitern offiziell eingeweiht. Seitdem werden dort Finnen und Saksalainen, sprich: deutsche Gäste, stilecht skandinavisch untergebracht, seitdem tagt dort mit dem Pirnaer Ortsverein der Deutsch-Finnischen Gesellschaft die mitgliederstärkste Regionalgruppe Sachsens. Und seitdem kehren regelmäßig Besucher aus Pirnas finnischer Partnerstadt Varkaus ein. Die Verbindung ist nicht ganz so alt wie die Hanse, besteht aber immerhin seit 1961.

Finnlandfan sei vor allem ihr Mann gewesen, sagt Rosalinde Schier-Hartenstein, jedes Jahr reiste er hin. Sein Andenken hält sie mit dem Finnlandhaus »Rolu« lebendig, dessen Name sich aus den jeweils ersten Silben ihres und seines Vornamens zusammensetzt. Was Sächsisch ist, hätte auch ein finnischer Gruß sein können.

2. GRUND

Weil Sächsisch das wahre Hochdeutsch ist

Den typischen Ostdeutschen gibt es nicht, es gibt den Sachsen. Kein anderes der neuen Länder muss für so viele Klischees herhalten. Niemand sonst sieht seine freie Meinungsäußerung so oft verlacht: Den proletarischen Berliner Dialekt finden alle süß, das Sächsische zum Wegschmeißen. Säggsch klingt gemietlich mit seinen langgezogenen Vokalen und weichen Gonsonanten. Aber es vermittelt auch einen naiven, bedürftigen Eindruck. Tal der Ahnungslosen und so. Apropos, wenn das Forschungszentrum Deutscher Sprachatlas der Uni Marburg mal wieder eine Studie vornimmt und Menschen befragt, wo ihrer Ansicht nach sächsisch gesprochen wird, gibt es Kandidaten, die unbekümmert von Rostock bis Erfurt eine Linie durchziehen. Mag sein, dass die Sachsen diesen Umstand mit verursacht haben, weil sie so viel unterwegs sind und anderssprachigen Landsleuten dadurch den Eindruck vermitteln, Sachsen sei überall. Einen wahren Kern hat die großzügige Verortung ihres Dialekts dennoch. Sächsisch war bis Mitte des 18. Jahrhunderts Synonym des Hochdeutschen.

Als Martin Luther die Bibel ins Deutsche übersetzte, hielt er sich ans Sächsische. Genauer: Er schrieb nach der Meißner Kanzlei, der Behördensprache der Markgrafschaft Meißen. Die gab vor 500 Jahren den Ton an. Die Kanzleien kommunizierten untereinander auf Sächsisch, weil die kursächsische Kanzleisprache viele überregionale Redeelemente vereinigte. Man konnte sie weiträumig verstehen, was schon damals der Tatsache geschuldet war, dass die Sachsen gut rumgekommen waren. Die Meißner bemühten sich seit dem 13. Jahrhundert um eine gemeinsame Sprache. Meißens Markgraf war eine der treibenden Kräfte bei der Entstehung des *Sachsenspiegels*. Verfasst wurde das bedeutendste mittelalterliche Rechtsbuch zwar von einem aus der Dessauer Gegend stammenden Ritter, der aber viel entlang der Elbe gependelt sein dürfte, um von Zeitgenossen Rede und Antwort in juristischen Fragen zu bekommen. Die formulierte er zuerst auf Latein, dann auf Deutsch. Eine Meißner Abschrift des *Sachsenspiegels* liegt in der Sächsischen Landesbibliothek, Staats- und Universitätsbibliothek Dresden unter Verschluss, ihre digitale Fassung ist jedoch 365 Tage im Jahr zugänglich.

Martin Luther war so gesehen nicht der Erste, der dem Volk aufs Maul schaute, vielmehr führte er eine Tradition erfolgreich fort. Die mediale Revolution, die von der Bibelübersetzung in Gang gesetzt wurde, verschaffte dem Sächsischen einen kapitalen Imagegewinn. Die Menschen richteten sich nach der Schriftsprache und redeten sächsisch. Sogar die Katholiken stimmten ein. Auch der erste Universitätsprofessor, der statt in lateinischer Sprache auf Deutsch dozierte, war ein Sachse. Christian Thomasius aus Leipzig.

Nachdem die Preußen im Siebenjährigen Krieg die Sachsen in den Sack steckten, hatten sie plötzlich nicht mehr das Sagen. Die Stunde der Sächsisch-Kritiker schlug. Vergleicht man aber die alten Dialekte, ist das Sächsische der deutsche Dialekt, der grammatikalisch die größte Ähnlichkeit mit der heutigen Standardsprache hat. Entsprechend empört reagierte die Landesregierung in Dresden, als ihr eine etablierte Werbeagentur Ende der 1990er Jahre die Imagekampagne »Wir können alles, außer Hochdeutsch« anbot. Als wären es nicht die Sachsen gewesen, die das Hochdeutsche gepusht hatten. Wie die Geschichte ausging, ist bekannt: Baden-Württemberg übernahm das Motto und war von jetzt auf gleich alles andere als ein unbeschriebenes Blatt. Die Sachsen haben daraus gelernt und probieren es nun mit »So geht Sächsisch!«. Warum auch ein Erfolgskonzept ändern.

3. GRUND

Weil Sachsen Ja meinen, wenn sie Nu sagen

Sollten Sie Ihr Herz an eine Sächsin oder einen Sachsen verloren haben, lesen Sie weiter! Dieses Kapitel ist der Schlüssel zum ersten Date und bewahrt Sie gleichermaßen vor Liebeskummer. Dann nämlich, wenn Ihnen die oder der Angebetete die Frage nach Kino, Eis essen gehen oder Hotelzimmer mit »Nu!« beantwortet. Übersetzt heißt das dranbleiben. Denn Nu ist das sächsische Ja.

Das gilt vor allem für die Gegend zwischen Dresden und Görlitz. Richtung Leipzig handelt man sich schon mal ein Na oder No ein, in Chemnitz ein Nor. Die Aussage ist dieselbe: Ja.

Fremde Ohren hören trotzdem immer erst ein Nein. Das verursacht Missverständnisse allererster Güte: »Fährt diese Straßenbahn zum Bahnhof?« – »Nu.« Die Verwirrung klärt sich spätestens, nachdem Sie mehrere Leute gefragt haben, deren Aussagen übereinstimmen und Sie nur Bahnhof verstehen. Dann fährt die Bahn auch dorthin. Stellen Sie dieselbe Frage in Berlin, hören Sie als Antwort entweder »Bin ick dit Auskunftsbüro?« oder »Weiß ich nicht, ich bin auch nicht von hier« oder »Ja, und stell'n se sich vor, die Bahn hält sogar och dort«.

In Sachsen fahren Sie besser. Nu signalisiert immer Zustimmung. Das ist fair, schließlich sind wir alle verrückt nach positivem Feedback, wollen bestätigt sein oder gelikt werden. Das Nu ist der kleinste gemeinsam Verbalnenner für die größte vorstellbare Menge an Äußerungen: Ich habe verstanden. Ich kann dir folgen. Ich stimme zu. Das sehe ich auch so. Find ich gut. Gefällt mir. So machen wir's. Nu!

Wie sich das Wörtchen ins Sächsische gemogelt und wer es wo und wann zuerst ausgesprochen hat, kann seltsamerweise kein Sachse präzise sagen. Heißt auch: August der Starke war es zur Abwechslung mal nicht. Die plausibelste Erklärung für das Nu ist die eingedeutschte Form des tschechischen »Ja« (ano). Die Sachsen sparten sich das »a«, fertsch. Jeder Rheinländer nickt die Geschichte ab, denn so ähnlich begründet er die Entstehung des schönen Wörtchens »tschö«. Dessen Ursprung war angeblich die französische Abschiedsformel »adieu«. Eingedeutscht wurde sie ohne »a« und fortan etwas breiter ausgesprochen.

Gerade die Franzosen hadern mit dem sächsischen Nu, von ihrem Nein (non) ist es wirklich nicht hörbar zu unterscheiden. Weil dem Sachsen die fragenden Blicke seines fragenden Gegenübers nicht verborgen bleiben, sind mittlerweile auch »nu, gloar« oder »nu, genau« gebräuchlich. Schließlich will im Freistaat niemand, dass der Franzose vorschnell Adieu sagt, weil er sich nicht willkommen fühlt.

Vorsicht ist dann geboten, wenn der Sachse eine Frage mit »Ja« beantwortet. Anders als beim »Nu« ist die Aussage damit noch nicht abgeschlossen. Wahrscheinlicher ist ein »Ja, aber«. Aus Ihrem Date wird in diesem Fall eher nichts.

4. GRUND

Weil Sächsisch auch Sorbisch ist

In der Oberlausitz sind Orts- und Straßenschilder zweisprachig. Bautzen heißt beispielsweise auch Budyšin, sein zweiter Name ist Sorbisch. Die Volksgruppe der Sorben ist als nationale Minderheit in Deutschland anerkannt. Auch die Landesverfassungen Sachsens und Brandenburgs – dort gibt es ebenfalls Sorben – verpflichten sich, ihren Teil zum Erhalt der sorbischen Kultur und Sprache beizutragen. Es gibt sorbische Schulen und Kitas sowie eine sorbische Interessenvertretung, die Domowina. Nicht zu vergessen: Sachsens Ministerpräsident Stanislaw Tillich hat sorbische Wurzeln. Er stammt aus Kamenz.

Geprägt ist die Kultur der Sorben von der sächsisch-tschechischen Grenzregion, trotzdem waren alle Sorben bis zum Jahr 1815 Sachsen. Dann wurde das Europa nach Napoleon geografisch neu geordnet, die Niederlausitz fiel an Preußen. Die Oberlausitz blieb sächsisch. Die Folge war eine extreme Ungleichheit der Sorben, je nachdem wo sie lebten. Die Sachsen waren besser dran, in Preußen wurde die sorbische Kultur möglichst ignoriert, 1920 sogar die sorbische Sprache verboten. Nach dem Zweiten Weltkrieg räumte man die Steine allmählich wieder aus dem Weg, wenngleich die DDR mehr den folkloristischen Bonus betonte, den sie den Sorben verdankte, als ihre Rechte universal einzuhalten. Anders ausgedrückt: Die Sorben wurden genauso bevormundet wie alle anderen DDR-Bürger auch. Heutzutage Schnee von gestern, analog zu den Friesen in Norddeutschland wollen die Sorben jetzt nachziehen und eine parlamentarische Vertretung ins Auge fassen.

Sächsisch ist auch Sorbisch, das ist eine Bereicherung für das Land. Die Traditionen der slawischen Minderheit, die in Sachsen etwas mehr als 40.000 Personen zählt, sind lebendig! Wo wir schon beim Schnee von gestern waren: Der 25. Januar ist der erste Anlass im Jahr, der einen Besuch in der Oberlausitz lohnt. Obwohl das Datum in den Hochwinter fällt, so heißen die statistisch kältesten Wochen des Jahres. Keine berauschende Zeit, umso schöner wenn sie einen Höhepunkt bereithält, der noch dazu Frühlingsgefühle auslöst und wieder länger werdende Tage in Aussicht stellt. Duster war der Winter schließlich lange genug. Im sorbischen Kalender heißt der 25. Januar Vogelhochzeit. Mit einer Einladung zu ihrer Vermählung bedanken sich dann die Vögel bei den Menschen dafür, dass sie im Winter durchgefüttert wurden. Am Tag der Vogelhochzeit beginnt die Paarungszeit. Es wird heller, es wird Frühling.

Anders als im gleichnamigen Volkslied sind bei den Sorben nicht Amsel und Drossel das Brautpaar, sondern Elster und Rabe.

Der Ablauf der Vogelhochzeit ähnelt einer Mischung aus Fasching, Trachtenfest und Nikolaus. Kita-Kinder in Tracht stellen den Hochzeitszug des Vogelpaares nach und ziehen damit durch den Ort. Schon morgens nach dem Aufstehen haben sie einen Teller mit Gebäck auf dem Fensterbrett ihres Zimmers gefunden, den die Vögel dort als Geschenk abgestellt hatten, so wie der Nikolaus nachts artigen Kindern Süßes in den Stiefel schiebt. Die Vogelnester aus Hefeteig gibt es nur zur sorbischen Vogelhochzeit, sie schmecken fabelhaft! Außerdem unbedingt probieren: Sorbische Hochzeitssuppe.

Neben dem Brautpaar Elster und Rabe wird einem Kind die Rolle des Hochzeitsbitters zuteil, der bei sorbischen Hochzeiten – auch bei den echten – fast noch wichtiger ist als der Bräutigam. Er ist Trauzeuge und Wedding Planner in einer Person, er organisiert die Feier und unterhält die Gäste. Früher übernahm ein Bruder der Braut diesen Part, mittlerweile bestimmt ein Paar denjenigen aus seinem Freundeskreis zum Hochzeitsbitter, der das erzählfreudigste Wesen hat. Bislang sind alle fündig geworden. Schade für die Gleichberechtigung: Sorbische Hochzeitsbitterinnen gibt es keine.

Ähnlich herrendominiert: der schöne Brauch des Osterreitens. Dessen Hochburg ist Ratibor, aber Bautzen, Panschwitz-Kuckau und Wittichenau sind auch gut dabei. Wer den Umzug der Reiter erstmalig verfolgt, ist von dessen archaischem Bild vielleicht etwas befremdet und denkt an Illuminati: Männer in schwarzen Anzügen und Zylindern, die hoch zu Ross singend vorbeiziehen, wobei ihr Gesang nicht an Stammtisch erinnert sondern an Gregorianik. Das Osterreiten ist eben eine christliche Tradition.

Der Ostersonntag beginnt damit, dass die Reiter frühmorgens ihre Pferde aufzäumen, ehe sie sich selbst in Schale werfen. Wer kein eigenes Ross hat, leiht sich eins. Väter helfen den Söhnen beim Anschirren der Tiere, während der Rest der Familie im Haus ein

Festmahl zubereitet. Ostern ist in der katholischen Oberlausitz auch das Fest des Fastenbrechens. Zuvor wird die Auferstehung Christi verkündet. Das ist der Job der Reiter. Jeder Ort hat seine eigene Prozession, für die im Prinzip zwei Regeln verbindlich sind: Erstens, jede Gruppe reitet durch möglichst viele Orte und singt. Zweitens, die Prozessionen dürfen einander nicht begegnen. Weil die Sorben mit der Logistik Übung haben, klappt das in der Regel auch.

Ähnlich pedantisch-abergläubisch sind die Sorben beim Brauch des Osterwasser-Schöpfens. Das ist Frauensache, oder besser: Mädchensache. Junge Sorbinnen in Tracht gehen bei Sonnenaufgang zum nächstgelegenen Fluss oder Bach und schöpfen heilbringendes Nass, das sie dann nach Hause tragen. In der wasserreichen Lausitz müssen sie nicht weit gehen, aber – das ist wichtig – dabei schweigen. »Plapperwasser« bringt Unglück. Beliebt bei pubertierenden Jugendlichen ist, den Schöpferinnen am Weg aufzulauern und sie zum Lachen zu bringen. Oder sie zu erschrecken. Das machen die Jungs, die nicht reiten. Insgesamt sind es über 1.000 Männer zu Pferde, die Ostern durch die Oberlausitz ziehen. Übrigens: Debütanten erkennt man an einem kleinen grünen Kranz, der am Revers ihrer Jacke heftet.

Nach Ostern sind das Maibaumwerfen, zum Beispiel in Rosenthal oder Schwarzkollm, oder das Johannisreiten sorbische Bräuche, die den Jahreskreis bestimmen und schmücken. Sie festigen auch die Heimatverbundenheit junger Sorben, denn wie überall anders im ländlichen Sachsen spielt der demografische Wandel in der Oberlausitz eine zentrale Rolle. Je mehr die Kinder und Enkel in die Lebensweisen und -weisheiten der älteren Generationen einbezogen sind, desto stärker assoziieren sie damit, Sorbin oder Sorbe zu sein. Sorbe, Sachse, Bundesbürger, Leben bringt nur etwas, wenn man sich einbringt.

Weil hier der Name Programm ist

Das Leipziger Zentrum für Namenforschung hat sich dadurch einen Namen gemacht, dass sein Gründer Jürgen Udolph in Funk und Fernsehen Familiennamen entschlüsselt. Damit stiftete er vermutlich Ehen, rehabilitierte Generationenbande, vor allem aber rettete er Sprache. Eine Million Familiennamen in Deutschland führten den emsigen Professor zu Worten, die aus dem Sprachgebrauch verschwunden sind. Bei Familie Rescheiße etwa beruhigten sich nach dem Anruf beim Radiosender die Gemüter. Ihren vermeintlich fäkalen Namen ordnete Jürgen Udolph einer alten Bezeichnung für Schmied zu, jemandem, der »Röscheisen« schürte.

Erstmals ins Radio gelangte Udolph 1998, damals Professor in Göttingen, weil er einen Beitrag über den Rattenfänger von Hameln spannend und volksnah verfasste. Das schlug Wellen. Udolph behauptete, die vom legendären Rattenfänger entführten Kinder seien von Hameln nach Brandenburg gegangen. Er begründete das mit den ähnlich lautenden Ortsbezeichnungen in beiden Gegenden. Obwohl der gebürtige Berliner in kurzer Zeit als Personennamendeuter populär wurde, sind Ortsnamen sein akademischer Ausgangspunkt. Seine Doktorarbeit schrieb er über Flüsse und deren Bezeichnung.

An der Leipziger Universität wurde die Namenforschung zu Beginn der 1950er-Jahre vertieft, zunächst gleichfalls mit dem Schwerpunkt Ortsnamen und deren Bedeutung. Mit der Wende erweiterte sich das Betätigungsfeld der Forscher. Das erklärt, warum Leipzig kurz vorm Millennium um den Göttinger Professor buhlte. Er kam wie gerufen.

Spätestens aber nach seinem Auftritt bei Johannes B. Kerner im ZDF 2006 war Jürgen Udolph der Familiennamenexperte der Nation. Das bescherte auch Leipzig tüchtig Aufmerksamkeit, und die Stadt beeilte sich, ihren Standort der Disziplin würdig auszuweisen. Lange suchen mussten die Sachsen nicht. Mit dem Verweis auf den Messestandort, der über Jahrhunderte Menschen angelockt hatte und nach 1945 sowie mit der EU-Osterweiterung seine Namensbestände vervielfältigte, war das Namenzentrum in Stellung gebracht. Gegründet wurde es 2011. Nahezu alle Mitarbeiter haben Namenforschung beim inzwischen emeritierten Jürgen Udolph in Leipzig studiert. Auch die Internetseite des Zentrums lautet auf seinen Namen.

Außer an Familiennamen wächst das Interesse der Menschen an Vornamen. Die Namenforscher sind offiziell berechtigt, Eltern zu beraten, deren Wunschvorname für ihr Kind vom Standesamt abgelehnt wurde. In den Räumen des Zentrums an der Grimmaischen Straße in Leipzig gehen pro Jahr Zehntausende Anfragen ein. Jürgen Udolphs Mitarbeiter greifen dann zunächst nach einem der über 100 Nachschlagewerke und erschließen sich per Telefonbuch-Software die Verbreitung des gesuchten Namens. In neun von zehn Fällen haben sie zügig eine Erklärung parat. Jeder zehnte Absender bringt die Köpfe zum Rauchen. Etwa weil sein Name aus dem aktiven Wortschatz der Bevölkerung verschwunden ist – wie Röscheisen.

Von der Landkarte verschwundene Herkunftsorte, alte Berufe, Charaktereigenschaften, die mit heutigen Tugenden nicht mehr zu vergleichen sind: Jeder Name ist ein Fall für Leipziger Spürnasen. Das große Interesse der Bürger an seiner Disziplin begründete Jürgen Udolph einmal damit, dass Namen jeden Menschen betreffen. Der Familienname hat Gewicht. Der ist verbindlich. Erst recht, wenn die Zeiten schnelllebiger und das kulturelle Gedächtnis kürzer werden.

6. GRUND

Weil Dresdner Russisch können, ohne am Ende ihres Lateins zu sein

Am Russischen kann man sich die Zähne ausbeißen, obwohl es mit Sprache nichts zu tun hat. Das Gebäck Russisch Brot ist hart, ungemein lecker und eigentlich eine Mogelpackung. Denn die Buchstaben sind nicht kyrillisch, sondern lateinisch. Für unsereins demzufolge gut lesbar. Ob die Entstehung der Backschrift unter Küchenlatein fällt oder einen wahren Kern hat, ist strittig. Aber der Genuss heiligt in Sachsen die Mittel, weshalb die Sachsen den Russisch-Brot-Erfinder in ihrer Mitte glaubten: Mitte des 19. Jahrhunderts brachte ein Dresdner Bäckergeselle das Rezept von seiner Walz mit. Den Keksteig in Buchstabenform hatte er in Sankt Petersburg gekostet und die Zutatenfolge dann geguttenbergt. Mit Erfolg. Die Sachsen kamen auf den Geschmack, obwohl Russisch Brot vergleichsweise bissfest war. Gut, dass die Dresdner gewohnt waren, alles Gebäck in ihren Kaffee zu ditschen, bis es die benötigte Konsistenz hatte.

Russisch Brot blieb ein Dresdner Produkt und überstand sogar die Wende und den Zusammenbruch der Sowjetunion. Gefertigt wird der Keks aus Zucker, Mehl, Eiweiß, Kakao, Karamell, Malz und Vanille bei Dr. Quendt im Stadtteil Coschütz, wo auch die – gleichfalls in Dresden erfundenen – Dominosteine vom Band laufen. Tatsächlich ist unser Alphabet maschinell leichter zu backen als die kyrillischen Buchstaben. Damit wären die Dresdner vielleicht doch irgendwann am Ende ihres Lateins.

7. GRUND

Weil es in Leipzig sprichwörtlich zuerst um die Wurst ging

Die bevorstehende Entscheidung in einem Wettbewerb definierten 1881 erstmals die Leipziger als Redewendung: Es geht um die Wurst. Sachsens Zentrum des Buchdrucks und Heimat der Lexika-Väter interpretierte den Satz, vervielfältigte die Formulierung und brachte sie in aller Munde. Erfunden haben die Leipziger das Sprichwort nicht, der wahre Urheber war ihnen aber auch wurst, solange sie den Satz auf ihre Zwecke umlegen konnten. Spiel, Satz, Duden. Zu diesem Zeitpunkt war die Wurst, die den Wettstreit auslöste, längst verdaut.

Wurstschnappen war im Mittelalter ein Spiel, das auf Märkten oder Festen massenhaft Zuschauer anzog. Die standen Schlange, um nach Würstchen zu schnappen, die an Fäden von einer Stange baumelten. Die Methode passt zu einem Song der Prinzen: Alles mit'm Mund. Hand anzulegen war verboten, wie etwa heutzutage beim Kindergeburtstag, so denn sich der Nachwuchs noch mit Wienern an der Schnur locken lässt, die Inhaltsstoffe der Würstchen verträgt und das Brät aus artgerechter Haltung kommt. In den Jahrhunderten zuvor lebten die Menschen von der Hand in den Mund, Würste waren teure Leckerbissen, die zu Höchstleistungen beim Schnappen anspornten. Wer den Zipfel zu fassen bekam, durfte die Wurst nicht nur behalten, oftmals gab es noch eine zweite – größere – obendrauf. Letztlich ging es wohl um diese Wurst. Ganz losgelassen hat die Sachsen die Thematik aber nicht, weshalb sie satte 100 Jahre nach der sprichwörtlichen Auseinandersetzung mit der Wurst eine Städtepartnerschaft mit Lyon unterzeichneten, der Heimat der Lyoner.

Ein Ort in Leipzig, an dem es in der Vergangenheit tagtäglich um die Wurst ging und wo glücklicherweise jeder Kunde Schwein hatte, war die Jugendstil-Fleischerei in der Jahnallee im Waldstraßenviertel. Die Art-déco-gekachelten Verkaufsräume sind erhalten geblieben, ebenso die Wursthaken. Seit 2012 ist die Fleischerei ein Café und lohnt Nase-Plattdrücken an der Scheibe. Das Scheelchen Heeßen empfiehlt sich nur unverfrorenen Gästen, die originalen Räume waren schließlich ans Frischhalten gewöhnt.

Bei den Görlitzern klappt das übrigens noch genauso wie vor 100 Jahren: In der Fleischerei Büchner geht es gleich doppelt um die Wurst, auf den Wandfliesen des Ladens in der Bismarckstraße ist die Evolution der Fleisch- und Wurstwaren dokumentiert. Kaufen kann man sie außerdem.

8. GRUND

Weil Plauen das e und o ist

Berühmt wurde der Zeichner Erich Ohser (1903–1944) durch die Bildergeschichten von Vater und Sohn. Sagen Sie jetzt nichts! Schon gar nicht: »Iwo, die sind von e.o. plauen, der die Eigenart besaß, seinen Namen in Kleinbuchstaben zu schreiben.« Erich Ohser und e.o. plauen sind so identisch wie Hans Bötticher und Joachim Ringelnatz. Plauen führte Ohser als Künstlernamen, weil er die Stätte seiner Kindheit würdigte. Familie war das e und o für den Künstler aus Plauen. In Plauen ging Erich Ohser zur Schule, dort lernte er Schlosser, eine Plauener Buchhandlung zeigte seine ersten Skizzen, ein Redakteur der Lokalzeitung wurde Mentor des jungen Talents. Auch als Student in Leipzig dürfte E Punkt O Punkt Plauen als Heimat angegeben haben. So wie jeder, der vom Dorf kommt, den nächstgrößeren Ort nennt, wenn er gefragt wird. Weil das tatsächliche Kaff sowieso keine Sau kennt. Geboren wurde Ohser nämlich in Untergettengrün. Mag sein, dass es ihm als Pseudonym auch ungeeignet schien.

Als Junge begleitete er seinen Vater, einen Zollbeamten, oft auf dienstlicher Pirsch durchs bayerisch-böhmisch-sächsische Grenzland. Jahre später würde der erwachsene Spross anhand der Vater-Sohn-Beziehung den Bogen seines Lebens spannen und seine bekanntesten Figuren schaffen. Zuvor verschlug es ihn von Sachsen nach Berlin, gemeinsam mit noch einem Erich, dem vier Jahre älteren Kästner. Dass Erich Ohser zunächst als Erich Kästners Zeichner wahrgenommen wurde, kratzte sein Ego nicht. Beide waren sich sehr grün, hatten Herz und teilten ein Faible für schwarzen Humor, was ihren Erfolg erst potenzierte, dann einschränkte. Beide bekamen 1933 die Zensurkeule der Nationalsozialisten zu spüren und wurden mit Berufsverbot belegt. Kästners Bücher erschienen in Folge in der Schweiz. Ohser gelang es 1934, als Pressezeichner e.o. plauen wieder zum Zeichenstift greifen zu dürfen. In der *Berliner Illustrierten* inszenierte er einmal wöchentlich Vater und Sohn, unverfängliche Episoden aus dem Alltag, inspiriert von Szenen des eigenen Familienlebens. Die Figuren ergänzten sich zu seinem Alter Ego, sie würden ihn sogar überleben. Erich Ohser war beides, Vater und Sohn, das verrät ein weiteres Motiv aus der Berliner Wochenzeitung, das ihn und eine Dame an Deck eines Schiffes zeigt. Ohser sieht aus wie die erwachsene Kopie des gezeichneten Sohnes. Sogar die Frisur sitzt.

Vater, Sohn, Familienmensch, so kommt man dem Zeichner bei. Erich Ohsers Nachlass, den in Plauen eine Stiftung verwaltet und seit 2010 zeigt, versammelt unter anderem Briefe und Glückwunschkarten für Freunde sowie die Kinder von Freunden, auf denen Vater und Sohn zum Geburtstag gratulierten. Umgeben sind sie von Tieren, die genauso aus A.A. Milnes *Pu der Bär* stammen könnten, auch das eine Geschichte, die ein Vater für seinen Sohn zu Papier brachte.

Mit zunehmender Beliebtheit e.o. plauens ließ der Druck des Regimes nach. Alle, auch die braunen Chargen der NSDAP, schmunzelten über seine Zeichnungen. Erich Ohser durfte die politische

Stimmung im Land wieder mit dem Stift einfangen. Dann brach der Zweite Weltkrieg aus. Dass der Karikaturist 1943 die Oberhand behielt und e.o. plauen in Berlin zurückblieb, während seine Frau und sein Sohn in Schwaben Zuflucht fanden, gehört zu den Rätseln seiner Biografie. Den Marschbefehl anderer Art hatte er nicht zu fürchten, der Sachse war ausgemustert worden. Sein Entschluss ist nicht nachvollziehbar. Obwohl Ohser Frau und Kind in Sicherheit wusste und wiederholt beteuerte, er komme bald nach. In 14 Tagen. Männerversprechen werden bekanntermaßen ständig erneuert, aber nie gehalten.

Erich Ohser starb am 6. April 1944, Gründonnerstag. Er beging Selbstmord, inhaftiert im Gefängnis Berlin-Moabit. Nachbarn, ein Künstlerehepaar, dem er sich arglos mitgeteilt und seinem Ärger über den sinnlosen Krieg Luft gemacht hatte, denunzierten ihn. Dem Todesurteil kam der 41-Jährige zuvor. Die Bildergeschichten von Vater und Sohn durften nach dem Krieg im Konstanzer Südverlag auferstehen.

»Das größte Abenteuer« heißt die letzte in Berlin produzierte Vater-und-Sohn-Folge aus dem Jahr 1937. Sie bildete eine Klammer um das Leben des Zeichners. Vater und Sohn spazieren in dieser Bildfolge gemeinsam in den Himmel hinauf. Das letzte Motiv zeigt eine friedliche – vogtländische? – Landschaft bei Nacht. Der Vollmond trägt die Züge des Vaters. Ein Zitat des Comics, Vater und Sohn, Hand in Hand vor der kreisrunden Mondsilhouette, schmückt den Grabstein Erich Ohsers auf dem Plauener Hauptfriedhof. Sein Sohn, der nach dem Krieg in die USA auswanderte und dort 2001 starb, wurde auch in Sachsen bestattet. In Plauen ist Familie das e und o.[1]

Weil Pfannkuchen hier ein Innenleben haben

Die Geschmäcker der Menschen sind so verschieden wie ihr Essensvokabular, das auszudrücken. Mit steigender Mobilität wächst das Risiko, missverstanden zu werden. Ein Radler ist in Hamburg ein Alster, nicht zu verwechseln mit dem Gewässer: Ein Alster an der Alster trinken ist teuer, aber grammatikalisch richtig. Kapiert jedoch nicht jeder. Auch nicht, wenn von der Schnitte oder Stulle die Rede ist, in die man parallel beißt. Ein Butterbrot heißt in Sachsen Bemme. Je nach Belag unterscheiden die Sachsen zwischen Butterbemmen und Fettbemmen. Letztere werden mit Schmalz bestrichen. Wenigstens sind Bemmen zuverlässig flach. Anders verhält es sich mit Pfannkuchen. Die haben in Sachsen ein Innenleben, umhüllt von rund gebackenem Hefeteig. Sächsische Pfannkuchen entsprechen den anderswo lautenden Berlinern oder Krapfen. Verstörte Kundenblicke in die Auslage der Bäckerei sind keine Seltenheit. Pfannkuchen? Die flachen Fladen sucht man vergebens. Eierkuchen kommen dort nicht in die Tüte. Aber wer Berliner bestellt, kriegt gleich gar nichts.

Bei Pfannkuchen hört der Spaß auf. Darüber lässt sich streiten, und sächsische Bäcker, vor allem die Dresdner, sind sofort mit von der Partie: »Berliner habn wer keene.« – »Aber hier in der Theke liegen doch welche!« – »Sehen se irgendwo ein Schild, wo ›Berliner‹ draufsteht?« – »Nein.« – »Nu, sehense.« Das grenzt schon an preußische Schnoddrigkeit. Womit wir beim Thema sind: Die Pfannkuchen sind Berliner, weil sie dort erfunden wurden. Vorgeblich war es ein wehruntauglicher Kanonier Friedrichs des Großen, der das Hefegebäck schuf, nachdem er die echte Munition nicht zu fassen bekam. Besser so. Bake love, not war. Weil die Teigballen in Pfannen gebacken wurden, hießen sie auch so. Die überwiegende Mehrheit der Deutschen übernahm trotzdem die Bezeichnung »Berliner«.

Die Sachsen, erwiesenermaßen keine Fans der Preußen, blieben bei den Pfannkuchen.

Traditionell am 11.11., Silvester sowie in der Faschingszeit liegen die gefüllten Leckerbissen in den Auslagen der Bäckereien. Dem Klassiker mit Marmeladen-Innenleben machen mittlerweile Pfannkuchen mit Eierlikör- und Puddingfüllung Konkurrenz. Alternativ zum Puderzucker-Pfannkuchen gibt es ihn mit bunt bestreuselter Oberfläche, heller oder dunkler Schokoglasur. Sogar die Mensen der sächsischen Hochschulen servieren dem akademischen Nachwuchs am 11.11. Pfannkuchen. Zumindest an diesem Tag kann man seinen ungläubigen Gesichtsausdruck damit rechtfertigen, das Datum nicht zu feiern, und den Pfannkuchen-Schock so professionell überspielen. Obwohl die Aussprache nicht jedem leicht über die Lippen kommt, ist das Gebäck ausgesprochen lecker!

Die aufgebrachte Bäckersfrau besänftigen Sie am besten mit einer wohlwollenden Bemerkung über die sächsische Gastlichkeit, bei der man so viel dazulernt, sowie einem patriotischen »Ich bin ja auch kein Berliner«. Oder Sie setzen die Bestellung fort mit: »Haben Sie auch Butterbemmen?« Dann aber nicht ins nächste Fettnäpfchen treten und an der falschen Stelle kalauern, etwa: »Die Bemmenbüchse kauf ich mir danach.« Leipzigs Bemmenbüchse steckt niemand in die Tasche. So – oder auch »Blechbüchse« – heißt im Volksmund das Einkaufszentrum an der Richard-Wagner-Straße in der Leipziger Innenstadt. Seinen Namen verdankt es seiner Form und der Aluverkleidung, die an die flachen Vesperdosen aus Blech erinnert.

Weil die Mitte Europas durch Görlitz verläuft

In Görlitz gehen die Uhren besonders genau. Die Stadt liegt auf dem 15. Längengrad Ost, der die mitteleuropäische Zeitzone festlegt. Der Meridianstein am Rande des Görlitzer Stadtparks, kurz vor der Brücke über die Neiße, zeigt den Verlauf des 15. Längengrads an. GPS ist bei der Suche von Vorteil, der Standort des Steins neben der verfallenden Stadthalle wirkt nicht unbedingt belebt. Doch der Mut, sich auf 15 Grad östlicher Länge in die Büsche zu schlagen, wird belohnt. Der Meridianstein hat eine polyglotte Aura, gilt die Mitteleuropäische Zeit doch in 42 Ländern.

Bei aufkommendem Fernweh empfiehlt sich ein Abstecher nach Polen. Europas Mitte verläuft gleich doppelt durch Görlitz. Wenige Meter vom Meridianstein entfernt prägte eine andere Linie fast sechs Jahrzehnte lang das Stadtbild. Die deutsch-polnische Landesgrenze zeigte der Nachbarschaft an der Neiße ihr Limit auf. Am gegenüberliegenden Ufer heißt Görlitz Zgorzelec, ausgesprochen »Sgorscheletz«. Dort ist die Stadt ausgesprochen anders, obwohl mit dem EU-Beitritt Polens 2004 die Schranke oben blieb. Die Stadt behielt zwei Seiten, die sächsische und die schlesische. Beide bildeten jahrhundertelang eine Metropole, in der alles eine Nummer größer war als heute. Die Stadthalle, das Theater, der Bahnhof. In Berlin verwiesen der Görlitzer Bahnhof und der Schlesische Bahnhof auf das einstige Gewicht der nach 1945 bedeutungslos gewordenen sächsischen Randerscheinung.

Die Teilung wirkt nach, doch sie offenbart eine Bewegung, mit der Görlitz vom Rande Europas langsam in die Mitte zurückstrebt. Dorthin, wo die Mitteleuropäische Zeit gilt. Nur diktieren lässt sich das Tempo nicht. Obwohl Görlitz-Zgorzelec das Rennen um den Titel der deutschen Kulturhauptstadt Europas 2010 verlor und Essen und dem Ruhrgebiet den Vortritt lassen musste, hat die Bewerbung der Stadt an der Neiße und ihrer Beziehung zur polnischen Schwester gutgetan. Der Begriff »Europastadt« machte die Runde. Menschen beider Nationalitäten trafen sich, arbeiteten zusammen, lernten die Sprache des Gegenüber. Einige tauschten kurzzeitig die Betten, ohne dass ein privater Fernsehsender das Ergebnis gefilmt und sich darüber ausgelassen hätte. Das deutsch-polnische Festival »Wir Neißekinder« gilt seitdem einer zusammengewachsenen, jungen Generation. Zwei neue Brücken führen über die Neiße, wo zuvor nur ein schmaler Fußgängersteg existierte. Görlitz ist schicker als Zgorzelec, selbst die Platten im Stadtteil Königshufen sind heimeliger als ihre Pendants jenseits der Neiße. Die polnische Seite sucht nach einem Konzept, das Touristen anlocken könnte. Beide Städte verbindet, dass sie Heimat sein wollen. Europa wird fortgesetzt.

In Zukunft soll ein europäischer Boulevard über die Altstadtbrücke führen und den Städten eine gemeinsame Mitte schaffen. Zgorzelec, um das es wirtschaftlich viel schlechter bestellt ist als um Görlitz, unterstützt die Sanierung der Görlitzer Stadthalle, die Politiker beiderseits der Neiße auf dem Zettel haben. Damit die Gegend unmittelbar vor der Brücke nicht mehr aussieht, als liege sie am Ende der Ausbaustrecke. Vielleicht bekommt auch das Grün rund um den Meridianstein demnächst einen flotten Schnitt, der Länge nach.

11. GRUND

Weil Sachsen nahe am Wasser gebaut ist

Sachsen sammelt Pluspunkte dadurch, dass es am Fluss liegt. Beziehungsweise: an Flüssen. Geschmeidig gleitet die Elbe an Dresden vorüber, in Öl verewigt von Künstler Bernardo »Canaletto« Bellotto, zuvor windet sie sich durch die Sächsische Schweiz, was sowohl

Canaletto als auch Caspar David Friedrich zum Malen inspirierte. Dann passiert sie Bad Schandau, dann Pirna – und wertet deren Kulissen nicht minder pittoresk auf. In Dresden vereinigen sich Prießnitz und Weißeritz mit der Elbe zu einem gewichtigen Strom, derweil die kleine Müglitz noch fröhlich durch das nach ihr benannte Tal rauscht. Die Mulde findet ihr Bett mal bei Freiberg, mal bei Grimma. Und Leipzig bezieht seine Faszination zu Wasser von Pleiße und Elster, inzwischen wieder, denn die Wasserläufe waren jahrzehntelang verbaut und unter die Erde verbannt gewesen.

Sachsen ist nahe am Wasser gebaut, obwohl selbiges immer mal wieder über die Ufer tritt. Dann ist buchstäblich alles im Fluss, mit Folgen, die wenig malerisch sind. Das überflutete Dresden im August 2002 symbolisierten zwei Bilder, die Semperoper in Inselform, ein sächsischer Mont St. Michel, sowie die Sturzbäche im Hauptbahnhof, der schneller volllief, als die Titanic sank. Weißeritz und Elbe hatten die Stadt eingenommen. Doch neue Bilder folgten prompt: sandsackschaufelnde Schüler, die trotz Ferien Einsatz zeigten, manch einer vielleicht mehr als im Unterricht. THW-Männer, die zulangten und in Bemmen bissen, nachdem sie sich wieder ein Stück des Wegs freigepumpt hatten. Die geretteten Kunstschätze der Dresdner Gemäldegalerien, Adam und Eva um 180 Grad gedreht, die trockenen Füße in der Luft. Aus Elbflorenz wurde Helpflorenz. Der Rekordpegel von 9,40 Metern lässt sich heute noch an der Skala vor Schloss Pillnitz ablesen.

Weil Dresden alle Aufmerksamkeit auf sich zog, ging das Engagement im übrigen Sachsen beinahe unter. Grimma wurde von der Flut der Mulde überschwemmt und herausgefordert, auch in den Gemeinden des Müglitztals war Land unter. Doch das Hochwasser hat die Menschen nicht kleingekriegt. Weder 2002, noch zuvor, noch seitdem. Die Sachsen trauerten, trockneten ihre Habe, schauten nach vorne und begannen, aufzuräumen.

Diese Einstellung überträgt sich auf alle Situationen, in denen einer Gemeinde das Wasser bis zum Hals steht. Manchmal ist dazu kein Jahrhundertpegel nötig, im Gegenteil. Ein Beispiel ist die Geschichte der schwimmenden Kirche Vineta im Störmthaler See. Sie beginnt auf dem Trockenen. Entsprechend der sagenhaft versnobten Stadt Vineta, die zur Strafe vom Meer überspült wurde, ist der Name in Störmthal Programm: Es geht um einen im Wasser versunkenen Ort. Vineta wurde und wird so oft gerüchtehalber gefunden wie das Bernsteinzimmer. In Sachsen ist Vineta weiblich und schwimmt oben.

Bei der Seekirche stand nur der Name Pate, nicht die Gesinnung der Menschen. Der Ort, an den die Vineta erinnert, hieß Magdeborn und war ein bescheidenes mittelsächsisches Dorf, Ende der 1970er-Jahre weggebaggert für den Braunkohletagebau. Besonders schmerzte die umgesiedelte Bevölkerung der Verlust ihres Kirchleins.

Drei Jahrzehnte später entstand mit dem Störmthaler See eine Tagebaufolgelandschaft. Auf dessen Grund läge die Gemeinde Magdeborn jetzt. Eine Künstlerin aus der Region konzipierte stellvertretend die 15 Meter hohe schwimmende Kirche. Trotz ihrer Gestalt ist die Vineta kein geweihtes Gotteshaus. Heiraten können geneigte Sächsinnen und Sachsen – sowie alle anderen – dort trotzdem, standesamtlich. Zuständig ist das Amt Großpösna. Aber aufgepasst: Mehr als 35 Personen darf die Hochzeitsgesellschaft nicht zählen, so viele Menschen sind für die schwimmende Plattform zugelassen, auf der die Kirche gebaut wurde und die am Grund des Sees verankert ist. Seekrank sollten Brautleute und Gäste auch nicht werden, während sie mit der Fähre übersetzen. Wochenends in den Sommermonaten dürfen auch Besucher ohne Heiratsabsicht an Bord, die Vineta besichtigen und das mit einem Konzert oder einer Lesung verbinden. Wer lieber an Land bleibt, dem sei das Highfield Musikfestival auf der Magdeborner Halbinsel als Alternative empfohlen.

In Dresden heiratet es sich am Elbufer romantisch in der kleinen Kirche des Stadtteils Hosterwitz, Maria am Wasser. Sie ist die

Schwesternkirche der einzigen deutschen Flussschifferkirche, die im Hamburger Hafen vor Anker liegt. Anders als die Vineta hat dieses Kirchenschiff im Bauch eines Lastenkahns einen echten Pastor. Vor 150 Jahren sorgte er für das seelische Wohl der Flussschiffer und Schiffszieher, die für Kähne ohne Dampfmaschine den Vorwärtsgang einlegten. Der Pfarrer der Maria am Wasser versorgte eine ähnlich zusammengesetzte Gemeinde. Mit dem Unterschied, dass sein Kirchlein nicht schwamm, zumindest solange ihm die Elbe nicht zu nahe trat.

2002 wurde aus Maria am Wasser Maria im Wasser, aber die Hamburger waren zur Stelle und spendeten für die Sanierung des Baus, der mit seinem Zwiebelturm und dem pastelligen Außenanstrich auch unauffällig nach Bayern verschifft werden könnte. Neben der einzigartigen Verschwisterung mit Hamburgs Flussschifferkirche weist Maria am Wasser noch eine Kuriosität auf: Der Komponist Carl Maria von Weber hatte ein zahmes Kapuzineräffchen, das ihm reichlich Aufmerksamkeit in der Dresdner Öffentlichkeit bescherte. Ein Bildhauer machte sich den Spaß, den Affen in Stein zu meißeln. Was das mit Maria am Wasser zu tun hat? Eine Nachbildung des Affen-Epitaphs prangt an der Mauer der Hosterwitzer Kirche. Wegweiser führen Besucher hin.

Noch leichter zu finden ist die historische Schiffsmühle in Grimma, ein weiterer Punkt, an dem Sachsen nahe am Wasser gebaut ist. Das gleichnamige Restaurant im Stadtteil Höfgen würdigt die nebenan liegende Schiffsmühle, die wie ein riesiges Floß mit Schaufelrad aussieht. Bis Ende des 19. Jahrhunderts tauchten Schiffsmühlen entlang der Mulde häufiger auf, inzwischen ist das Grimmaer Exemplar ein Einzelstück. Zweimal brannte die Mühle ab, zweimal wurde sie wieder aufgebaut, zuletzt 1992 von Technikfans der Universität Leipzig, die seither die historische Technologie nutzen, erforschen und Besucher führen.

Weil in Sachsen nicht alles, was Räder hat, rollt

Man hört sie schon, ehe sie in Sichtweite sind: die Raddampfer der Weißen Flotte. Während der Sommermonate ist ihr gemütliches Tuten überall in Dresden gegenwärtig. Es ist schnell einzuordnen und gibt jedem Zaungast Zeit, am Elbufer Position zu beziehen. Die Schiffe zählen zu den meistfotografierten Dresdner Motiven. Zu Wasser unterwegs auf Rädern, das schließt sich nicht aus. Die Sächsische Dampfschifffahrtsgesellschaft verfügt über die weltweit älteste Seitenraddampferriege. Eines der neun Schiffe wird sogar noch mit Kohle befeuert.

Den Spitznamen *Weiße Flotte* verpassten die Dresdner dem Unternehmen, als die historischen Schiffe 1928 erstmals mit weiß gestrichenen Bäuchen die Elbe kreuzten. Dabei blieb es, sowohl beim Namen als auch bei der Farbe. Gegründet wurde die Firma 1836 als Personennahverkehrsunternehmen. Ein halbes Dutzend Dresdner Werften baute Schiffe für das öffentliche Transportwesen. Heizkessel produzierte die Maschinenbau-Anstalt von Johann Andreas Schubert im Stadtteil Übigau. Schubert konstruierte Dampfschiffe, brachte die erste deutsche Dampflokomotive »Saxonia« auf die Schiene und zeichnete sich obendrein als vorzüglicher Brückenbauingenieur aus. Heutzutage verbindet sich sein Name in Sachsen statt mit Raddampfern mit der Göltzschtalbrücke im Vogtland, die Züge von Leipzig nach Hof überqueren. Die Brücke sieht aus wie ein römischer Aquädukt und wird häufig dafür gehalten. Tatsächlich entstand sie Mitte des 19. Jahrhunderts. Dass Johann Andreas Schubert Mitbegründer der Sächsischen Elbe-Dampfschifffahrtsgesellschaft war, ist nur ein Bruchteil seiner Leistung für Sachsen.

In Schuberts Beisein wurden »Königin Maria« und »König Albert« 1837 zu Wasser gelassen. Statt mit Mitgliedern des sächsischen Königshauses fortzufahren, benannte das Unternehmen alle weiteren Dampfer nach Städten und Gemeinden entlang der Elbe. Die Namen tragen sie bis heute: Dresden, Meissen, Pillnitz, Wehlen, Pirna, Rathen, Krippen, Diesbar. Einzige Ausnahme: Leipzig. Die Stadt hätte ohne das zugehörige Schiff keinen Zugang zur Elbe. Mit dem Dampfer Leipzig verbindet sich eine besonders anrührende Geschichte. Er kreuzte im Zweiten Weltkrieg als Lazarettschiff, bekam einen Bombentreffer ab und lief voll. Wobei die Elbe nicht tief genug war, ihn sinken zu lassen. Aufgrund des traurigen Anblicks, den das vor sich hin dümpelnde Schiff bei Kriegsende bot, verzichteten die Sieger darauf, den Namen »Leipzig« der Reparationsliste hinzuzufügen. Die erleichterten Dresdner bugsierten das Schiff in die Werft und machten es wieder flott.

Die Wehlen ist mit 135 Jahren der älteste noch betriebene Passagierdampfer der Welt und seinem Schiffskollegen Diesbar damit um fünf Jährchen voraus. Dafür punktet der bei Passagieren als einziger noch kohlebetriebener Raddampfer der Weißen Flotte. Die übrigen acht fahren mit Heizöl. 450 Kilogramm Kohle schaufelt der Diesbar-Heizer pro Fahrt in den Kessel, der die Maschine antreibt. 24 Kilometer Fahrt pro Stunde macht der Dampfer elbabwärts und kommt infolge seines geringen Tiefgangs auch noch bei niedrigem Pegelstand vorwärts. Geländegängig ist der Raddampfer trotzdem nicht. 80 Zentimeter Wasser unterm Kiel sind das Mindeste.

An Bord der Diesbar verfolgen Passagiere mit Vorliebe das Zusammenspiel von Kolben, Kurbelwelle und Co. der Maschine durch eine Glasscheibe und registrieren erfreut, wenn der Kapitän dem Maschinisten ein Wendemanöver oder einen Hafen ankündigt und dieser die Maschine stoppen muss. Auf dem Dampfer Diesbar gibt es ein altes Sprachrohr mit vorbildlich blank geputztem Kupfertrichter am Ende.

Wer lieber an Deck bleibt, kann den Bootsmann beim Schornsteineinklappen beobachten. Nur so nämlich passt das Schiff unter den Brücken durch. Einmal in der Geschichte der Sächsischen

Dampfschifffahrtsgesellschaft ging ein vergessener Schornstein zu Bruch.

Mehr als eine halbe Million Fahrgäste verzeichnen die historischen Seitenraddampfer pro Jahr. Ein Passagier, der an Land bleiben musste, war Schauspieler Bud Spencer. Er verlangte Gage für die Elb-Reise von Diesbar-Seußlitz nach Děčín. Das lehnten die Dresdner ab. Sein Kino-Kompagnon Terence Hill hätte vielleicht maßvoller reagiert, der bekam die sächsische Mentalität mit der Muttermilch verabreicht. Seine Mutter war Dresdnerin. Die Familie verließ Sachsen, als der Bub sieben Jahre alt war. Später schiffte er sich in die USA ein.

13. GRUND

Weil Tante Emma hier Onkel Otto hieß

Konserven, frische Wurstwaren und eine Kaffeerösterei. Dazu Malzbonbons in großen Gläsern und eine emaillierte Waage in V-Form. Eine Kulisse wie in der Fernsehwerbung. Günter Ottos Lebensmittelladen in der Schönfelder Straße in Dresden-Neustadt bedeutete über Generationen, dass man noch einmal Kind sein durfte. Und einen kurzen Einkaufsweg hatte. Der Tante-Emma-Laden war Dresdens ältestes ohne Unterbrechung geführtes Lebensmittelgeschäft. Ein Original. Seit 1850 hatten Ottos Vorgänger den Kiez versorgt, seit 1974 stand er hinter der Theke. Als der Laden 2004 die Pforten schloss, weil Otto in Rente ging, fiel in der Neustadt auch im Empfinden vieler Dresdner eine Tür zu.

Die Schiefertafeln rechts und links der Eingangstür mit den Angeboten des Tages behielten ihren Platz. Als die Ladentür verschlossen blieb und niemand mehr die Tafeln neu beschriftete, kritzelte ein Nachbar einen Abschiedsgruß darauf: »Wir sagen Danke.« Dafür, in mehrfacher Hinsicht versorgt gewesen zu sein. Günter Otto hatte kurz zuvor symbolisch das Licht ausgeknipst, dazu spielte eine Kapelle. Ein halbes Jahrhundert lang hatte der gelernte Fleischer Lebensmittel in der Neustadt verkauft und seinen Laden zum sozialen Umschlagplatz gemacht. Insbesondere im Jahrzehnt vor der Wende erwies sich Tante Emma alias Günter Otto als verlässliche Adresse des von Tag zu Tag baufälliger werdenden Viertels. Die Fassade mit der leuchtend blauen Reklame hätte auch ein Facelifting nötig gehabt. Otto nahm die Umstände gelassen, dafür war die monatliche Miete von 32 Mark gering.

Sein Vorgänger Hans Strobel hatte das Geschäft von Vater Paul übernommen, der 1909 wiederum den Gründer beerbt hatte. Damals lautete der Schriftzug über der Tür »Colonialwarenladen«. Die breiten Bürgerhäuser in der Neustadt ließen wenig Platz für Verkaufsflächen, davon profitierten Tante Emmas Familienmitglieder. Einige kleine Geschäfte haben sich bis heute gehalten, sie werden von Vietnamesen geführt. Tante Emma ist jetzt Onkel Bui.

Ottos Laden bestand noch einige Jahre weiter, saniert und weniger nostalgisch eingerichtet, dafür mit Bioprodukten. Mittlerweile hat eine Hebammenpraxis die Räume bezogen. Die Lebensmittel-Reklame über der Tür hängt noch, allerdings wechselte sie die Farbe und ist nun nicht mehr blau, sondern cremefarben. Ein Tante-Emma-Laden der nächsten Generation hat indes Posten in der Böhmischen Straße bezogen, einige Straßenzüge weiter. »Lose« heißt das Geschäft und verkauft sämtliche Waren ohne Einwegverpackungen. Beutel, Tupperdose oder Milchflasche bringen die Kunden mit. Abgefüllt und gewogen wird vor Ort. Wie gehabt.

KAPITEL 2

MÄRCHEN UND ANDERE STOFFE

UNGLAUBLICH SÄCHSISCH

Weil Aschenbrödels Schuh hier passt … und Fausts Glück bringt

Scharen von Mädchen, junge und jung gebliebene, ziehen jedes Jahr vor Schloss Moritzburg bei Dresden. Auf dessen Freitreppe legen sie ihre Schuhe ab, aber jede Frau nur einen. Es ist keine politische Demonstration, aber ein Statement. Es ist kein Nikolausstiefel-Ritual, aber sein Ursprung fällt gleichfalls in den Advent. Wie geht es weiter? Die Wangen sind mit Asche beschmutzt, aber der Schornsteinfeger ist es nicht. Ein Hütchen mit Federn, aber der Jäger ist es nicht. Ein langes Kleid, aber keine Prinzessin darin. Sondern das Aschenbrödel! Die erfolgreichste DEFA-Märchenverfilmung, der Weihnachtsklassiker *Drei Haselnüsse für Aschenbrödel* aus dem Jahr 1973, wurde auf Schloss Moritzburg gedreht.

Statt die königliche Familie in ein Zuckerbäckerschloss mit schlanken Türmen und hohen Zinnen zu stecken, wagt sich der Kultstreifen in die Kulisse eines eher volkstümlichen Herrschersitzes. Dralle barocke Türme mit Zwiebeldächern und ein Ballsaal, den Aschenbrödel und ihre Konkurrentinnen noch im raumgreifendsten Reifrock bequem durchschreiten können, ohne viele Schritte tun zu müssen, holen den Mädchentraum vom Prinzessinsein perfekt auf Augenhöhe der Zuschauerinnen. Darin macht sogar der Prinz mit Eisenherz-Frisur und dem peinlichen Segelboot-Käppchen eine gute Figur, ganz zu schweigen von DEFA-Star Rolf Hoppe als Majestät, der dem Sohn eine baldige Vermählung nahelegt.

Es mag noch immer Menschen geben, die den Film nicht gesehen haben, deshalb kurz zusammengefasst, was die Verfilmung von Grimms Märchen unterscheidet: Aschenbrödel, das hier kein -puttel ist, fristet ihr Dasein der Rolle entsprechend in einer Küche mit immensem Ofen. Die Szenen wurden nicht in Sachsen gedreht, sondern auf einer Burg im benachbarten Tschechien. Von der Stiefmutter schikaniert, entschlüpft sie, sooft es geht, auf ihrem Apfelschimmel Nikolaus in ein Refugium im Wald, wo Eule Rosalie ein Schatzkästchen mit Aschenbrödels Habseligkeiten hütet. Kurz darauf kommen drei weitere hinzu, die drei Haselnüsse, die ihr ein Knecht schenkt. Als er in die Stadt fährt, um einzukaufen, bittet sie ihn, ihr »mitzubringen, was ihm während der Reise in den Schoß fällt«. So kommt es, dass Aschenbrödel das verzauberte Zweiglein an sich nehmen darf. Als die Kamera die drei Haselnüsse in Großaufnahme filmt, plingt dazu eine kleine Melodie. Der Zuschauer, den Figuren einen Schritt voraus, ahnt da bereits die magische Wirkung der Früchte.

Sie erfüllen Aschenbrödels Wünsche. Nuss eins verwandelt sich in ein figurbetontes Jägerwams samt Hut und Armbrust. So wie sie damit schießt, könnte es die Küchenmagd locker mit James Bonds Girls aufnehmen. Das fällt auch dem Prinzen auf, der sie beim Jagen trifft und sich der Metapher so gar nicht bewusst ist. Deshalb trifft auch erst mal nur Aschenbrödels Pfeil. Der adelige Bub geht leer aus.

Nuss zwei investiert sie noch zielgerichteter in ein geschmackvolles Ballkleid und offenbart nach dem Schießen ihr Talent, Frisuren zu stecken. Wäre nicht der alberne Gesichtsschleier, dessen es bedarf, um das Inkognito der »Prinzessin« zu wahren, die dritte Nuss läge bis heute ungeknackt im Eulenstadel. Weil der Prinz Aschenbrödels rätselhaftes Ich aber selig lächelnd zur Kenntnis nimmt, statt ihren Schleier zu lüften, muss sie um Mitternacht Reißaus nehmen, denn auch Stiefmutter und -schwester Dorchen sind bei Hofe zu Gast und sollen keinen Verdacht schöpfen. Hastig strebt die verzauberte Magd zur Treppe und verliert dabei ihren Schuh. Wenigstens hindert der Prinz sie durch impulsives Nachrennen daran, umzukehren und sich den Schuh wieder anzuziehen. Die Jagd kann beginnen. Warum beim Dorchen unterm Pantoffel stehen, wenn man die richtige Braut anhand ihres silbernen Pumps identifizieren kann.

Das liebevoll umgesetzte Märchen war sowohl für die sächsische Kulisse ein Glücksfall als auch für die Hauptdarstellerin. Aschenbrödel Libuše Šafránková war 1973 gerade 20 Jahre alt und der Film ihr Durchbruch als Schauspielerin. Mittlerweile hat sie sich vom Bildschirm zurückgezogen, entsprechend jung und liebreizend bleibt sie den Zuschauern im Gedächtnis.

Schloss Moritzburg indes hatte bereits vorm Dreh seine Gestalt verändert, vom Jagdhaus des kursächsischen Herzogs Moritz wurde es zum Schloss erweitert. Die Pläne umgesetzt hatte der übliche Verdächtige in Sachsens Geschichte, August der Starke. Mindestens so sehenswert wie die märchenhafte Barockfassade des Baus, der sich auf einer künstlich angelegten Insel in einem Teich erhebt, ist die deckenhohe Geweihsammlung im Schloss.

Bleibt noch zu klären, worauf Aschenbrödel im Film Wunsch-Nuss Nummer drei verwendet: ein Brautkleid, in dem es auf seinem Pferd Nikolaus dem Prinzen entgegenreitet. Stiefmutter und Dorchen landen derweil mit ihrer Kutsche kopfüber im Schnee, die Aussage ist deutlich. König und Königin in spe schließen einander in die Arme.

Ausgerechnet eine Nachbildung der bezaubernden Hochzeitsrobe mit Schleppe und Empire-Taille wurde gestohlen, während sie im Film-Jubiläumsjahr 2013 im Schloss ausgestellt war. Von 2010 bis 2014 zeigte die Schlösserstiftung Sachsen in jeder Vorweihnachtszeit eine Sonderschau zum Film in Moritzburg. Auf den Schreck folgte die Erleichterung: Der reuige Dieb – oder: Diebin? – schickte das Kleid per Post zurück.

Die königliche Hochzeit muss sich das TV-Publikum selbst ausmalen, die zeigt der Film nicht. Trotzdem ließen sich genug Fans inspirieren, indem sie zur glöckchenhellen Titelmelodie der *Drei Haselnüsse für Aschenbrödel* am Hochzeitstag in die Kirche einzogen. Die Filmmusik schuf Karel Svoboda, und im tschechischen Original sang sogar Prags Goldene Stimme Karel Gott einige Titel. Die deutsche Fassung ist rein instrumental, aber nicht weniger hörenswert.

Wo der Prinz noch fehlt: Die Titelmelodie gibt es als Handyklingelton im Netz, damit lässt sich prima ein Zeichen setzen. Zeitgemäßer als Asche aufs Haupt ist das in jedem Fall.

Außer nach Aschenbrödels verlorenem Schuh in Moritzburg können sich Sachsen-Besucher in Leipzig auf die Suche nach dem bestgeputzten Laufwerk der Stadt machen. Den passenden Fuß haben sie dann auch gleich entdeckt, beides gehört der Faust-Statue vorm Restaurant Auerbachs Keller in der Mädlerpassage. Mephisto und Faust würdigen als unübersehbare lebensgroße Werbeträger Goethes Fährte in der Stadt und haben eine nette touristische Tradition etabliert: Wer des Doktors linken Schuh reibt, dem winkt Glück. Ausprobieren!

15. GRUND

Weil Meißner Fummel nicht aus der Mode kommen

Gegen die geniale Erfindung der Eierschecke kommt kein sächsischer Bäcker so leicht an. Genauer: Gegen die geniale Erfindung der Eierschecken, denn sowohl Dresden als auch die Bergstadt Freiberg backen diese käsekuchenähnliche Gaumenfreude. Die aristokratische Dresdner Variante ist höher und quarkgefüllt, die Freiberger Schecke Understatement: klein und flach, da ohne Quark produziert. Angeblich kam dieser den Bäckern abhanden, weil die Freiberger im 13. Jahrhundert ihr Städtchen mit einer Mauer aus Quark-Lehm-Ziegeln umgaben. Wer sich Quark einmal zur Linderung eines Sonnenbrands auf die Haut geschmiert hat, kann den Gedanken nachvollziehen. Zähe Geschichte. Aber sie wirkt.

Meißen blickte sehnsüchtig auf die Kuchen-Erfolgsgeschichte des benachbarten Dresdens und hätte sich gerne ein Stück davon abgeschnitten, wollte den Porzellanherstellern vor Ort aber keine Vorlage liefern, Bestandteile des weißen Goldes zu Teig zu machen.

Oder umgekehrt. So kam es, dass die Dresdner dem Meißner Traditionsgebäck Fummel auf die Sprünge halfen.

Kurfürst Friedrich August I. und sein Hof ärgerten sich vor 300 Jahren, sobald Porzellanbestellungen in Scherben angeliefert wurden, weil Kuriere die Pakete nicht mit Samthandschuhen gefasst hatten. »Vorsicht zerbrechlich!«-Aufkleber und Luftpolsterfolie gab es noch keine. Die Meißner Manufaktur war erst kürzlich, anno 1710, aus der Taufe gehoben worden, der Kurfürst ihr Dienstherr und bester Kunde. Entsprechend verstimmt war er darüber, dass die reitenden Boten dem weißen Gold derart zusetzten und August erst gar nicht dazu kam, alle Tassen im Schrank zu haben. Ein Scherbenhaufen war keine gute Metapher für den Zustand des Hofes, zumal sich der Kurfürst auch als Porzellan-Exporteur in Stellung bringen wollte.

Friedrich August I. legte marketingwirksamen Wert auf den standesgemäßen Genuss seiner Eierschecke vom makellosen Porzellan unbeschadeter Teller. Er ahnte aber, dass es keinen Sinn machte, seine Kuriere ohne finanziellen Ansporn zu mehr Sorgfalt anzuhalten. Die Arbeitsweise einiger DHL-Zusteller kennt damit durchaus historische Vorläufer. Oder: Vorreiter.

Stattdessen erteilte der Hof Meißens Bäckern den Auftrag, hauchzartes Gebäck herzustellen, welches er gedachte, den Kurieren als Sorgfaltsübung auf der Strecke von Meißen nach Dresden mitzugeben. Kam das Backwerk unzerstört in der 26 Kilometer elbaufwärts entfernten Residenz an, bekam der Bote ein fürstliches Trinkgeld. Nahm die Lieferung Schaden, drohten dem Überbringer überliefertermaßen Peitschenhiebe. Das saß. Die Fummel aus der Backstube des Meißner Urhebers wurden sowohl unversehrt als auch unverzehrt überbracht. Ob und wie sich die Maßnahme auf die Porzellantransporte auswirkte, ist nicht verbrieft. Vermutlich positiv, Meißner Porzellan ist seit 300 Jahren eine Erfolgsmarke.

Weil sich die Herkunft des Namens »Fummel« nicht mehr nachvollziehen lässt, zumindest noch eine Bemerkung zu Gestalt und

Geschmack des Gebäcks: Meißner Fummel erinnern in ihrem Aussehen an Germknödel oder Dampfnudeln, sind aber nicht massiv. Seine Porzellanhaftigkeit verdankt das dünnwändige Gebäck der Luft im Innern. Weil die Funktion seine Existenz begründete, ist der Geschmack auf der Strecke geblieben. Fummel werden aus einfachen Zutaten hergestellt – Fett, Mehl, Wasser und Salz – und schmecken nach nichts. Ein beliebtes Souvenir sind sie trotzdem und deutlich erschwinglicher als Porzellan. Fummel fertigt und verkauft nur eine Bäckerei in Meißen, die Konditorei Zieger an den Roten Stufen. Brautpaare können sich gratis über einen Hochzeitsfummel zum Einstand in den Ehestand freuen.

16. GRUND

Weil Sachsen sein Paradies teilt

Die Bayern haben Ludwig II. und Neuschwanstein, die Amerikaner Michael Jackson und Neverland, die Sachsen Fürst Hermann von Pückler-Muskau und, genau, Bad Muskau. Der größte Dandy des 18. Jahrhunderts, der als Sachse anfing und durch Europas Neuordnung infolge Napoleons Niederlage Preuße wurde, holte das Paradies in die Lausitz, schuf hier einen der größten und ältesten Landschaftsparks Europas. Pückler war ein Mann mit Geschmack. Erdbeer, Schoko und Vanille, die Sorten, aus denen sich das nach ihm benannte Eis zusammensetzt, reichen nicht aus, um den Tausendsassa zu beschreiben.

Das beste Bild ließ er selbst anfertigen. Es zeigt Pückler im Kara ben Nemsi-Stil, in Pluderhosen und Kaftan, an den Füßen Babouches, spitz zulaufende Lederpantoffeln, auf dem Kopf einen Fez. Die Mitbringsel einer Orientreise trug er daheim, um Gäste zu empfangen. Zunächst in Muskau, vermehrt aber an seinem Alterssitz Branitz, das ein passend orientalisch eingerichtetes Zimmer hatte.

Hermann von Pückler-Muskau liebte Inszenierungen. Seine größte ist geblieben.

Der Fürst, Jahrgang 1785, war Sachsens egozentrischster Landschaftsgärtner. Sein Familiensitz Muskau führte den Badezusatz zu Pücklers Zeiten noch nicht im Namen, zum Kurort ernannt wurde es 1961. Bad Muskau ist ein idyllisches Grenzstädtchen. Brandenburg und Polen liegen in Sichtweite. Pücklers 200 Jahre alter Park befindet sich im Herzen des Orts. Das ist nicht schwer, wo der Ort ist, ist auch der Park. Bad Muskau ist hineingewachsen in die beeindruckend weitläufige Grünanlage. Das Gelände kommt auf 830 Hektar. Zum Vergleich: Münchens Englischer Garten umfasst die Hälfte der Fläche. Fahrrad, E-Bike oder Pferdekutsche sind hilfreiche Fortbewegungsmittel, wenn man sich auf die Fährte des Fürsten begibt. Park and Ride. Drei Viertel der blühenden Landschaft liegen auf polnischer Seite. Die Neiße spaltete Sachsens Paradies einige Jahrzehnte lang komplett, aber Teilen waren die Sachsen im Jahrhundert zuvor schon von den Preußen gewohnt. Sachsens Glanz entsprach Preußens Gloria. Das gilt sogar für den Hauptstadtfluss Spree, der als munter murmelndes Bächlein in der sächsischen Oberlausitz entspringt und als breiter maulender Strom Berlin erreicht.

Die EU-Osterweiterung 2004 machte den Pückler-Park wieder als Einheit erlebbar. Pathetisch gesprochen wuchs zusammen, was zusammengehörte. Sachsen und Polen hegen ihren Garten Eden seitdem gemeinsam. Der Park zählt zum UNESCO-Welterbe. Das Paradies gehört allen, auch den künftigen Generationen.

Ein Fürst als Landschaftsgärtner, daran hatte die Bevölkerung 1817 zu knabbern. In Muskau ließ Pückler Tausende Bäume pflanzen, Neiße-Auen trockenlegen, Flussläufe umleiten. Er inszenierte Wasserfälle und baute Brücken. Dorfbewohner mussten umsiedeln, um des Fürsten Bild von menschenleerer Weite nicht zu ruinieren. Der übrige Ort wurde hinter künstlich angelegten Hügeln versteckt, damit blieb er nahe und war gefühlt doch fern. Belustigt protokollierte Pückler die Diskussion der Muskauer darüber, »ob es mit meinem Verstande noch seine Richtigkeit habe«. Ganz abwegig war die Frage nicht; welches Vermächtnis der exzentrische Standesherr schaffen würde, war nicht absehbar. Er legte auch keinen Flächennutzungsplan aus oder lud zu Bürgerbefragungen.

Hermann von Pückler-Muskau war eine eigenwillige Natur. Ein Offizier und ein Gentleman, der mit dem Geld seiner Frau gärtnerte und, wenn es zur Neige ging, nie weniger als einem Dutzend Damen den Hof machte, aber dafür Sorge trug, dass die Empfängerinnen seiner Liebespost entweder vermögend waren oder einflussreich. Er war notorisch knapp bei Kasse und schob aufgrund seines Landschaftsparks einen Schuldenberg vor sich her. Der Plan Pücklers war deshalb, sich von seiner Frau scheiden zu lassen und eine reiche Witwe zu ehelichen, die ihn und sein Großprojekt weiter finanziert. Weil die grüne Kulisse Muskaus von englischen Parks inspiriert war, suchte der Fürst auf der Insel nach einer liquiden Fürstin. Er fand aber keine. 1845 musste er sein Anwesen verkaufen.

Ganz verwirklicht hat Fürst Hermann die grüne Vision nur auf dem Papier. Unvollendet wirkt der Park trotzdem nicht. Besucher erleben einen begehbaren Jane-Austen-Roman, eine romantische Kulisse inklusive Schloss. Vom Vergleich Pücklers mit Mister Darcy ist jedoch abzuraten, unter seinem Stand hätte er schon der Geldsorgen wegen nie geheiratet. Plänkeln ist aber gestattet: In der Ausstellung im Neuen Schloss von Muskau ist ein Liebesbrief-o-mat montiert, der Pücklers Post auszugsweise zusammenwürfelt, je nachdem welche Voreinstellung man trifft. Männlicher oder weiblicher Empfänger, frisch entflammte Liebe, Verzweiflung oder Reue nach einer Eifersuchtsszene. Die jeweiligen Hebel werden ähnlich einem Orgelregister bedient, am Ende plumpst der passende Brief aus dem Kasten, praktischerweise nicht in Kurrentschrift, sondern als gedruckte Fassung. Der Muskauer Schlossherr verfuhr genau so, das ist verbrieft. Er hob Abschriften seiner romantischen Zeilen auf und kombinierte sie beliebig oft. Damit die mit der getürkten

Post bedachten Damen keinen Verdacht schöpften, schickte Pückler eine Ananas aus eigenem Anbau mit. In seinen Muskauer Gewächshäusern wachsen die Südfrüchte bis heute. Um die 50 bis 80 Stück werden pro Jahr geerntet.

Pücklers Auffassung von wahrer Liebe war ähnlich künstlich-idealisiert wie sein perfekter Park. Die Botschaft, die bleibt, ist: Such erst gar nicht, sonst wirst du nie fertig. Ermutigend ist, dass vermeintliche Kompromisse trotzdem sächsisch-glänzend wegkommen, sogar als Welterbe. Paradies ist, was man daraus macht.

Mit den Besucherströmen Neuschwansteins kann das Neue Schloss in Muskau nicht mithalten, das ist kein Nachteil, schließlich soll sich der Betrachter fernab der Zivilisation fühlen. Hermann von Pückler-Muskaus Vision eines klassizistischen Schlossbaus blieb Träumerei. Der Fürst war pleite. Das Neue Schloss im Neorenaissance-Stil ging nicht mehr auf sein Konto, das ließ der neue Eigentümer bauen, ein Spross des niederländischen Königshauses. Das schöne Gebäude, errichtet 1863, brannte 1945 bis auf die Grundmauern ab und geriet in Vergessenheit. Auch der Park fiel in einen Dornröschenschlaf. Zum Glück für Muskau währte er keine 100 Jahre. Zu DDR-Zeiten wendeten sich die Muskauer erfolgreich gegen den Plan, den Park landwirtschaftlich zu nutzen. Er blieb, was er war. Und ist. Paradiesisch. Seit seiner Sanierung 2008 setzt sich das Schloss in kräftigem Rot vom Umgebungsgrün ab und ist eine beliebte Kulisse für Hochzeitsfotos. Mister Darcy lässt also doch grüßen.

Rot und Grün kamen als farblicher Kontrast noch an anderer Stelle in Bad Muskaus Geschichte zum Leuchten. Karl Peglau, der Erfinder des ostdeutschen Ampelmännchens, ist wie Hermann von Pückler dort geboren.

17. GRUND

Weil man hier zur Reise nach Jerusalem wirklich nur vom Stuhl aufstehen muss

Görlitz ist die Stadt der kurzen Wege. Auch das Heilige Grab, eine Nachbildung der letzten Ruhestätte Jesu in Jerusalem, liegt um die Ecke. Obwohl die Strecke von der Kirche St. Peter und Paul bis zum Heiligen Grab tausend Schritte beträgt und damit genauso lang ist wie die berühmte Via Dolorosa in Jerusalem, hat man die sächsische Ausgabe des Kreuzweges Jesu schneller bewältigt. Das mag daran liegen, dass die Zahl der Karfreitags-Pilger in Sachsen überschaubarer ist und die Gruppe zügig vorankommt. Sie muss weder auf Päpste warten, noch für Fernsehkameras posieren. Die Görlitzer mögen die Tradition der Prozession, hängen sie aber gegenüber Gästen nicht übertrieben hoch. Grund dazu hätten sie, steht am Ende ihres Kreuzwegs doch eine Nachbildung des Heiligen Grabes, die stärker am Original orientiert ist als die heutige Ausgabe der Jerusalemer Pilgerstätte des Christentums. Die wurde über die Jahrhunderte mehrfach baulich verändert.

Das sächsische Heilige Grab wurde zwischen 1481 und 1504 kleiner, aber maßstabsgetreu aufgebaut, initiiert vom späteren Görlitzer Bürgermeister Georg Emmerich. Der Spross einer vermögenden Kaufmannsfamilie konnte sich 1465 eine der damals populären Reisen ins Heilige Land leisten. Die unternahm auch die Görlitzerin Agnes Finger, die vermutlich zweite Urheberin des Heiligen Grabes. Agnes, die 1476 im Tross des sächsischen Herzogs nach Jerusalem reiste, war die energische Witwe eines Tuchmachers und blühte nach dessen Ableben nicht nur auf, sie setzte das geerbte Vermögen sozial ein und initiierte eine Armenspeisung in Görlitz. Wenngleich Agnes die Entwürfe für den Nachbau des Heiligen Grabes nicht selbst anfertigte, brachte sie die Skizzen wahrscheinlich mit nach Görlitz. Der fertige Bau erwies sich prompt als Besuchermagnet.

Das Heilige Grab besteht aus einer Doppelkapelle mit zwei übereinanderliegenden Andachtsräumen, der Grabkapelle und einem Salbhaus. In der Doppelkapelle geht ein Riss durchs Mauerwerk, sogar den hatten die sächsischen Erbauer dem Jerusalemer Original nachempfunden. Er soll durch das Erdbeben entstanden sein, das am Sterbetag Jesu die Stadt erschütterte. Der Riss wurde Teil der Inszenierung. Das gilt auch für den hölzernen Engel im Vorraum der Grabkapelle, der allerdings erst im Barock in Verkündigungspose ging. Um in die Grabesnische dahinter blicken zu können, muss sich der Besucher ducken. Zurück an der frischen Luft lohnt ein Abstecher in den angrenzenden Ölberggarten, dessen Landschaft der Umgebung Jerusalems nachempfunden und frei begehbar ist.

Inzwischen hat das Görlitzer Heilige Grab einen Straßenbahnanschluss und eine eigene Haltestelle. Für den Kreuzweg am Karfreitag ist es allerdings nicht notwendig, auf die bequeme Tram umzusteigen. Die Strecke ist kurz, ein Kinderspiel wie das bekannte Stühlerücken »Reise nach Jerusalem«, bei dem man von einem Sitz aufsteht, um auf dem nächsten freien Platz zu nehmen. Die Wege dazwischen sind flugs bewältigt. Wie in Görlitz. Die Kreuzwegs-Strecke führt von der Kirche St. Peter und Paul bergab über den Nikolaigraben und entlang der Straße Lunitz. Unterwegs macht die Prozession beim Jesusbäcker halt, der jedem Teilnehmenden ein Tränenbrötchen reicht, dessen Oberfläche mit Salz bestreut ist. Die weißen Körnchen symbolisieren die Tränen, die um Jesus geweint wurden. Das Backwerk darf aber ohne schlechtes Gewissen verzehrt werden, denn bis es Nachschub gibt, vergeht wieder ein Jahr. Tränenbrötchen bäckt der Jesusbäcker nur am Karfreitag und nur für die Görlitzer Reise nach Jerusalem.

18. GRUND

Weil in Ostsachsen der Wilde Westen beginnt

Eine Blutsbrüderschaft der besonderen Art bezeugt das Karl-May-Museum in Radebeul. Zunächst aber stiften zwei Stammesbrüder Verwirrung. Weibliche Winnetou-Fans, die sich auf eine Schau mit Fotos und Filmclips von Indianer-Darsteller Pierre Brice gefreut hatten, der als Bravo-Starschnitt an der Wand ihrer Jugendzimmer pinnte, sind entsetzt: Der in Sachsen und damit im Radebeuler Museum verehrte Oberindianer ist nicht Pierre Brice, sondern Gojko Mitić. Die DDR produzierte Karl Mays Abenteuerromane ohne den Franzosen Brice als schönen Häuptling. Zwei Länder, zwei Stammesvertreter. Dabei war Gojko Mitić niemals Film-Winnetou, verkörperte aber jede andere DEFA-Rothaut.

Aus Winnetou macht also Winnetwo in Radebeul. Das wird Karl May (1842–1912) gerecht, dem Urheber der Bücher. Bei ihm hatte jede Geschichte zwei Versionen, eine richtige und eine gedichtete. Der Anlass dafür stimmt ein wenig wehmütig, hatte der Webersohn aus dem Erzgebirge doch einige Schicksalsschläge zu verkraften, die dazu führten, dass er lieber in seiner Fantasiewelt weilte als im wahren Leben. Dass er den falschen Freunden vertraute, konnte ihm bei Old Shatterhand und Co. nicht passieren, solange er den Griffel im Griff hatte.

Das beschauliche Radebeul wurde Karl Mays Refugium. Sein Haus in der Kirchstraße taufte er Villa Shatterhand und bewohnte es zunächst mit seiner ersten Ehefrau, dann mit der zweiten. Die beschäftigte eine Haushälterin, deren um viele Jahre älterer Ehemann Ernst nicht minder eigenwillig war als Karl May. Ernst stammte aus Wien, war in Frankfurt am Main aufgewachsen, hatte als Akrobat die Welt bereist und darüber eine Sammelleidenschaft für Indianergegenstände entwickelt. Karl empfahl Besuchern seiner Villa, ihn mit »Old Shatterhand« anzureden, Ernst erwähnte seinen bürgerlichen Namen erst gar nicht. Er war Patty Frank.

Miteinander zu tun hatten die Männer zwar nicht, Karl May starb 1912. Als Blutsbrüder können sie trotzdem gelten, denn Mays Witwe engagierte Patty Frank als Nachlassverwalter. Praktisch, dass er seine ethnografische Sammlung einbrachte, die Bestände in Radebeul dadurch enorm erweiterte und aufgrund seines Wissens und seiner Fantasie scharenweise Besucher anzog. Im Gegensatz zu Karl May hatte Patty Frank Amerika ausgiebig bereist und echte Rothäute kennengelernt. Seine Reiseandenken zeigte er in der neu errichteten Villa Bärenfett, dem Blockhaus im Garten der Villa Shatterhand. Nicht Mays Wohnstätte war das Museum erster Stunde, das ergab sich erst in den 1980er-Jahren, sondern Patty Franks Adresse. Das Haus, das der 52-Jährige ab 1928 bis zu seinem Tod 1959 auch bewohnte. Als Werbeträger dürfte er jeden Trapper-Darsteller ausgestochen haben. Patty Franks Grab auf dem Friedhof in Radebeul-Ost ist nur ein paar Schritte von der letzten Ruhestätte Karl Mays entfernt.

Ein Karl-May-Museum gibt es auch in dessen erzgebirgischer Geburtsstadt Hohenstein-Ernstthal. Zur besseren Unterscheidbarkeit befinden sich beide Häuser in einer Karl-May-Straße, nach der Niedergasse im Stadtteil Ernstthal wurde auch Radebeuls Kirchstraße entsprechend umbenannt. Die Ostsachsen würdigen den Schriftsteller zusätzlich mit dem dreitägigen Karl-May-Fest jedes Jahr im Mai. In Radebeul beginnt der Wilde Westen, die Kulisse gibt es her. Damit die West-Pioniere unter den Besuchern nicht brüskiert sind, reiten ein unvoreingenommener Winnetou und sein weißer Bruder Old Shatterhand durch die wildromantische Lößnitz, es sind Schauspieler der Landesbühnen. Nicht zu verwechseln mit dem Cast diverser Winnetou-Festspiele, deren bekannteste Ausgabe in Bad Segeberg in Schleswig-Holstein ausgetragen wird. Gojko Mitić war dort bis 2006 als Apachenhäuptling besetzt. Hatte er die Rolle also doch noch gekriegt.

19. GRUND

Weil hier schon wieder Weihnachten ist

Advent im T-Shirt verbringen, das geht in Sachsen. Im Erzgebirge haben Engel, Räuchermänner und Nussknacker das ganze Jahr Saison. Die weihnachtlichen Motive verschwinden auch im Sommer nicht von den Scheiben der Straßenlaternen, ebenso wenig die übergroßen Schwibbögen von den Ortseingangstafeln. Während der milden Monate wird auf der grünen Wiese zwar kein Glühwein serviert, dafür ist die Seiffener Sommerrodelbahn in Betrieb.

Doch Menschen, die gewissenhaft nur im Sommer Erdbeeren und im Winter Apfelsinen kaufen, betreten das Erzgebirge ausschließlich in der Vorweihnachtszeit. Zugegeben, dann ist die – bisweilen schon schneegezuckerte – Landschaft ein hübscher Anblick. Um in Feststimmung zu kommen, gibt es keinen besseren Ort. Das sehen Reisegruppen aus der ganzen Welt so, weshalb sich Bus an Bus schnaufend über die Berge und durch die Täler zwischen Schneeberg und Freiberg schiebt. Die Massen bleiben in Seiffen hängen, nicht nur weil die Straßen dort steil sind. Seiffen ist Sachsens Spielzeugdorf, Weihnachtswunderland, die Lizenz, wieder Kind zu sein.

Doch lassen Sie anderen den Vortritt und fahren ein paar Kilometer weiter. Seiffen hat nichts, was es in Neuhausen nicht auch gäbe. Touristen verirren sich seltener in das drei Kilometer nördlich des Spielzeuglands entfernte Dörfchen. Dabei ist Neuhausen ausgeschildert. Statt der Straße nach Seiffen zu folgen, biegt man am Fluss scharf links ab und findet sich in einer verkehrsberuhigten Zone wieder, derweil die Autokarawane weiterzieht. Nach einigen Minuten Fahrt entlang des Waldrandes tauchen Häuser auf, es werden mehr, und dann ist man schon in Neuhausen. Auch dort gibt es Holzschnitzer. Bis zur Wende war Neuhausen zudem Heimat der Möbelfabrikation. Die Maschinen zur Holzverarbeitung lieferte Firma Löschner, deren Chef Jürgen vor 50 Jahren ebenfalls Weihnachten in den Sommer verlegte und eine Nussknackerausstellung im Wohnzimmer aufbaute. Die Familie nickte das Hobby ab, Freunde, Kollegen und Kunden waren dankbar, weil sie zu festlichen Anlässen ab sofort dankbare Geschenke hatten. Innerhalb von zehn Jahren kamen 166 Nussknacker zusammen. 1980 waren es 273 Exemplare, 1990 besaß Löschner 1.277 Männer mit Biss und hatte sich bei anderen Sammlern weltweit einen Namen gemacht. Jährlich zogen weitere 100 Nussknacker nach Neuhausen. 1994 eröffnete Jürgen Löschner in einer leer stehenden Möbelfabrik Europas erstes – und einziges – Nussknackermuseum. Seine Firma führte zu diesem Zeitpunkt der Sohn, Löschner konnte leidenschaftlich weitersammeln und Neuhausen im Erzgebirge ins *Guinnessbuch der Rekorde* führen: Zehn Meter misst der größte Nussknacker seiner Schau und ist Marke Eigenbau. Er steht seit 2008 im Hinterhof des Museums. Am Eingang empfängt Besucher ein kleinerer Verwandter, der es auf 5,87 Meter bringt. Verglichen damit ist die erzgebirgische Nussknacker-Norm von 35 Zentimetern winzig.

5.500 Knacker haben ihren Platz in einer der Ausstellungsvitrinen des privaten Museums. Vom geschnitzten Klassiker in Uniform oder königlichem Putz bis zur gedrechselten Fußballnationalmannschaft mit den seit 2014 vier Weltmeister-Sternen auf der Brust sind alle versammelt. Die Kicker-Knacker öffnen Nüsse übrigens nicht mit dem Mund sondern indem man ihren Oberkörper wegklappt und die Nuss hineinlegt. Die Frucht wird dann getunnelt.

Zu jeder vollen Stunde knacken im Hof des Museums die Türen einer Garage, sie öffnen sich und geben den Blick frei auf eine XL-Spieluhr mit beweglichen Figuren, die zu Tschaikowskis *Nussknackersuite* ihre Kreise ziehen. Noch majestätischer kommt die Nussknackerkönigin daher. Seit 2005 krönt die Gemeinde Neuhausen alle zwei Jahre ihr schönstes Mädchen. Bedingung: Bewerberinnen müssen aus erzgebirgischem Holz geschnitzt sein. Was nur eingeschränkt für den Nussknacker gilt, der war urspünglich ein eingewanderter Bayer aus Oberammergau. Die Sachsen aber waren die Ersten, die den Figuren neben der Soldatenuniform Handwerkerkleidung oder Bergmannshabit verpassten. Schnell hatte sich der Nussknacker im Erzgebirge eingebürgert.

Echte Einheimische sind auch die Elfpunkte-Engel. So heißen die kleinen musizierenden Holzputten mit den grünen Flügen, auf denen elf weiße Punkte aufgemalt sind. Wie auf dem Fußballfeld, in jeder Hälfte elf. Leicht zu merken. Die Engel sind in Grünhainichen daheim, eine halbe Stunde südlich von Chemnitz. Aus Grünhainichen stammte Margarete Wendt, die an der Kunstgewerbeschule Dresden Musterzeichnerin lernte und mit ihren Figuren zur erfolgreichen Unternehmerin im Stil einer Käthe Kruse oder Margarete Steiff avancierte. Statt von Dresden nach Berlin weiterzuziehen, wie sie es ursprünglich vorhatte, kehrte sie 1912 25-jährig in ihren Geburtsort zurück und machte sich selbstständig. Die 1915 gegründete Manufaktur heißt Wendt und Kühn, weil es zwei Gretchen waren, die den Betrieb auf die Beine stellten. Margarete Wendt und Margarete Kühn. Die Elfpunkte-Engel gingen auf Grete Wendts Konto. Seit 1923 gibt es die handbemalten himmlischen Musikanten. Die ersten spielten Geige und Flöte, Flügelspieler folgten.

Das Erzgebirge stellt die Belegschaft für ein perfektes Fest. Die geschnitzten Schätze steigern in jedem Haushalt das Gefühl weihnachtlicher Zusammengehörigkeit. Als sei es immer schon so gewesen, dass die Engel auf der Anrichte posaunten. Auch wenn es in der Familie gar keine Bergmannstradition gibt, macht sich ein kerzenbekränzter Steiger-Schwibbogen gut auf der Fensterbank. Sächsische Volkskunst aus dem Erzgebirge ist weltweit bekannt – und hat ihren Preis. Nachahmer aus Fernost sind billiger zu haben. Aber wer will die schon.

Weil Sachsen perfekt blau machen

Jemand der droht, er oder sie könne »hexen und blaufärben«, spricht gerne in Rätseln. Fürs Blaufärben gibt es nachfolgend die Lösung oder: Die Gelegenheit, einem aussterbenden Handwerk auf den Grund zu gehen. Der Blaudruck hat die textile Geschichte Sachsens geprägt. Seine Erfindung kann im Freistaat leider niemand für sich beanspruchen, da waren die Menschen im Orient und in Südostasien schneller und früher dran. Richtig in Mode kam das Druckverfahren im 16. Jahrhundert. Holländer importierten damals Blaudrucke von Indien nach Europa. 100 Jahre später waren auch die Sachsen aus der Reserve gelockt. Ihr Verdienst ist die kunsthandwerkliche Finesse beim Blaudruck, eine Mustervielfalt, die es nirgendwo sonst gab. Wenn Sachsen Stoff geben, dann richtig.

In einem druckreifen Satz gesagt ist Blaudruck ein Reservedruckverfahren mit Holzmodeln, bei dem ein weißes Muster auf dem Grund eines blau eingefärbten Baumwollstoffes entsteht. Ausführlicher erzählt, funktioniert die Technik so: Reservedruck bedeutet, dass die Farbe nicht in jede Textilpore hingelangt. Einige Partien des Stoffes sind »reserviert«. Für Muster. So beim Blaudruck, dessen Grundfarbe Indigo ist. Vermutlich fiel die Wahl der Blaudrucker auf diesen intensiven Blauton, weil er schön aussieht, vielfältig kombinierbar war, weil man den Stoff kalt färben und problemlos waschen konnte. Oder weil es in Indien eine Menge Indigopflanzen gab. Die brachten die Farbe ins Spiel.

Der weiße Roh-Stoff wurde erst bedruckt, dann gefärbt. Der Drucker verwendete Stempel, sogenannte Model, um Muster aufzutragen. Ein Model funktioniert wie das Negativ einer Holzform für Spekulatius oder anderes weihnachtliches Backwerk. Jeder Model hat ein individuelles Bildmotiv. Auf den Stoff gestempelt wird aber keine Farbe, sondern Druckpapp, eine breiige Masse, die aussieht wie ein Mix aus Kleister, Zuckerguss und Hundeschlabber. Der Papp haftet auf dem Stoff wie Pech und lässt beim anschließenden Färben kein Blau mehr dran. Der getrocknete Papp wird vom fertigen Stoff abgewaschen, zurück bleibt ein attraktives Ornament. Wer sich einmal an Hennabemalung auf den Händen probiert hat, weiß, wie's geht.

Früher machten die sächsischen Blaudrucker aus ihrem Papp-Rezept ein Staatsgeheimnis. Wer blaufärbte, konnte auch hexen, lag deshalb nahe. Die letzten beiden Vertreter des alten Handwerks in Sachsen lassen sich mittlerweile entlocken, dass Wasser, Rübenöl, Grünspan, das Baumharz Gummiarabicum und Kaolin Bestandteile des Papps sind. Kaolin brauchte man auch für Porzellan. In Sachsen gab es das, praktisch für die indigoblaue Zunft.

Was in Meißen das Porzellan, waren in Pulsnitz die Blaudrucke. Der Ort mauserte sich zum Mekka und zur Denkfabrik des Handwerks. Dort lebten die kreativsten Formstecher, die sich immer wieder neue Bilder für die Model einfallen ließen. Einige Gesellen ließen sich von Szenen, Mosaiken oder Mustern andernorts inspirieren und schnitzten damit schon während ihrer Walz am guten Ruf Sachsens als Werkstatt von Germany's Next Topmodel. Um Mode ging es damals schon. Und nur Blümchen wären auf Dauer auch langweilig gewesen.

In der Lausitz, im Erzgebirge und im Vogtland wurde auch geblaudruckt, was der Stoff hergab. Der Stolz der Färber war die Menge der Model. Je mehr Muster zur Wahl standen, desto reißender fanden die Stoffe Absatz. Gewiefte Blaumacher sollen es auf 500 bis 1.000 Model gebracht haben. Die letzte Pulsnitzer Blaudruckerei arbeitete bis 2013 mit 250 verschiedenen Formen. Dann ging der Meister in Rente. Seine Schauwerkstatt führt heute ein Ehepaar weiter.

Das Museum für Sächsische Volkskunst in der Dresdner Neustadt besitzt 800 Model. Das Haus für bergmännische Volkskunst in Schneeberg stellt gleichfalls einige alte Blaudruck-Stempel zur

Schau. Im nahen Annaberg wurde die Kunst der Blaumacher einst nicht uneingeschränkt gebilligt, wie eine Kleiderordnung von 1693 beweist: Die Verfasser untersagten den Sächsinnen das Tragen neumodischer Blümchenstoffe. Damit könnten Blaudruck-Ausgaben gemeint gewesen sein.

Andernorts pfiff die Damenwelt auf Vorschriften, so bei den Sorben. Aus deren Trachten sind Blaudruck-Stoffe nicht wegzudenken. Inzwischen entdecken junge ostdeutsche Designer die alte Volkskunst für sich und ihre Entwürfe. Gerade rechtzeitig vielleicht, um die seltene Drucktechnik am Leben zu halten.

21. GRUND

Weil man sich hier Richtung Orient orientierte

Lehnert & Landrock ist eine Institution in Kairo. Der Taxifahrer wartet nicht erst ab, dass sein Fahrgast Straße und Hausnummer Sharia Sherif 44 nennt. Er hört den Namen des Ziels und fädelt sich ins Verkehrsgewimmel ein, über den Tahrirplatz, die Zweite rechts, weit ist es nicht zur einzigen deutschen Buchhandlung Ägyptens. In den Schaufenstern unter dem blauen Firmenbanner liegen Kinderbuchklassiker wie Erich Kästners *Emil und die Detektive*, deutschsprachige Antiken-Bildbände, Stadtpläne und historische Ansichtskarten. Mit deren Motiven begann 1903 die Geschichte *Lehnerts & Landrocks*. Damals ging das sächsisch-böhmische Unternehmergespann nach Nordafrika. Über drei Jahrzehnte bestimmte es das Bild des Orients, das sich ausländische Reisende machten oder nach Hause vermittelten: mit Fotos verschleierter Schönheiten unter Palmen, exotischer Basare, Karawanen in der Wüste.

Ernst Heinrich Landrock stammte aus Reinsdorf bei Zwickau. Der Sohn eines erzgebirgischen Bergmanns war mutig genug, mit der Familientradition zu brechen, Kaufmann zu lernen und sich als Unternehmer durchzusetzen. Das entspricht nicht ganz dem Tellerwäscher-Pathos, stellt Landrocks Charakter aber eine ziemlich deutliche Visitenkarte aus: Wer an sich glaubt und losmacht, der bringt's zu was.

Im Team ging das sogar noch schneller. Ernst Heinrich Landrock hatte 1903 den böhmischen Porträtfotografen Rudolf Lehnert kennengelernt, einen Spezialisten für Orientfotografie. Beide eröffneten zunächst ein Atelier in Tunis. Lehnert lichtete die Motive ab, Landrock vermarktete die Aufnahmen, Silbergelatine auf Glas. Mit Erfolg: 1920 gründete das Duo die deutsche Niederlassung der Firma, den Orient Kunst Verlag in der Leipziger Emilienstraße. Er bestand bis 1946. Die Standortwahl traf Ernst Heinrich Landrock, der auf die Weltoffenheit seiner Landsleute setzte, und auf ihre Begeisterung für exotische Bilder. Er lag richtig: Fotos, Bücher und Postkarten fanden reißenden Absatz in Sachsen. Gedruckt wurden sie in Leipzig und Dresden. 1924 übersiedelte der Betrieb von Tunis nach Kairo, wohin Landrock zuvor Geschäftsbeziehungen aufgebaut hatte. Warum die Wahl auf Ägypten fiel, kann der heutige Inhaber des Geschäfts, ein Enkel des Gründers, nur vermuten: »Ägypten war Synonym für den Orient und wurde durch die Entdeckung des Tutanchamun-Grabes 1922 noch reizvoller.«

Dem geschäftstüchtigen Sachsen kam schnell in den Sinn, dass er den ersten Tutanchamun-Bildband in Farbe verlegen würde. Nach dem Motto: »Drunter mach ich's nicht.« 1930, als die letzten Grabfunde aus dem 700 Kilometer entfernten Tal der Könige ins Museum nach Kairo überführt worden waren, gab Landrock 200 Fotos in Auftrag, kann sein Nachkomme Edouard Lambelet anhand eines Briefs des Vorfahren nachvollziehen. Die Glasplatten wurden zum Kolorieren nach Deutschland geschickt, der Druck des Bandes war 1944 vorgesehen, verzögerte sich aber kriegsbedingt. Der Bombenangriff auf Dresden am 13. Februar 1945 zerstörte die Druckerei und alles Material. Fast alles. Geblieben sind die 1982 im Lager des Ladens aufgestöberten Fotoplatten von Pharao-Postkarten, mit denen Edouard Lambelet Jahre später doch noch einen Tutanchamun-Band verlegte. Ein Kreis schloss sich für ihn auch, als er zu den sächsischen Wurzeln seines Großvaters aufschloss und Reinsdorf 2002 besuchte: Der Nachkomme ist Geologe, ganz in der Tradition der Bergmannsfamilie.

22. GRUND

Weil Sachsen mit Absicht Bücher verlegen

Gelbe Seiten haben einen Namen, Reclams Hefte. In den handflächengroßen Büchern, korrekterweise sind nur deren Umschläge gelb, die Seiten wie es sich gehört schwarz auf weiß bedruckt, haben wir alle schon einmal geblättert. Goethe, Shakespeare oder E.T.A. Hoffmann, die Bändchen gehören zur Schulzeit wie Spickzettel und Schlampermäppchen. Minimalistisch in Preis und Gewicht, dürften Reclamhefte die meistgelesene Schullektüre gewesen sein. Eventuell sogar die einzige, der man sich widmete, weil das Büchlein in wirklich jede Hosen- oder Jackentasche passte und Schulbus-Warterei erträglich machte oder in Freistunden für die intellektuelle Aura sorgte. In Zeiten vor Smartphone und iPod versteht sich.

Die Geschichte der Reclamhefte beginnt in Leipzig, damit, dass 1867 ein neues Urheberrecht wirksam wurde, das literarische Werke »gemeinfrei« machte: Jeder durfte sie nachdrucken und veröffentlichen. Vorausgesetzt, der Autor weilte seit mindestens 30 Jahren nicht mehr auf dieser Welt. War er noch am Leben, erhielt er nämlich ein Honorar.

Ein sehr lebendiger Leipziger, dem durch das verbesserte Urheberrecht eine gute Geschäftsidee kam, war der Verleger Anton Philipp Reclam, zum damaligen Zeitpunkt 60-jährig. In einer Leipziger Buchhändlerdynastie groß geworden und mit kaufmännischem Sachverstand gesegnet, ergriff er die Gelegenheit und produzierte nicht weniger als eine Universal-Bibliothek kanonischer Literatur. Rund 3.500 Bände in drei Jahrzehnten. Klassiker wie Goethe, Schiller, Heine, Lessing und Co. hatten alle das Zeitliche gesegnet. Ihre Werke blieben zeitlos-beliebt. Den entscheidenden Impuls, der die Verkaufszahlen der Bände in die Höhe trieb, gab aber Anton Philipp Reclams Idee, Taschenbücher günstig zu produzieren und ebenso günstig unters bibliophile Volk zu bringen. Das war clever gedacht und verband sich mit dem neuen Urheberrechtsgedanken, der Literatur als Gemeingut interpretierte: Klassiker für alle. Bildung für alle. So machte es Reclam und schwamm auf der reformpädagogischen Welle, die im 19. Jahrhundert durch Deutschland schwappte, obenauf mit. Er hat Bücher nicht nur erfolgreich verlegt, er hat sie auch erfolgreich vertrieben.

Nach dem Zweiten Weltkrieg zogen Reclams Erben mit dem Verlag nach Stuttgart, wo er bis heute sitzt. Den Leipzigern geblieben sind das Grab Anton Philipp Reclams auf dem Alten Johannisfriedhof und der alte Firmenstandort an der Insel-, Ecke Kreuzstraße, bis 2006 Adresse der Reclam-Zweigstelle. Die Fassade des Neubaus anstelle der ehemaligen Druckerei erinnert entfernt an ein Regal voller Bücher, ihre Rücken sind im Putz angedeutet.

Dass die hugenottische Familie Reclam aber zuerst in Sachsen Wohnsitz genommen hatte, hing mit Leipzigs Ruf als Bücher- und Messestadt zusammen. Mehrere Hundert Verlage zählte die Stadt, darunter Insel, Baedeker und Brockhaus. In Leipzig wurden die Buchpreisbindung und der Kommissionsbuchhandel erfunden, was Auslieferung nach Bestellung bedeutete, sowie der Börsenverein des Deutschen Buchhandels gegründet. Die renommierte Hochschule für Grafik und Buchkunst und die Deutsche Bücherei sind bleibende Einrichtungen in der sächsischen Buchstadt. Der Büchereikomplex, bestehend aus Kaiserzeit-Altbau, klotzigem Magazinturm und einem Glas-Stahl-Neubau, der aussieht wie ein Bücherstapel mit Umschlag, ist architektonisch einer der größten Leipziger Hingucker. Nicht wundern, bitte: Die Straßenbahnhaltstelle davor heißt

»Deutsche Nationalbibliothek«. Hat seine Richtigkeit! Leipzig ist einer ihrer Standorte, die andere steht in Frankfurt am Main.

23. GRUND

Weil in Sachsen jeder ein Veilchen abkriegt

Wenn Sebnitzer Hand anlegen und Veilchen produzieren, verläuft das in der Regel friedlich. Die Stadt ist für ihre Kunstblumen bekannt. Die prominenteren Veilchen hat höchstens Aue, dort ist »Veilchen« der – offizielle – Spitzname der Fußballer des 1. FC Erzgebirge Aue. Weil dessen Vereinsfarben Weiß und Lila sind. Wie Veilchen. Die Fans tragen nicht ganz so harte Bandagen wie die Anhänger der SG Dynamo Dresden, aber König Fußball sollte man überall in Sachsen Blumen streuen. Sonst geht es womöglich ins Auge. Damit unterscheidet sich die Fankultur kaum vom Rest Deutschlands. Anders sieht es mit Sachsens Verhältnis zu Veilchen aus Samt und Seide aus, in dieser Disziplin spielen die Sebnitzer in der ersten Liga.

Dafür sorgt die »Mannschaft« der Deutschen Kunstblume Sebnitz. Das Team fingerfertiger Damen in der Schaumanufaktur vermittelt nicht den Eindruck, als sei der Nachschub an kleinen und größeren Blühern gefährdet. Doch der seltene Beruf Kunstblumenfacharbeiterin stirbt aus. Die bedeutendste deutsche Manufaktur für Mode- und Dekorationsblumen bildet nicht mehr aus. Weil keine Berufsschule existiert, können die Mitarbeiterinnen potenzielle Nachfolgerinnen nur anlernen. Durch die Blume sprechen. Aber wo wenn nicht in Sebnitz hat man das drauf. 300 Muster kann die Manufaktur liefern, jede Mitarbeiterin weiß, wo sich das jeweilige Stecheisen befindet, mit dem die Einzelteile aus dem Stoff gestanzt werden. Neben Dekorationsblumen fertigen die Sebnitzerinnen Modeblumen für Kleidung. Bräute und Weddingplanner machen den Manufakturbesuch zum Teil ihrer Inszenierung: Im Brautzimmer wartet eine große Auswahl Hochzeitsblumenschmuck. Auch an Brautjungfern und Blumenkinder wird gedacht oder das fehlende Stück gemacht. Nur Junggesellenabschiede finden jenseits der Öffnungszeiten statt.

Kunstblumen aus Stoff, der Modetrend kam aus Frankreich nach Sachsen. 1780 eröffnete eine Französin namens Madame Mouton, Frau Schaf, die erste Kunstblumen-Manufaktur in Sebnitz, beschäftigte dort eine Handvoll Sebnitzerinnen und erhielt – weil die Produkte von ausgezeichneter Qualität waren – sogar einen Gründerzuschuss aus staatlicher Kasse. Trotzdem kam ihr Unternehmen in puncto Umsatzsteigerung nicht vom Fleck. Stattdessen bewegte sich die Gründerin und verduftete weg aus Dresden. Ihre Blumen ließ sie da. 50 Jahre nach Madame Mouton gab es ein Dutzend Kunstblumenhersteller im Raum Dresden. Die Sächsische Schweiz als sächsisch-böhmisches Grenzgebiet entwickelte sich zur Kreativschmiede der Blumenmacher: Französische Vorbilder, gepaart mit böhmischer Kreativität und sächsischer Tüchtigkeit, brachten den Geschäftszweig zum Blühen. Gemessen daran, dass die Sebnitzer, Neustädter und Langenburkersdorfer maximal Leipzigs Messe als Maßstab hatten und nicht bis Paris, London oder Wien Trends nachspüren konnten, war das eine stramme Leistung. Die Sachsen taten, was sie am besten beherrschten: Statt neue Modelle zu kreieren, machten sie bestehende besser. Veilchen deluxe. Anfang des 20. Jahrhundert arbeiteten in und um Sebnitz 18.000 Menschen in der Kunstblumenfertigung mit, mehr als die Stadt heutzutage Einwohner hat (10.000). Damals stellte Sachsen drei Viertel des Weltmarktbedarfs an Mode- und Dekorationsblumen.

Grandseigneur der Sebnitzer Kunstblume war Louis Meiche, der als erster Blumenfabrikant die Arbeitsteilung einführte, einen kaufmännischen Klarkopf besaß und keine Reise ohne seinen Musterkoffer antrat. Die gute Ware verdankte er seiner Frau, einer Blumenmacherin. Meiche war kein Einzelfall; während hauptsächlich Frauen das Sortiment entwickelten, übernahmen die Männer das Kaufmännische. Oder stellten gar nur ihren Namen für den Briefkopf zur Verfugung. Kurz gesagt: Die haben schon immer die Veilchen kassiert.

24. GRUND

Weil man hier einen T-Rex zu fassen kriegt

Dinosaurier waren alles andere als kuschelige Kreaturen, trotzdem wünscht sich jedes Kind irgendwann eine Urzeitreise zu den Riesenechsen. Die verbindet sich mit einem Abstecher in die sächsische Oberlausitz. In Kleinwelka bei Bautzen steht man nämlich in der Kreide. 200 Dino-Nachbildungen bevölkern dort Deutschlands größten Saurierpark.

16 Hektar umfasst das Gelände, damit ist es seit seiner Entstehung vor drei Jahrzehnten um fast das Doppelte gewachsen. Die ältesten reptilen Parkbewohner bezogen 1981 Position. Ihr Schöpfer Franz Gruß war gelernter Dekorationsmaler, berufener Bildhauer und als Junge genauso dinovernarrt wie die kleinen Parkbesucher drei Generationen später. Sein kreativer Beruf spielte ihm in die Hände. Zunächst modellierte er Mini-Echsen aus Ton, mit dem Ehrgeiz, sie möglichst echt aussehen zu lassen. Auswahl gab es genug, Gruß vertiefte sich in jeder freien Minute in wissenschaftliche Literatur. Die Sammlung wuchs und wurde raumgreifender. Schließlich mussten T-Rex, Stegosaurus und Co. das Haus räumen. Sie posierten nun statt im Wohnzimmer sichtbar in der Hofeinfahrt, damals im Maßstab 1:2, halb so groß wie die Tiere im lebenden Urzustand gewesen waren. So kam es, dass der drei Meter hohe T-Rex einem Erwachsenen Pfötchen gab, ohne dass der sich strecken musste. Das sechs Meter hohe Original hätte man kaum zu fassen gekriegt, und dem Räuber wäre die gute Kinderstube dann sicher herzlich egal gewe-

sen. Die Töchter des Dinovaters wählten sich ihren Lieblingsplatz im begehbaren Echsenbauch, der sogar ein Fenster besaß. Die Idee übernahm kurze Zeit später der Gemeinderat und quartierte sich für eine Sitzung dort ein. Anders als die Mädchen übernachteten die Volksvertreter aber nicht im Saurier.

Seine Modelle realisierte Bildhauer Gruß mit Drahtgeflecht und Holz, überzog die Gerippe dann mit einer Betonschicht und gab den getrockneten, ausgehärteten Tieren den farbigen Anstrich. Bei Klauen und Zähnen improvisierte er und behalf sich mit ausgemusterten Wasserrohren. Dass eine wachsende Zahl XL-Echsen das Grundstück der Familie im Dörfchen Großwelka bevölkerte und Publikum anzog, entging den Nachbarn in Kleinwelka nicht, die Pläne für die Gestaltung eines Parks schmiedeten. Die Saurier kamen wie gerufen. 1981 bot die Gemeinde dem 50-jährigen Gruß den Posten des Parkgestalters an. Der Job verband sich mit der Aussicht, Echsen in Echtgröße zu bauen. Und: Um seinen Arbeitsplatz zu erreichen, musste er nur über den Zaun seines Grundstücks klettern. Der Park lag direkt dahinter. Franz Gruß sagte zu und nahm schon wenige Wochen darauf ein Großprojekt in Angriff, den Brachiosaurus. Das 16 Meter hohe Holzgerüst, das er benötigte, um dem Tier in die Augen zu schauen, konstruierte er gleich mit.

Zwei Jahrzehnte lang wuchsen der private Sauriergarten Großwelka und der Saurierpark der Gemeinde Kleinwelka parallel weiter. Mitte der 1990er-Jahre übernahm ein anderer Künstler den Dino-Neubau im Park. Franz Gruß kehrte in heimische Gefilde zurück. Besucher mussten zwei verschiedene Tickets lösen, um alle Saurier zu sehen, da sich der Dinovater und die kommunalen Parkbetreiber nicht auf eine Strategie einigen konnten. Im Jahr 2000 übernahm die Stadt Bautzen den Saurierpark, 2004 wurden die Anlagen doch noch eins. Mittlerweile zählt Kleinwelka 200.000 Dinofans jährlich. Bitter für den T-Rex: Er musste sich Publikumsliebling Triceratops geschlagen geben. Warum die Besucher den Saurier mit der Hörnerkappe, die ihn wie ein maskiertes Nashorn aussehen lässt, lieber mögen, begründen sie damit, dass er Vegetarier war. Das Kannibalenimage des T-Rex ist veraltet. Höchste Zeit, seinen Platz in der Publikumsgunst durch freundliche Selfies aufzuwerten.

Die Dinos jüngeren Datums sind keine Betonfiguren mehr, ihre Haut besteht aus moderner Glasfaser und Kunstharzen. Beides macht sie leichter und transportabler. Alle Posen und Szenen, in denen Kleinwelkas Riesenechsen antreten, sind durch fossile Funde belegt. Aus Sachsen stammen sie jedoch nicht. Die Oberlausitz besiedelten die Saurier erst durch Franz Gruß. Wer nicht damit rechnet, ist beim Anblick eines Reptils, das zähnefletschend auf der grünen Wiese an der B6 steht, kurz geflasht.

25. GRUND

Weil jemand Görlitz eine Altstadtmillion Mal liebt

Der beste Hollywoodstoff ist sächsischen Ursprungs und noch unverfilmt. Jährlich in der zweiten Februarhälfte erhält die Stadt Görlitz einen willkommenen – mittlerweile nicht mehr ganz so überraschenden – Geldsegen. Die Altstadtmillion. 2015 kam die Zahlung, seit der EU-Währungsreform sind es 511.500 Euro, zum 21. Mal. Das Geld ist ausschließlich für die Sanierung der historischen Altstadt bestimmt, machte der Spender der Stadt zur Auflage. Und noch eine Bedingung stellte er den Sachsen: Er will anonym bleiben.

Den Anruf des Anwalts aus München im Jahr 1995 hielten die Görlitzer erst für einen Scherz. Einer seiner Mandanten sei ein Freund der Stadt und wolle ihr Geld schenken, erklärte der Jurist und bezifferte die Summe auf eine Million D-Mark. Als die tatsächlich überwiesen wurde, fehlten sogar den redegewandten Sachsen die Worte. Das kam dem Mäzen gelegen. Er verbot sich Rätselraten um seine Person und den Grund, warum er – oder sie – so viel Geld in Görlitz investierte und nicht einmal eine Spendenquittung dafür ausgestellt haben wollte. Die Stadt gab klein bei und lebt seitdem nach dem Motto Sanieren statt Spekulieren. Erstaunlicherweise zogen die Medien mit. Abgesehen von ein, zwei Theorien stellten sie keine Recherchen an, die das Oberlausitzer Märchen gefährdeten. Der Spender blieb präsent und anonym zugleich, ähnlich James Bonds Commander »M«. M wie Mäzen. Falls jemand seinen Namen herausfindet, soll er das für sich behalten. Sonst war's das mit der Altstadtmillion. Genügt doch zu wissen, dass jemand Görlitz eine Altstadtmillion Mal liebt und es wieder glänzen sehen wollte.

Weil die Wende 1990 kam, war Görlitz noch zu retten. Einige Jahre später, räumen die Oberlausitzer ein, wäre die von Bombentreffern im Krieg verschont gebliebene historische Kulisse der Stadt Geschichte gewesen. Abrisspläne gab es schon. Ein Schicksal, das viele Orte in den ostdeutschen Bundesländern zu DDR-Zeiten teilten. In Sachsen warteten neben Görlitz das Leipziger Gründerzeitviertel um den Waldplatz und das Arbeiterviertel Plagwitz auf die Abrissbirne. Mittlerweile sind die Straßenzüge saniert, und die Stadt ist ohne sie unvorstellbar. Görlitz war weder Messemetrople, noch lag es im Herzen Sachsens, umso besser, dass jemand die Altstadtsanierung zur Chefsache machte. Die Bevölkerung ließ sich nicht lange bitten, krempelte die Ärmel hoch und gründete die Altstadtstiftung, um das gespendete Geld zu verteilen. Rund 100 Anträge erhält die Stiftung pro Jahr, durchschnittlich 70 Vorhaben werden umgesetzt und dokumentiert, zur Weiterleitung an »M«. Mittlerweile existiert kaum eine Straße ohne mindestens ein Baudenkmal, das mit Geld der Altstadtmillion saniert wurde. 9.732.654 Euro hat die Stiftung zwischen 1996 und 2013 ausbezahlt. Ergebnis: Im knapp dem Kahlschlag entgangenen Zentrum reihen sich wieder schmucke Häuser aus fast jeder Epoche aneinander.

Die meisten Gebäude stammen aus der Renaissance, als Görlitz die größte und mächtigste Stadt zwischen Erfurt und Breslau war. Sogar englischsprachige Touristen spazieren andächtig an den sanierten Giebeln vorbei, und wenn sie hören, dies sei die Neißstraße, widerspricht niemand. So nice is Görlitz, dass es Hollywood für sich entdeckte und in der bereits zu DEFA-Zeiten beliebten Filmkulisse der Altstadt Dutzende Blockbuster drehte, darunter *Inglourious Basterds*, *Der Vorleser*, *Die Vermessung der Welt* und *Monuments Men*. Zuletzt entstand *The Grand Budapest Hotel* im 100-jährigen Jugendstil-Kaufhaus am Marienplatz. Die nächste Produktion hat sich schon angekündigt, macht aus dem Film aber noch ein Geheimnis. Vielleicht dreht Roland Emmerich *Anonymus 2*, mit Verschwiegenheit haben die Görlitzer schließlich Erfahrung. Neben dem Geldsegen des anonymen Spenders stärkt die filmische Aufmerksamkeit der Stadt den Rücken. Dass Görlitz dadurch die Altstadtmillion Einwohner knackt, ist allerdings ein Märchen.

26. GRUND

Weil Plauen Spitze ist

Hier geht es an die Wäsche. Plauen im Vogtland profilierte sich vor 150 Jahren damit, die Fertigung zarter Stoffe auf die Spitze zu treiben. Dabei war Spitzensticken jahrhundertelang ein gesamtvogtländisches Phänomen. Geklöppelt wurde auch, mehr Richtung Erzgebirge, wo 1949 ein findiger Sachse das mechanische Nähstichverfahren Malimo austüftelte, in einer der vielen Garagenfirmen, die das Land hervorbrachte. Mit den Spitzen verhielt es sich zunächst genauso, sie wurden in Heimarbeit gestickt und nirgends als Kunsthandwerk wahrgenommen, sondern waren dazu da, die Familien zu ernähren. Bis Spitzen in Mode kamen. Weil die Tuchmacherstadt Plauen am Handelsweg vieler Kaufleute lag und die bemerkten, wie schön einige Gewebe verziert waren, entstand daraus ein Gewerbe. Spitzen waren in der Damenwelt ein Must-have.

Plauener Spitze meint keine singuläre Marke, sondern ein Kollektiv, gekennzeichnet durch die Methode, Spitzen mit der Maschine zu sticken. Die Sachsen waren nicht die Ersten, die in Serie produzierten. Die Sachsen profilierten sich dadurch, so lange an der Technik zu feilen, bis sie innovativer war als das Original. Man muss das Rad nicht neu erfinden, aber Gummi geben, damit es läuft.

Die Plauener spitzelten zunächst im Bodenseeraum, wo Schweizer und Österreicher Kollegen erfolgreich auf industrielle Spitzenproduktion umgesattelt hatten. 1858 nahmen sie auf heimisch-sächsischem Boden zwei Stickmaschinen in Betrieb. Dann drehte sich das Innovationskarussell. Auf die Handstickmaschine folgte die Maschine für Tüllspitze, Ende des 19. Jahrhunderts eine Weltneuheit, mit der Sachsen bei der Pariser Weltausstellung 1900 endgültig Maßstäbe und Trends setzte. Plauen war an der Spitze angekommen. Die Franzosen dachten globaler und prämierten die *Dentelles de Saxe*, die sächsischen Spitzen.

Zwei Kriege und die DDR ließen die Spitzenfertigung abwechselnd einbrechen und mit Tischläufern und Gardinen wieder auf die Beine kommen, derweil Paris und London die Mode machten. Die Wende bremste das Vogtland erneut aus. Mittlerweile ist das Interesse an der feinen Stofflichkeit neu entfacht. 35 kleine Hersteller polieren das Image der sächsischen Spitze als sexy auf, ein Highendprodukt aus einem Hightechgewerbe. Designer stoßen hinzu und geben Stoff, etwa die Münchnerin Irene Luft. Und ein halbes Dutzend regionaler Firmen bringt Spitze mit Technologie zusammen, zum Beispiel in Form textiler Fußbodenheizungen, die sich wie Teppich verlegen lassen. Deutsches Innovationszentrum für Stickerei heißt dieser Think Tank. Die Stadt Plauen hat kapiert, dass sie nicht mehr an die einstige Weltspitze anknüpfen kann und besser fährt, nach vorne zu schauen. Die Leuchtreklame »Plauener Spitze, bekannt auf dem Weltmarkt«, die vier Jahrzehnte lang in der Dürerstraße für die weiße Ware warb, wurde 2012 abmontiert. Im

Spitzenmuseum am Unteren Graben aber kommen Tüll und Co. noch einmal groß raus.

Sächsische Spitzen können auch ganz anders aussehen. Pulsnitzer Spitzen sind schokobraun statt weiß. Es handelt sich um gefüllte Lebkuchen mit einem Kern aus Marmelade, ein winterliches Pendant zum Pfannkuchen. Im späten Mittelalter versuchten sich Oberlausitzer Bäcker erstmals an dem süßen Gebäck, nachweislich außerhalb der Advents- und Weihnachtszeit. Scheint so, die Sachsen brauchten keinen Anlass, um zu naschen. Tatsächlich war die lange Vorlaufzeit nötig, weil die Lebkuchen-Backmasse ein halbes Jahr gärte, ehe man sie verarbeiten konnte. Gelagert wurden die Teigbatzen in Eichenfässern, einem guten Whiskey vergleichbar. Anschließend kamen sie auf die Brechbank, so hieß der Arbeitsplatz des Pfefferküchlers, um dort geknetet und in Pfefferkuchenstücke gebrochen zu werden.

Die Pulsnitzer behaupteten sich nicht nur als Sachsens eifrigste Bäcker, sie legten sich auch mit ihren Nachbarn an, wenn es um den Absatz des Backwerks ging. Als die Kamenzer im späten 17. Jahrhundert den Pfefferkuchenverkauf vor Ostern und Weihnachten sowie während der Jahrmärkte reglementieren wollten, um eigene Wettbewerber auf Kurs zu halten, zogen die Pulsnitzer Pfefferküchler gegen der Rat der Stadt Kamenz vor Gericht. Das entschied für eine Koexistenz der Bäcker.

Während in Pulsnitz bis heute Spitzen – und: Pflastersteine – zum Verzehr gefertigt werden, ist die Alte Pfefferküchlerei im nahen Weißenberg ein Museum. Entstanden aus einer ehemaligen Backstube ist es das älteste seiner Art, das dem süßen Handwerk huldigt. Heiß war der Weißenberger Ofen von 1684 bis 1937. Das ist spitze, auf 253 Jahre bringt es keine der neun noch betriebenen Pulsnitzer Pfefferküchlereien, obwohl die älteste nahe dran ist: Sie gibt es seit 1813.

27. GRUND

Weil man hier in aller Freundschaft behandelt wird

Doktorspiele im öffentlich-rechtlichen Fernsehen waren in den 1980er Jahren Sache des Personals der Schwarzwaldklinik. Die ZDF-Serie erlangte Kultstatus und hat den TV-Schauplatz Krankenhaus gesamtdeutsch etabliert. Ein Jahrzehnt später knüpfte Leipzig für das Erste daran an. Die Sachsenklinik ist seitdem Austragungsort von Deutschlands erfolgreichster Ärzteserie *In aller Freundschaft* und hat den Vorgänger aus dem Südwesten in Folgen gerechnet längst überholt. Wer *Die Schwarzwaldklinik* verdrängt hat, zu jung zum Fernsehen war oder den Wald vor lauter Bäumen nicht sah, wird dafür in Leipzig wohlwollend verarztet. Einzig der Achtziger-Charme mit Dauerwellen auf Schwesternköpfen und attraktiven Assistenzärzten in einem Golf-Cabrio der ersten Baureihe bleibt das Privileg der Generation Professor Brinkmann.

Soziologisch, oder um beim Thema zu bleiben: Serienpathologisch sind die Formate eins. Der Klinikalltag hat es in sich, Dramen im Leben von Ärzten und Patienten spielen sich dort ab. Krankheit erweist sich vielfach als das kleinere Übel. Berufliche und private Revierkämpfe unter Kollegen und persönliche Schicksale wiegen schwerer. So gesehen ist *In aller Freundschaft* Reality-TV und dürfte der Berufsrealität vieler Mediziner entsprechen. Heiratete Klaus Brinkmann Schwester Christa noch um des sozialen Aufstiegs willen, geht es den Paaren der Sachsenklinik vor allem darum, dass sie einen Partner haben, der ihre Lebenstaktung im Schichtdienst nachvollziehen kann.

Steril ist der Mikrokosmos keineswegs, es menschelt die gesamte Sendezeit über. In dem fast tolstoischen Rollengeflecht findet jeder Zuschauer eine Figur, die ihm zusagt und an deren Fersen er sich Folge für Folge heftet. Besser macht es nur noch Doktor House im vergleichbaren US-Format, der kriegt sie alle. Deshalb heißt die Krankenhausserie so wie ihr Held. *In aller Freundschaft* stapelt tiefer und liegt richtig: Durchschnittlich fünf bis sechs Millionen Deutsche schalten jede Woche ein. Die selbstbestimmte Visite festigt den guten Ruf der Sachsenklinik, deren Oberarzt bezeichnenderweise Roland Heilmann heißt. So viel gesunden Menschenverstand artikulierte die Schwarzwaldklinik noch nicht.

Dem Mitteldeutschen Rundfunk als produzierendem Sender ist mit der Serie ein großer Wurf geglückt. Im Arztberuf muss man heutzutage überzeugender praktizieren als vor 30 Jahren. Deshalb holen die Hauptdarsteller alles aus ihren Rollen heraus und geben sich wenig elitär, eben in aller Freundschaft. Das Drehbuch verpflichtet zur Lebenswirklichkeit mit Themen wie Unvereinbarkeit von Beruf und Familie, Druck im Job, Affären, Patchwork-Familien und Multikulti. Verglichen damit war das Krankenhaus im badischen Glottertal ein Refugium mit geringer Realitätsanbindung.

Weiteres Echtheitsmerkmal der Sachsen: Die Serie ging von Leipzig aus an den Start und wurde mit etablierten mitteldeutschen Schauspielern besetzt. Dieses Bekenntnis zum Standort Ost fand das Publikum gut und sympathisierte vor allem mit Ursula Karusseit, die als gute Seele die Klinik-Cafeteria führte, und Dieter Bellmann als – mittlerweile pensionierter – Krankenhauschef. Mit ihm redete auch ein Sachse mit, wenngleich nicht wörtlich. Keinen Dialekt, hatten die Serienmacher ihrem Cast eingeimpft. Ärztedeutsch in der Sachsenklinik sollte für alle verständlich bleiben. Einige Heilmänner und -frauen der nächsten Generation, die als Kinder *Schwarzwaldklinik* geguckt haben dürften, wurden Anfang 2015 in den Serienableger *In aller Freundschaft. Die jungen Ärzte* am Standort Erfurt befördert. Die Sachsenklinik behält ihr Studio in Leipzig. Das namensgebende Gebäude steht in Wirklichkeit im 40 Kilometer südlichen Bad Lausick.

Im Privatfernsehen sorgte von 1997 bis 2004 gleichfalls eine Sächsin im weißen Kittel für gute Quoten. »Krankenschwester«

Claudia Schmutzler war *Für alle Fälle Stefanie*. Bei Sachsen sind Sie in guten Händen. Dresdner Medizinstudenten übersetzen seit 2011 auf www.washabich.de von Patienten eingesandte ärztliche Befunde ehrenamtlich ins Klardeutsch. Ein Freundschaftdienst.

28. GRUND

Weil Sachsen die größte Glasmenagerie der Welt schuf

Auf dem Friedhof der Gemeinde Maria am Wasser in Dresden-Hosterwitz erinnert ein efeubewachsener Grabstein an die Familie Blaschka. Vater Leopold (1822–1895) und Sohn Rudolf (1857–1939) werden darauf als »naturwissenschaftliche Glaskünstler« gewürdigt. Das ist stark untertrieben. Blaschkas waren vor 150 Jahren die weltweit führenden Glasmodellbauer. 4.300 Pflanzen aus Glas exportierten sie als exklusive Auftragsarbeiten in die USA, wo sie eine einzigartige Sammlung der Harvard-Universität bilden. Alle bedeutenden naturhistorischen Museen besitzen Blaschkas Modelle wirbelloser Meerestiere, und die sächsische Glasmenagerie gilt bis heute als unerreicht. Anders ausgedrückt: Das Geheimnis ihres Erfolgs bleibt eins, handwerklich betrachtet.

In Sachsen sind Vater und Sohn fast vergessen. Ihre Modelle stehen überall, nur nicht dort, wo sie entstanden. Mit zwei Ausnahmen: Eine Seegurke und eine Koralle, die der Freistaat Sachsen 2006 ankaufte, lagern im Depot der Senckenberg-Forschungsgesellschaft. Beide Modelle wirken vergleichsweise unscheinbar, gemessen daran, was Harvard zeigt oder das Institut für Meeresbiologie der Universität Tübingen an Dresdner Preziosen aufbieten kann: 32 echte Blaschkas, die einzige wirklich nennenswerte Sammlung in Deutschland.

Die Familie stammte aus Böhmen und hatte sich mit der Herstellung von Glasaugen etabliert. Leopold perfektionierte die Glasbläserei so weit, dass es ihm gelang, feinste Fäden zu spinnen. Die Fertigkeit gab er direkt an den Sohn weiter, genauso den Arbeitseifer. Dass Blaschkas zwölf Stunden täglich in ihrer Hosterwitzer Werkstatt verbrachten, war keine Seltenheit. Die Vorliebe für maritime Lebewesen hatte der Vater auf einer Schiffpassage nach Amerika entwickelt, die sich außerplanmäßig in die Länge zog: Flaute. Zum Zeitvertreib zeichnete er Meerestiere, die als Beifang beim Fischen an Bord landeten. Leopold Blaschkas Interesse war durchaus zeitgemäß, Meeresbiologie boomte.

Blaschkas fertigten ihre Tier-Nachbildungen für Museen, Universitäten, Kliniken und Schulen. Die Modelle waren begehrt, denn alle wissenschaftlichen Kabinette taten sich schwer damit, Qualle und Co. zu konservieren: Die potenziellen Schaustücke waren oft winzig, trockneten aus und schrumpelten zur Unkenntlichkeit zusammen. Die Schaustücke aus Dresden sahen den Originalen zum Verwechseln ähnlich, waren aber nicht feucht und glibbrig, sondern trocken und fest. Und sie blieben es auch.

Leopold arbeitete sich an den Meerestieren des Atlantiks ab. 1871 druckte die Werkstatt einen Katalog mit 271 Modellen von der Seeanemone bis zum Oktopus. Rudolf ergänzte die Palette und steuerte Tiere der Nord- und Ostsee sowie des Mittelmeeres bei. Wissenschaftlich beraten hat die Dresdner der Berliner Zoologe Ernst Haeckel.

1885 zählte der Katalog 630 Einträge. Im Jahr darauf kamen die Kunsthandwerker mit der Harvard-Universität ins Geschäft. Sämtliche Vorlagen ihrer Modelle zeichneten sie selbst. Pflanzen, die nicht im Botanischen Garten in Dresden oder im Pillnitzer Schlossgarten sprossen, studierte Rudolf Blaschka vor Ort: Zweimal reiste er in die USA.

Alle Modelle aus der Werkstatt der Familie waren aus einem Guss. Für den passenden, lebensechten Anstrich sorgte emaillierte Farbe. Der Spruch »oft kopiert und nie erreicht« trifft es. Seit 75 Jahren versuchen Glaskünstler, die Herstellungstechnik der Blaschkas nachzuempfinden. Bislang reichte niemand an sie heran. Mit Rudolf Blaschkas Tod starb ein sächsischer Superlativ. Das macht die Modelle noch wertvoller. Geschätzt dürften knapp 6.000 filigrane Kunstwerke in Dresden entstanden sein, die letzten 1936.

Blaschkas haben keine Erben. Die Pacht ihrer Grabstätte auf dem Hosterwitzer Friedhof bezahlt die Harvard-Universität.

29. GRUND

Weil der Holzmichel wirklich noch lebt

Ja, er lebt noch. Kaffee-Kurt vom Grünen Graben im Schwarzwassertal zu treffen kommt einer Begegnung mit der sächsischen Sagengestalt des Holzmichels, den die Randfichten bis in die Hitparade brachten, nahe. Im Gegensatz zum Volksgut prallt der Wanderer nicht ganz so unvermittelt auf Kurts unkonventionelle Wald-Einkehr. Sogar deren Öffnungszeiten sind angegeben: Wochenends und feiertags in den Sommermonaten wird Coffee to go nach erzgebirgischem Modell verabreicht.

Beim Wandern entlang der Schwarzen Pockau von Kühnhaide nach Pobershau geht man am besten immer der Nase nach. Der Kaffeeduft auf halber Strecke ist nämlich keine Einbildung. Der kommt von Kurts Stand im Schwarzwassertal. So nennen die Einheimischen die an sich grüne Kerbe, durch die sich die Schwarze Pockau schlängelt. Die Erklärung dafür liefern die umliegenden Moore, die das Wasser abdunkeln. Parallel verläuft der Grüne Graben, ein künstlich angelegter Wasserlauf mit Ufer-Wanderweg. Vor ein paar Jahren hat an diesem Ufer Kurts Waldcafé eröffnet, das man eigentlich nicht verfehlen kann. Kleine Holztafeln aus Baumscheiben sind unterwegs montiert, die von der Oase künden. Spätestens der Kaffeeduft macht Reisende dingfest. Die Szenerie erinnert an den Kinderbuch-Klassiker *Der Zauberer von Oz*, wo Dorothy und ihre Freunde der gelben Ziegelsteinstraße folgen müssen, um die Smaragdenstadt zu erreichen. Im Schwarzwassertal ist schon alles im grünen Bereich.

Das gilt auch für das »Café« am Grünen Graben. Kaffee-Kurt hat einen Unterstand aus Balken und einer Zeltplane errichtet, unter dessen Dach er Kaffee, Brause, selbst gebackene Kekse und Kuchen verkauft. Der Kaffee wird frisch gemahlen, indem der Chef Hand anlegt an eine mechanische Kaffeemühle und kurbelt, bis die Bohnen zu Pulver zerfallen sind. Wie es sich für ein erzgebirgisches Original gehört. Sehr global gibt er sich wiederum, wenn er den Gast zwischen kräftiger Bohne aus Guatemala oder mildem brasilianischem Kaffee wählen lässt. So richtig zur Romantik passt nicht, dass Kurt sein Tischlein-deck-dich im Allradfahrzeug herankarrt, statt es hinterm Ohr vorzuzaubern. Immerhin kamen vor den Pferdestärken Pedale und ein Lastenfahrrad zum Einsatz. Man kann nicht alles haben. Mehr will man aber auch gar nicht in diesem Moment.

30. GRUND

Weil Krabats Werks hier Teufels Beitrag aussticht

Wenn die Mühle im Koselbruch bei Schwarzkollm Korn mahlt, hat der Teufel seine Hand im Spiel. Jedes Jahr muss einer der Müllergesellen sein Leben lassen, denn ihr Meister steht im Bann der schwarzen Magie. Höchste Zeit, dass jemand dem Spuk ein Ende bereitet. Auftritt: Krabat!

Was will man mehr von einer Geschichte über das Erwachsenwerden als Freundschaft, Versuchung, Liebe, Spannung, einen Funken Magie und dass am Ende das Gute siegt. Krabat ist ein großer Wurf und verzauberte sein Publikum lange vor Harry Potter. Die 400 Jahre alte sorbische Sage hat ihren Ursprung in der sächsischen Lausitz. Heute ist diese Landschaft im Städtedreieck Kamenz,

Bautzen und Hoyerswerda Teil der größten künstlich angelegten Seenlandschaft Europas, des Lausitzer Seenlandes. Die Seen sind stillgelegte, geflutete Kohle-Tagebauhalden.

Berühmt wurde Krabat durch das gleichnamige Jugendbuch von Otfried Preußler. Die Erzählung ist so gelungen, dass man darüber schnell vergisst, dass der Krabat vom sorbischen Brauchtum, speziell den Schriften Juri Brězans, inspiriert war. Brězans *Die schwarze Mühle* liest sich aber schwer. Preußlers Version machte die Geschichte universal zugänglich. Sein Krabat ist 14 Jahre alt, als er Lehrling des Müllers von Schwarzkollm wird. Der Meister unterweist zwölf Burschen im Müllerhandwerk – und in schwarzer Magie. Pro Lehrjahr muss ein Geselle sterben, sonst holt der Teufel den Meister höchstselbst. Als das Los Krabats besten Freund Tonda trifft, wird Krabat zum Kämpfer gegen das Böse. Am Ende der Geschichte brennt die Mühle nieder, der Pakt mit dem Teufel ist gelöst.

Der Rummel um den Bucherfolg 1971 schlug im Koselbruch keine großen Wellen. Erst mit der Wende pilgerten Hunderte Krabat-Fans aus den westdeutschen Bundesländern in die Oberlausitz, um die Schauplätze ihrer Lieblingslektüre zu erkunden. Verblüfft reagierten sie auf den lokal verbreiteten Vergleich des jugendlichen Krabat mit Goethes erwachsenem Faust. Ähnlich wirkte das historische Vorbild des freundlichen Zauberers, ein Rittmeister des sächsischen Kurfürsten. Preußler hatte Krabat eine zeitlose junge Gestalt gegeben. Dichtung und Wahrheit waren schon zweierlei, aber Dichtung, Dichtung und Wahrheit schreckte viele Besucher ab.

Die Gemeinde Schwarzkollm reagierte schnell und errichtete eine Bronzeskulptur in der Ortsmitte, von deren Sockel ein einigermaßen jugendlicher Krabat mit Zipfelmütze schelmisch herabgrinst. Im Ortswappen ist er ebenfalls verewigt. Eine Straße trägt seinen Namen, der Kindergarten ist nach ihm benannt und etliche regionale Spezialitäten aus der sorbischen Küche, die man sich nach einem Marsch entlang des Krabat-Wanderwegs durch das Koselbruch schmecken lassen kann. Und sollte. Das versöhnt. Und die Strecke ist überschaubar, das gilt auch für den Krabat-Radweg, einen Rundkurs von 72 Kilometern.

Am Ortsrand steht die Krabatmühle, deren 350 Jahre alter Vorläuferbau tatsächlich – wie im Buch – abbrannte. Eine Reihe alter Mühlsteine lehnt als Reminiszenz an der Hauswand der neuen Mühle, die bis 1972 in Betrieb war. Die Bedeutung des Ortes ist geblieben.

Eine Nachbildung der verzauberten Mühle hat der seit 2005 emsig wirbelnde Verein »Krabatmühle Schwarzkollm« errichtet und dazu eine denkmalgeschützte Scheune aus dem benachbarten Dorf umgesetzt. Nicht nur die Mitglieder schufen Tatsachen, Hilfe bekamen sie von Handwerksgesellen auf der Walz. Wenn nicht die Krabats Erbe verkörpern, wer dann! Entstanden ist ein sehenswertes Kulturzentrum, das den Krabat im Kontext regionaler sorbischer Traditionen darstellt. Seit 2012 organisiert die kleine Gemeinde Krabat-Festspiele, auch für sich selbst und ihre junge Generation in einer Region, die durch den demografischen Wandel stark herausgefordert ist.

Was noch fehlt, wäre ein Krabat-Stipendium für Handwerksgesellen der schreibenden Zunft: Schriftsteller, die den Stoff oder seinen sorbischen Kontext zeitgenössisch interpretieren und weiterentwickeln. Bisher haben sich 17 Autoren mit der Sage beschäftigt, sie erzählen neben den Abenteuern in der Mühle von Krabats Wanderschaft und seinen guten Taten für das sorbische Volk. So bescherte er den Bauern fruchtbare Böden und rettete sogar den sächsischen Kurfürsten, nein: DEN sächsischen Kurfürsten August den Starken vor einer Vergiftung. Praktisch, dass beide Zeitgenossen und Landsleute waren.

Abschließend sei der zweite wichtige Müllergeselle im Oberlausitzer Brauchtum erwähnt, dem Krabat klar den Rang abgelaufen hat: Pumphut. Auch er hat magische Kräfte, die er jedoch nicht gegen den Teufel richtet, sondern nutzt, um durchaus weltliche

Meister in die Schranken zu weisen. Auf seiner Wanderschaft begibt sich Pumphut in den Dienst vieler Müller. Wird er gut behandelt, zeigt er sich erkenntlich. Ausbeuter und habgierige Dienstherrn straft er mit Streichen. Otfried Preußler ist er auch begegnet und fand Eingang in dessen Jugendbuchklassiker. In zwei Kapiteln des Buchs treffen Krabat und Pumphut aufeinander.

31. GRUND

Weil Torgau Deutschlands ältesten Ladenhüter hat

Der schneeweiße Giebel des Spielwarengeschäfts Carl Loebner am Markt von Torgau behält den Überblick seit mehr als 300 Jahren. Fast so lange existiert der Laden im Erdgeschoss und – etwas weniger lange – im ersten Obergeschoss. Seit elf Generationen ist das Unternehmen in Familienhand. Jeweils der älteste Sohn führt das Gewerbe weiter. Spielzeug Loebner ist so gesehen der älteste Spielzeug-Ladenhüter Deutschlands und aus Torgau nicht wegzudenken. Zu DDR-Zeiten war es der Familie sogar gelungen, der Verstaatlichung zu entgehen.

Drechslermeister Johann Georg Loebner eröffnete 1780 seine Werkstatt in der Bäckerstraße am Torgauer Markt. Spielzeug herzustellen war ihm tatsächlich in die Wiege gelegt worden. Sein Urgroßvater Christoph begründete 1685 die Tradition, die in der Familie bleiben sollte, Großvater Carl machte daraus ein Start-up, das nach wenigen Jahren schwarze Zahlen schrieb. Inspirieren ließ sich Namenspatron des Betriebs vom Angebot auf der Leipziger Messe. Als Emblem wählten Loebners einen Spielzeugreiter auf einem Schaukelpferd nach Vorbildern erzgebirgischer Volkskunst. Bis heute kennzeichnet ein Ausleger mit dem Reitermotiv den Spielzeugladen schon von Weitem. Typisch Loebner waren zunächst aber keine Reiter, sondern Holzpuppen, die klapperten, wenn sie bewegt wurden.

Seit Dezember 2006 ist die familieneigene Sammlung historischen Spielzeugs aus den vergangenen zwei Jahrhunderten im Stadtmuseum Torgau zu sehen. Eine begehbare Chronik, der in zwei bis drei Jahren ein weiteres Kapitel hinzugefügt werden wird: Die zwölfte Generation. Holzspielzeug und Puppen machen inzwischen nur noch einen kleinen Teil des Umsatzes aus und konkurrieren mit Elektronik- und Computerspielen. Der derzeitige Inhaber bevorzugt noch die Modelleisenbahn.

32. GRUND

Weil man sein Blaues Wunder hier doppelt erlebt

In der 70-jährigen Geschichte der UNESCO schaffte Dresden historisch einzigartige Tatsachen. Es bekam einen Welterbetitel aberkannt. Die Abläufe waren nicht rühmlich, aber sie sagten viel aus über die Mentalität des Elbflorenz, vor allem weil die Bundesrepublik seinerzeit alles unternahm, um die 2004 ausgezeichnete »Kulturlandschaft Dresdner Elbtal« auf UNESCO-Kurs zu halten. Die Stadt und das Land Sachsen blieben stur: Dresden sei so schön, da sei man auf den Titel nicht angewiesen. Am 25. Juni 2009 war er weg.

Das Reizwort hieß Waldschlößchenbrücke. Eine neue Elbquerung war seit Mitte der 1990er-Jahre diskutiert und vielfach befürwortet worden, um die betagten Brücken der Stadt zu entlasten und den Verkehr durch die City zu reduzieren. Die verbleibenden Autos sollten zügiger vorankommen. Ob die neue Brücke Sinn machte, musste man mit Autofahrern, die mehr als einmal die Dresdner Ufer-Seiten wechseln mussten, nicht diskutieren. Ich habe beim Bürgerentscheid 2005 gleichfalls Ja zur Brücke angekreuzt. 68 Prozent der Dresdner entschieden so.

Der große Aufschrei kam, als sich die Stadt anschickte, ihr im Jahr zuvor UNESCO-prämiertes Elbtal mit einer Art Riesenkleiderbügel zu überspannen, vermeintliche fünf Kilometer näher am historischen Zentrum Dresdens als angekündigt. Dichtung und Wahrheit. Jedenfalls schreckte die dann versperrte Sicht auf ihre lieb gewonnene barocke Canaletto-Kulisse mit Brühlscher Terrasse, Albertinum, Stadtschloss und auferstandener Frauenkirche die Dresdner gewaltig auf. Die Waldschlößchenbrücke würde sich von einem balkonartigen Elbhang in der Radeberger Vorstadt über die Elbauen Richtung Altstadtseite wuchten. Ein unspektakulär flaches Betonband war plötzlich beliebter. Beschlossen worden war aber die 635 Meter lange, gebogene Variante. Die UNESCO äußerte Vorbehalte und bekam sinngemäß zur Antwort: Drunter machen wir's nicht.

Der Titelverlust saß. In der Bevölkerung wollte es plötzlich keiner mehr gewesen sein, der das Bauvorhaben zuvor per Stimmzettel abgenickt hatte. Dabei war die Brücke ideal positioniert, sie verkürzte Distanzen und schuf den Dresdnern von der Altstadt-Seite einen zügigen Weg zur Autobahn und zum Flughafen. Im Falle sie drohten, die verunstaltete Stadt für immer zu verlassen. Brücken-Gegner bildeten Bürgerinitiativen und Menschenketten, Umweltverbände zauberten eine bedrohte Fledermausart aus dem Hut, die angeblich nur am Waldschlösschen heimisch war und vom vierspurigen Verkehr über den künftigen Stahlbeton-Kleiderbügel erschüttert werden würde. Die »Kleine Hufeisennase« konkurrierte mit »Waldschlößchenbrücke« um das Unwort des Jahres.

Tatsächlich ist der Anblick der 2013 fertiggestellten Elbquerung gewöhnungsbedürftig. Weil sie ein Kind ihrer Zeit ist, lang, breit, modern hingeklotzt. Ihre Dimension ergab sich daraus, dass die Bauherren die so ziemlich breiteste Stelle der Elbauen für die Brücke wählten. Dass sie die UNESCO für mit der barocken Kulisse der Stadt unvereinbar hielt, leuchtet irgendwie ein. Filigran und pittoresk geht anders, einerseits. Andererseits stehen auf der Johannstädter Elbseite fast fußläufig zu den historischen Bauten drei turmhohe Plattenbauten, 15-geschossige Hochhäuser, die sich auch irgendwie in die Altstadtkulisse mogeln. Kinder ihrer Zeit, nicht schön, aber eben gewollt, damals in den 1970ern. Das Trio hatte nie jemand bemängelt, auch nicht die UNESCO.

Dresden bleibt zweigeteilt, hat aber zu neuer Gelassenheit gefunden. Nicht zum ersten Mal erlebte Elbflorenz sein Blaues Wunder, das beweist das Beispiel der Loschwitzer Brücke. Sie ist die prominenteste Elbquerung der Stadt und eines ihrer Wahrzeichen! Fertiggestellt 1893, 120 Jahre vor der Waldschlößchenbrücke, verbindet sie die Villenviertel Loschwitz und Blasewitz und wirkt wie eine kleine Ahnin der Golden Gate Bridge. Heißt: schmuck, aber auffällig. Entsprechend stand auch diese Brücke in der Kritik. Bis in die 1930er-Jahre wurde wiederholt erwogen, das Stahlkonstrukt abzureißen. Als Zeugnis herausragender Ingenieurskunst ist es inzwischen mehr als nur akzeptiert. Die Brücke hat Fans.

Die tauften sie »Blaues Wunder« und lieferten zwei Erklärungen dafür: Die eine würdigt ihre spektakuläre Fertigung, die Hängebrücke kam nämlich ohne Stützpfeiler im Wasserlauf der Elbe aus. Volkstümlicher ist die andere Geschichte, wonach die ursprünglich grüne Farbgebung der Brücke oxidierte. Und blau wurde. Was die Bevölkerung verwundert zur Kenntnis nahm. Tatsächlich war die Loschwitzer Brücke von jeher blau gestrichen. Die wunderbare Erscheinung und Überlieferung haben ihr gleichwohl das Leben gerettet: Beim alliierten Bombenangriff auf Dresden 1945 blieben der Villenberg Loschwitz und dessen Elbquerung von Treffern verschont, gleichermaßen wurde die Sprengung der Brücke durch deutsches Militär verhindert.

Die Waldschlößchenbrücke war auch deshalb befürwortet worden, um das in die Jahre gekommene Blaue Wunder zu entlasten, trotz einer räumlichen Distanz von drei Kilometern, die zwischen beiden Bauten liegen. Die Entlastung war nötig. Bis 1985 führten zusätzlich zur Straße zwei Straßenbahnlinien über die knapp

100-jährige Brücke, seitdem sind nur noch Pkw und Lkw bis 15 Tonnen Gewicht zugelassen, weil sich die Tragkraft des »Wunders« über die Jahre stark vermindert hat. Für die vierspurige Waldschlößchenbrücke sind Straßenbahnschienen eine Option, gelegt wurden sie bisher nicht. Die Fledermäuse dürften nachts in gedämpfter Geräuschkulisse schwirren, dann gilt für Pkw ein Tempolimit von 30 km/h auf der Brücke.

Diesseits und jenseits ihrer Stadtgrenzen haben die Dresdner wiederholt jahrelanges Brücken-Bashing ertragen. Tapfer! Das schweißt auch zusammen, egal auf welcher Seite man steht. Außerdem beweist das jüngste Beispiel, dass es die Stadt aushält, ihre barocke Puppenstube zu modernisieren. Beim nächsten Mal vielleicht etwas weniger brachial.

KAPITEL 3

REFORMATOREN UND FRIEDLICHE REVOLUTIONÄRE

SÄCHSISCHE BEKENNTNISSE

Weil Sein oder Design hier keine Frage ist

Sein und Design ergänzen sich. Karl Clauss Dietel ist das beste Beispiel dafür, aber auch eines, das selten zitiert wird. Weil sein Name oft falsch geschrieben wird und der 80-Jährige bescheiden ist, taucht der wichtigste sächsische Designer kaum öffentlich auf. Ein Grund, das zu ändern.

Er brachte Kultmarken der DDR in Form. Er gilt als richtungweisendster Produktgestalter des Ostens. Autos, Mopeds, Schreibmaschinen, Radios und kugelige Lautsprecherboxen: Der aus Reinholdshain stammende Designer arbeitete schon nach dem Nachhaltigkeitsprinzip, lange bevor es als Trend verschlagwortet wurde. Das Bauhaus-Ideal einer Technik, die auch ästhetisch sein durfte, nahm er sich zum Vorbild und fertigte seine Entwürfe so an, dass die Objekte mit der Zeit an Patina gewinnen würden. Ohne zu verschleißen, versteht sich. Indem man sie umbaute, Teile wegnahm, Teile anbaute, blieb ihre Funktion unbeeinträchtigt. Nur die Optik passte sich an. Dietels Welt war modular.

Im Team mit dem aus Gera stammenden Produktgestalter Lutz Rudolph entwarf Karl Clauss Dietel Simson-Mokicks und Erika-Schreibmaschinen, Radios und Rechenmaschinen. Die Karosserie des Trabi wollte er modernisieren, der Entwurf ging aber nicht durch, auch nicht, als der Gestalter ihn variierte. Design in der DDR bedeutete Improvisation, weil die Ressourcen knapp waren oder die Politik nicht so wollte wie die Designer. Karl Clauss Dietel hatte als freischaffender Formgestalter einen besonders schweren Stand, wenn es darum ging, den Funktionären ästhetische Ansprüche zu vermitteln. Der Trabi sollte fahren und nicht aussehen wie ein kapitalistischer VW Golf.

Auch seinen Entwurf des Wartburg 353 musste er korrigieren, eher er ihn – gemeinsam mit dem Eisenacher Hans Fleischer – umsetzen durfte und das Auto in Serie ging. Der Sachse hatte sich in seiner Diplomarbeit an der Kunsthochschule Berlin-Weißensee bereits Gedanken über ein Auto gemacht und probiert, Technik schön und trotzdem bedarfsorientiert zu gestalten. So aufrecht, wie der Mensch ging, so aufrecht sollte er sitzen und der Wagen bei allem Stauraum schnittig aussehen. Ein Fließheck aber lehnte das staatliche Amt für Industrielle Formgestaltung ab. Erst mit angepasstem Stufenheck und mit eckigen statt runden Scheinwerfern wurde ein Schuh draus, beziehungsweise ein Pkw.

Weil er ein Workaholic war, aber zunehmend verärgert über den Spagat zwischen Politik und Design, kehrte Karl Clauss Dietel Chemnitz für ein Jahrzehnt den Rücken und nahm einen Lehrauftrag an der Kunsthochschule Burg Giebichenstein in Halle an. Zurück nach Sachsen kam er, um an der Fachschule für angewandte Kunst in Schneeberg zu lehren, die heute zur Westsächsischen Hochschule Zwickau gehört. Wenn seine Studierenden auf Simson-Mokicks zum Seminar brausten, war das dem Gestalter eine stille Freude.

2014 erhielt Karl Clauss Dietel als erster Formgestalter den Designpreis der Bundesrepublik – für sein Lebenswerk. Weil er so arbeitete, wie er es für richtig gehalten hat.

34. GRUND

Weil die Döbelner Martin Luther vom Schrottplatz geholt haben

Das Bronzeabbild des Reformators aus der Dresdner Werkstatt Ernst Rietschels ist das bekannteste Lutherdenkmal. Fotos der darniederliegenden Figur nach der Zerstörung der Frauenkirche 1945 gingen um die Welt. Die Döbelner Lutherstatue ist weniger prominent, obwohl sie eine bewegte Geschichte hat

Dass »ihr« Luther aus der Werkstatt des Dresdner Bildhauers Ernst Paul wieder vor der Döbelner Stadtkirche St. Nicolai Position bezog, ergab der Zufall. Ein Pfarrerssohn entdeckte ein Foto des Standbilds in der Zeitung und erkannte darauf den in Sachsen verschollenen Reformator. Die Figur stand auf einem Hamburger Schrottplatz. Die Döbelner mussten gut 1.000 Mark berappen, so hoch lag der Materialwert der Statue.

Im August 1902 war der Bronzeguss vor der Nicolaikirche aufgestellt worden. Luther bekam einen Sockel aus Rochlitzer Pophyr, einem rötlich schimmernden Vulkangestein. Vier Jahrzehnte lang behielt der Reformator seinen Platz, in den 1940er-Jahren aber wurde er zu Rüstungszwecken konfisziert und verabschiedete sich aus Döbelns Kulisse. Die Gemeinde trauerte und wähnte Martin lange eingeschmolzen. Bis 1959 Fotos in der Presse erschienen, aufgenommen auf einem Schrottplatz in Hamburg. Jemand hatte es offenbar nicht übers Herz gebracht, Martin Luther und Dutzende weitere Standbilder einzuschmelzen. Oder die Zeit war ihm davongelaufen. So landete das bronzene Völkchen auf der Resterampe.

Die Döbelner schmiedeten sogleich Pläne, ihre Lutherfigur zurückzuholen. Dann überschlugen sich die Ereignisse, ausgerechnet ein sächsischer Landsmann, Walter Ulbricht, ließ in Berlin die Mauer bauen und riegelte die Grenze zur Bundesrepublik ab, hinter der das Döbelner Standbild auf Nimmerwiedersehen zu verschwinden drohte. Diesmal schaltete sich die evangelische Kirche der Hansestadt ein, vermittelte und machte dem Reformator Beine. Mit Erfolg: Martin Luther durfte nach Sachsen einreisen. Die DDR-Behörden nickten seine Rückkehr ab. An Ort und Stelle vor St. Nicolai steht er wieder seit dem 1. Advent 1961.

Döbelns Lutherwunder zählt zu den wenigen Geschichten kriegsbeschlagnahmter Bronzestatuen in Sachsen, die ein Happy End haben. Mit den meisten Figuren gab es kein Wiedersehen. Sicherlich hätten auch die Görlitzer für ihre stadtbekannte und heißgeliebte Brunnenfigur der Göttin Flora, genannt Muschelminna,

Berge versetzt. Das Figurenensemble des Hamburger Schrottplatzes ergab jedoch keinen Treffer. Flora ging flöten.

Ein leergeräumter Brunnen sieht aber nach nichts aus, zumal mitten auf dem zentralen Görlitzer Postplatz. Die ersatzweise montierte Marmorschale ersetzte die wohlproportionierte Flora keineswegs. Die Nachbildung der drei Meter hohen, bronzenen Göttin, die eine wasserspeiende Muschelhälfte auf dem Kopf trägt und mit beiden Händen seitlich festhält, wurde jedoch erst 1994 fertiggestellt. Ein Geheimnis hütet Flora zwei außerdem: Ursprünglich war der Brunnen von einer Mosaikfläche umgeben, über die inzwischen buchstäblich Gras gewachsen ist. Unter der Wiese vermuten Heimatforscher das originale Mosaik, das aber noch nicht wieder freigelegt ist. Die Görlitzer Venus wartet somit darauf, angegraben zu werden. Bis dahin müssen Spaziergänger größere Kreise um sie ziehen oder ihr auf sternförmigen Wegen näherkommen. Flora alias Muschelminna ist auch als Cache bei den Fans digitaler Schnitzeljagden verzeichnet. Martin Luthers Standort vor der Kirche St. Nicolai in Döbeln ist indes seit 2015 Station des Luther-Wanderwegs durch Sachsen.

35. GRUND

Weil Männerfreundschaften hier Geschichte schrieben

Geschichte wiederholt sich, sagt ein Sprichwort. Stimmt. Was sich am 3. Dezember 1521 im Keller eines Leipziger Bürgerhauses zutrug, war zwei Jahre zuvor schon einmal so passiert: Zwei Männer saßen beim Wein zusammen und politisierten. Die Neuauflage ihres Treffens war gleichwohl brisanter und wurde deshalb geheim gehalten. Der Hausherr, Professor der Leipziger Universität, bewirtete nämlich einen landesweit gesuchten – Reformator.

An diese zweite Leipziger Begegnung von Martin Luther und Heinrich Stromer von Auerbach erinnert seit 2011 ein Wandbild in *Auerbachs Keller*. Das Restaurant in der Mädlerpassage entstand 1525. Der Raum, in dem die Männer heimlich zusammensaßen, war sein Vorläufer. Vor lauter Goethe und Doktor Faustus würdigen Besucher das neue Lutherbild eher flüchtig. Sie zieht es ins Nachbargewölbe, in dem Faust der Sage nach das Fass ritt. Selber schuld. Zu ihrer Ehrenrettung sei immerhin erwähnt, dass Martin Luther im Gegensatz zum gepflegt wirkenden Hausherrn Stromer von Auerbach relativ zottelig daherkommt. Das dürfte seinem tatsächlichen Aussehen vor 500 Jahren aber entsprochen haben, denn er war inkognito unterwegs, unter dem Decknamen Junker Jörg. Bart und Matte gehörten zur Tarnung. Heinrich Stromer von Auerbach, dem sich Luther zu erkennen gab, war sich dessen bewusst. Trotzdem nahm er den Gast auf. Hätte man beide erwischt, die Geschichte wäre böse ausgegangen.

Das geheime Treffen ging aber gut. Trotzdem wirken die Männer auf dem Bild angespannt und verkrampft, Stromer von Auerbach noch einen Tick mehr als Luther. Der war die Heimlichtuerei bereits gewohnt, seitdem er wenige Wochen zuvor vermeintlich entführt und tatsächlich von Kurfürst Friedrich dem Weisen auf die sichere Wartburg gebracht worden war. Noch so eine Männerfreundschaft, ohne die Reformationsgeschichte ganz anders geschrieben worden wäre. Wenn überhaupt.

Heinrich Stromer von Auerbach hatte Martin Luther 1519 kennengelernt, als dieser seine Neuausrichtung der Kirche auf der Leipziger Pleißenburg vorstellte. Die Burg befand sich dort, wo heute das neue Rathaus der Stadt steht. An die Festung erinnern zwei Kneipen: die Moritzbastei und die Destille »Zur Pleißenburg«, vom Rathaus ein paar Schritte weiter die Burgstraße hoch.

Kurfürst Georg der Bärtige herrschte über den katholischen Teil Sachsens und mochte die Suppe nicht auslöffeln, die ihm Luther eingebrockt hatte. Denn nicht nur sein Bruder Friedrich schloss sich und seinen Teil Sachsens der Reformation an, auch das Bürgertum des – katholischen – Leipzigs fand den neuen Glauben attraktiv. Zumal sein Urheber forsch auftrat. Das interessierte die Promis. Bekennende Luther-Fans waren der Verleger Melchoir Lotter, der alsbald Luthers Schriften druckte, sowie Heinrich Stromer von Auerbach. Der durfte als Professor und zeitweiliger Rektor der Universität Leipzig Luthers »Leipziger Disputation« in der Pleißenburg live erleben. Kurfürst Georg diskutierte nicht selbst, sondern hatte einen renommierten Theologen in den Ring geschickt. Luthers Auftritt hinterließ einen bleibenden Eindruck und zog die Einladung des Arztes Stromer von Auerbach nach sich. Damit, den Ketzer in die Stube zu holen, kokettierte er ein bisschen, aber niemand widersprach. Stromer von Auerbach galt den Leipzigern etwas.

Zwei Jahre später hatte Martin Luther erneut seine Thesen verteidigt, diesmal vorm Wormser Reichstag. Er blieb auch dort standhaft, deshalb ließ der verschnupfte Kaiser die Muskeln spielen und belegte Luther mit der Reichsacht. Dadurch wurde der Reformator zum politischen Flüchtling, der um sein Leben fürchten musste. Das galt auch für alle, die ihn deckten. Heinrich Stromer von Auerbach wusste darum, deshalb wirkt er auf dem Wandbild in Auerbachs Keller so verkniffen. Trotzdem riskierte er lieber sein Leben als seinen Ruf.

Von der Wartburg unternahm Luther alias Junker Jörg Anfang Dezember 1521 eine Reise nach Wittenberg. Er wollte sicherstellen, dass während seiner Abwesenheit dort geordnet reformiert würde. Beide, Wartburg und Wittenberg, lagen im protestantischen Sachsen. Dazwischen befand sich der katholische Landesteil, wo besondere Vorsicht geboten war. Stromers Gesichtsausdruck, als Luther vor ihm stand, mag sich jeder selbst vorstellen. Er hätte auch kneifen können und ihn abweisen. Tat er aber nicht. Refugees welcome. Das Bündnis der Männer dokumentiert der Weinkelch auf dem Gemälde *Das geheime Treffen*. Beide teilen sich einen. So ist das bei Männern.

Weil Sachsen ökumenisiert

Wessen Gebiet, dessen Religion. Der Grundsatz bedeutete vor 500 Jahren, dass die Konfession eines Menschen von der Gesinnung seines Landesherrn abhing. Sachsens Oberlausitz war eine Ausnahme von der Regel. Die Region hatte jahrhundertelang keinen Landesherrn, der glaubte, zuständig zu sein. Die Gemeinden ließen die Kirchen im Dorf und regelten Glaubensfragen selbst. Mit der Reformation entstand die Ökumene.

Das Nebeneinander der Konfessionen ist in Bautzen noch immer nachvollziehbar. Sieht man sich im Dom St. Petri am Fleischmarkt um, sieht man doppelt: Die Kirche hat zwei Altäre, zwei Orgeln und zweierlei Kirchenbänke. Nicht zu vergessen zwei Eingänge, einen für Katholiken, einen für Protestanten. St. Petri ist die älteste erhaltene Simultankirche Deutschlands. Im 15. Jahrhundert erbaut, war sie 100 Jahre lang 100 Prozent katholisch, dann hielt die Reformation buchstäblich Einzug. Weil die meisten Bautzner die neue Konfession angenommen hatten, war die Zahl evangelischer Gottesdienstbesucher plötzlich höher als die Menge katholischer Christen. Die pragmatischen Sachsen regelten vertraglich, dass beide Konfessionen St. Petri nutzen durften. Die Vereinbarung gilt nach wie vor. Katholiken konzentrieren sich auf den vorderen Teil des Doms, Lutheraner feiern ihren Gottesdienst im restlichen Schiff. Sie bekamen aufgrund des größeren Raumanteils die imposantere Orgel. Die Katholiken behielten den wuchtigeren Altar, und ihr Organist darf sein Instrument über eine Treppe ansteuern, die auf evangelischem Boden steht. Ökumene auf Schritt und Tritt. Der Kirchturm läutet sowohl für die katholische Messe als auch – einige Zeit später – für den evangelischen Gottesdienst. Alles hat seine Zeit.

Um beide Konfessionen vor 500 Jahren sichtbar voneinander abzugrenzen, zog der Rat der Stadt ein eisernes Gitter im Kirchenschiff hoch. Mittlerweile haben es die Bautzner wieder gekappt und die obere Hälfte ins Museum transportiert. Die untere Hälfte steht noch in der Kirche, sie reicht einem erwachsenen Menschen bis zum Bauchnabel. Das Gitter endet zwischen den Türen der beiden Sakristeien. An der Wand darüber hängt ein Gemälde im schweren Goldrahmen, das Jesus und seine Jünger beim letzten Abendmahl zeigt. Gefeiert wird es von Katholiken und Protestanten bis heute nicht simultan, das Bild verweist aber immerhin auf den simultanen Ausgangspunkt des christlichen Glaubens. Gottes Gemeinschaft hat mehr als einen Zugang, haben die Sachsen verstanden und das Abendmahl entsprechend platziert.

Zwei Zugänge hatte auch Görlitz. Die Stadt war bis 2004 doppelter Bischofssitz und ist gleichzeitig das kleinste katholische Bistum Deutschlands. Görlitz ökumenisierte das katholische Schlesien mit dem reformierten Sachsen. Daran änderten auch die Preußen nichts, die Görlitz nach dem Wiener Kongress 1815 zugeschlagen bekamen. Heute gehört die Stadt auf protestantischer Seite zur Evangelischen Kirche Berlin-Brandenburg-schlesische Oberlausitz und hat statt eines Bischofs einen Generalsuperintendenten an der Spitze. Das katholische Bistum besteht weiter.

Von Görlitz aus erreicht man, teilweise entlang des Jakobswegs, der hier ökumenischer Pilgerweg heißt, einige der verbliebenen katholischen Inseln im protestantischen Sachsen: Die Klöster Marienstern in Panschwitz-Kuckau und Marienthal in Ostritz sind zwei aktive Posten der Zisterzienserinnen.

Den Sachsen ist die Ökumene in Fleisch und Blut übergegangen, das beweist fernab der Oberlausitz ein Beispiel aus Leipzig. 2015 hat die katholische Gemeinde St. Trinitatis ihren Kirchenneubau geweiht, eröffnet – und ist nun am Martin-Luther-Ring erreichbar.

37. GRUND

Weil Sachsen die schrägste Kirche Deutschlands hat

Das ist wörtlich gemeint. Hier geht es nicht um den schiefsten Turm, denn das Exemplar der Bergkirche von Oybin-Lückendorf steht sehr senkrecht. Schräg ist das Kirchenschiff. Anders war es nicht zu bauen, die Kirche verschmilzt mit dem Hang des Oybin, eines bienenkorbförmigen Felsens des Zittauer Gebirges. Praktisch, wenn der Pfarrer etwas zur Bergpredigt sagen will. Die Bauweise ergibt das Prinzip Hörsaal für Gottesdienste. Das Schiff ist angehoben; je weiter hinten man sitzt, desto besser die Übersicht.

Die Baumeister des Kirchleins waren nicht die ersten, die das Felsmassiv als Natursteinwand ihres Gebäudes nutzten. Vor 600 Jahren existierte in Oybin ein Kloster, dessen Kirche sich bereits an den Berg schmiegte. Infolge der Reformation verabschiedeten sich die Mönche, kurze Zeit später traf ein Blitzschlag das Kloster, im Anschluss verfiel der Bau zur Ruine. Die Mauern stehen bis heute, dadurch wirkt die Landschaft wie die Illustration eines Fantasy-Romans oder eine mittelalterliche Filmkulisse. Kämen Robin Hood und Lady Marian als Brautpaar um die Ecke gebogen und Chris de Burgh sänge dazu *In a Country Churchyard*, niemand würde sich daran stören. Sondern dazustellen und kiebitzen. Ehe die Oybiner 1732 ihr Kirchlein in den Stein hauten, nutzten sie die Klosterruine für Feiern.

Die Kirchenorgel verdient ihren Platz auf der Empore ausgesprochen, auch die wurde angehoben und ihre Unterseite mit Motiven des Vaterunsers illustriert. Wer nicht lesen konnte, verstand die Bilder. Das galt auch für das Glaubensbekenntnis an der Kirchendecke. Obwohl die Reformation bei der Kirchweihe zwei Jahrhunderte zurücklag und der Begriff »Graphic Novel«, der hohe Literatur in Comicstrips übersetzt, noch zwei Jahrhunderte lang undefiniert bleiben würde, machten die Sachsen ihre Sache schon damals enorm gut.

Oybin-Lückendorf ist nicht der einzige sakrale Superlativ im Freistaat, Torgau hat den ersten protestantischen Kirchneubau vorzuweisen. Die Torgauer Schlosskirche, genau genommen war sie die Kapelle der fürstlichen Residenz, stellte eine Premiere für die neue Konfession dar. Sie war außerdem ein Bekenntnis des Landesherrn: Wir sind nicht mehr Papst. Die Schlosskirche wurde wunschgemäß nach den Vorstellungen Martin Luthers errichtet, der sie 1544 persönlich weihte.

Einen schiefen Kirchturm kann Sachsen letztlich doch auch bieten. Der Turm der Marienkirche von Borna ragt 70 Zentimeter aus dem Lot, seit der Tagebau in der Region eingestellt wurde, der Grundwasserspiegel stieg und der Untergrund, auf dem die Marienkirche steht, nachgab. Vom Lutherdenkmal an der Stirnseite des Gebäudes aus betrachtet fällt dem geneigten Betrachter der geneigte Turm sofort auf. 2008 wurde er in Schräglage stabilisiert. Heißt: Schiefer wird's nimmer. Aber Geradebiegen fällt auch flach.

38. GRUND

Weil Sachsen im Geheimdienst Ihrer Majestät stand

Elisabeth von Rochlitz war eine Beutesächsin. Dass die hessische Prinzessin einmal den Erbprinzen Johann von Sachsen heiraten würde, hatten die Väter der beiden bereits ausgemacht, als die Kinder noch nicht mal im Teenie-Alter waren. Versprochen blieb aber versprochen. Als Elisabeth anno 1519, 17-jährig, nach Sachsen übersiedelte, war die Reformation in vollem Gange. Die junge Regentin in spe sympathisierte schnell mit der neuen Strategie praktizierter Religiosität und schloss sich ihr an. Prinzipiell kein

Problem, hätte sie nicht in den katholischen Clan der Wettiner eingeheiratet.

Elisabeth war liberal erzogen worden und besaß ein gesundes Selbstbewusstsein. Wie sie zu glauben hatte, würde sie sich nicht vorschreiben lassen, das machte sie ihrem papsttreuen Schwiegervater Georg dem Bärtigen schnell klar. Dass er in der Residenz das Sagen hatte, aber die eigene Schwiegertochter dreist seine Autorität untergrub, nahm er verständlicherweise persönlich. Georg dürfte zunehmend ungehaltener geworden sein, als Elisabeth von Tag zu Tag ihre Konfession im katholischen Dresden zur Schau trug.

Der Tropfen, der das Fass zum Überlaufen brachte, war ihr Einfluss auf den Herrn Gemahl. Ihm machte sie Luthers Lehre gleichfalls schmackhaft. Schwiegerpapa war auf 180.

Erbprinz Johann klinkte sich aus der Diskussion aus, indem er überraschend früh das Zeitliche segnete. Elisabeth war 34 Jahre alt und schon Witwe. Unter Verweis auf ihren Ehevertrag packte sie die Koffer und verabschiedete sich aus Dresden in Richtung der ihr zugesagten Landsitze Rochlitz und Kriebstein. Auf Schloss Rochlitz mischte sich niemand mehr in ihre Angelegenheiten. Als neue Landesfürstin führte sie die Reformation ein und erklärte die Region damit zur lutherischen Enklave im katholischen Teil Sachsens. Doch von Ruhe keine Spur. Das Ereignis Reformation sollte bald Chefsache werden und Sachsen als Geheimdienst Ihrer Majestät, Elisabeth von Rochlitz, eine zentrale Rolle spielen.

Elisabeths Bruder Philipp regierte mittlerweile Hessen und hatte dort das neue Bekenntnis gleichfalls etabliert sowie mit Johann von Sachsen ein Bündnis protestantischer Fürsten gegründet. Achtung: Hier gemeint ist nicht Elisabeths Ehemann, sondern der ernestinische Kurfürst aus dem protestantischen Teil Sachsens, der statt in Dresden in Torgau daheim war. Mit abwechslungsreichen Vornamen hatten es die Wettiner nicht so. Dieser Johann und Elisabeths Bruder Philipp waren also die Netzwerker des Bündnisses gegen Kaiser Karl V., der lieber wieder einen flächendeckenden Katholizismus in Deutschland gesehen hätte. Dieses Zerwürfnis führte 1546 in den Schmalkaldischen Krieg.

Ehrensache, dass das katholisch regierte Teilsachsen für den Kaiser Flagge zeigte. Dem amtierenden Landeschef Moritz war jedoch die Religion relativ schnuppe, er hatte ein Auge auf Johanns protestantisches Territorium geworfen. Das hatte die Kurwürde. Übersetzt: Johann war der mächtigere Sachse. Moritz reagierte neidisch. Und kriegseinsatzbereit.

Elisabeth von Rochlitz war eng mit Moritz befreundet. Dadurch kam sie an Insiderinfos über die Stimmung bei den kaiserlich-habsburgischen Truppen, die sie umgehend an Johann von Sachsen und ihren Bruder in Hessen weitergab. Sie warnte Philipp vor Moritz. Als erster Spionin Sachsens kam Elisabeth die Idee, Briefe zu verschlüsseln. Die Geheimschrift dazu entwickelte sie selbst, indem sie alle Buchstaben des Alphabets in Symbole übersetzte. Als Handwerker getarnte Boten übermittelten die Briefe, jeweils eine Abschrift behielt Elisabeth auf Schloss Rochlitz unter Verschluss. Sie legte ein verstecktes Depot an.

Als der Schmalkaldische Krieg 1547 für die protestantischen Fürsten verloren ging, flog Elisabeth auf. Moritz von Sachsen reagierte pikiert, immerhin war die Landesfürstin von Rochlitz wie eine Mutter für ihn. Er schmiss sie raus aus Sachsen. Sie kehrte nach Hessen zurück, wo sich auch ihre rund 2.000 Briefe erhalten haben. Sie wurden erst vor wenigen Jahren komplett entziffert – und entschlüsselt. Als Heldin einer Ausstellung ist Elisabeth nach Rochlitz zurückgekehrt. Nur das Brief-Versteck gibt es nicht mehr. Wo einst eine Falltür in die geheime Kammer führte, sind nun harmlose Dielen verlegt.

Weil hier jedes Los gewinnt

Die Herrnhuter sind die präzisesten Sachsen von allen. Wer ein »d« zu viel ausspricht, wird kurzzeitig gefoppt. Jedem, der die historische Anlage der Brüdergemeinde im Ort besichtigen will, erklären sie: »Gibt es hier nicht!« Dabei steht man direkt davor. Dann kommt's: Die richtige Bezeichnung lautet *Brüdergemeine*. Ohne »d«. Wie die Rechtschreibhilfe beim Smartphone hat das Gehirn den nicht vorhandenen Buchstaben automatisch eingefügt und *Gemeine* auf die verbreitetere Schreibweise *Gemeinde* erweitert. Die gab es bei Gründung der Herrnhuter Bruderschaft 1722 noch nicht, weshalb sie ihren Eigennamen bis heute ohne »d« schreibt.

Die sprichwörtliche Ausnahme bestätigt die Regel. Das gilt auch für die Gesetze der Zeit in dem 3.000-Seelen-Städtchen im östlichsten Sachsen. In Herrnhut bricht ein neues Jahr 24 Monate früher an als überall sonst auf der Welt.

Im Giebelzimmer des 300 Jahre alten Hauptgebäudes der Brüdergemeine entsteht ein Bestseller: 1,8 Millionen verkaufte Bücher pro Jahr, 285. Auflage – die *Herrnhuter Losungen*. Längst sind die kleinen blauen Bände auch außerhalb protestantischer Kirchsprengel ein Begriff, Seelsorger und soziale Dienstleister aller Konfessionen arbeiten mit den Texten. Die Losungen werden in 55 Sprachen übersetzt. Dafür muss das Manuskript zeitig vorliegen und wird deshalb mit zwei Jahren Vorlauf produziert.

Anfang Mai ist Losungstag. Ein zehnköpfiges Gremium zieht dann aus einem Fundus an Bibelworten in einer silbernen Schale einen kompletten Jahrgang. Jeder Zettel hat eine Nummer, jede Zahl entspricht einem Vers der Heiligen Schrift und ist in einer Art Findbuch verzeichnet. Jedes Los gewinnt. Alle gezogenen Zettel werden zwei Jahre einbehalten, um Wiederholungen im Jahrgang darauf auszuschließen. Als ob das einer merkt! Aber die Herrnhuter nehmen es eben genau.

Jeder Kalendertag im Losungsbuch besteht aus drei Texten. Der erste stammt aus dem Alten, der zweite aus dem Neuen Testament. Der dritte ist mal ein Liedvers, mal der Spruch eines Kirchenvaters, mal ein Gebet aus Zentralafrika oder Südgrönland. Bedingung: thematische Nähe zur alttestamentarischen Hauptlosung. Gelost werden nur die Verse aus dem Alten Testament. Tageslosungen zwei und drei liefert ein Computer-Programm auf Schlagwort-Eingabe.

Das Losungsbuch geht zurück auf den Gründer der Herrnhuter Brüdergemeine, Nikolaus Graf von Zinzendorf (1700–1760). Er gab seinen Gläubigen ab 1728 nach jedem Gottesdienst ein Bibelwort mit auf den Weg. Unter Herrnhutern, die weltweit missionierten und die Tageslosung nicht in Echtzeit hören konnten, entstand die Idee, die Sprüche aufzuschreiben. Das älteste Losungsbuch stammt aus dem Jahr 1731. Nach Zinzendorfs Tod behielt die Gemeine die Auslosung bei und erweiterte die Sammlung beständig. Damit die Texte den Ton der Zeit treffen, werden sie im Abstand von zehn Jahren überarbeitet. Moderne Weltenbummler können sie als App auf ihrer Mission nutzen. Wer, davon begeistert, sein GPS einschaltet, um den Heimatort der Losungen ausfindig zu machen, möge vorsorglich die Rechtschreibprüfung ausstellen. Bei der Eingabe Herrenhut landet man ganz woanders.

40. GRUND

Weil die evangelische Kirchenmusik in Sachsen begründet wurde

Martin Luther war gut auf der Kanzel, behielt beim Singen aber Bodenhaftung und sah ein, dass auch ein Workaholic fachmännische Hilfe brauchen kann. Die suchte und fand er in Torgau.

Luther schrieb Lieder, die sein dortiger Freund Johann Walter in Chorsätzen mehrstimmig vertonte und 1524 als erstes deutsches Chorgesangbuch herausgab. Beiden gelang es, zwei Dutzend Ohrwürmer zu produzieren. Ein Jahr darauf saß das bewährte Duo über der Urfassung der deutschen Gottesdienstliturgie. Luthers Wunsch folgend veranlasste Walter die Gemeinde zum Mitsingen, weil es Teil des christlichen Bekenntnisses ist. Ihm konnte das nur recht sein, es trug zur schnellen Verbreitung seiner Lieder bei. Mit der Gründung der ersten Kantorei machte sich Johann Walter in der evangelischen Kirchenmusik endgültig unentbehrlich.

Paradox für einen Kantor war, es wurde bereits kurze Zeit später wieder stiller um ihn. Der musische Kurfürst Friedrich der Weise war 1525 gestorben, sein Nachfolger war zwar ein bekennender Fan der Reformation, hielt jedoch wenig von sängerischem Lobpreis im Gottesdienst. Immerhin ließ er die Kantorei bestehen. Martin Luther zeigte sich für Johann Walters flotte kompositorische Zuarbeit erkenntlich, indem er bei der Weihe der kurfürstlich-protestantischen Schlosskapelle in Torgau das Gewicht von Gesängen im Gottesdient mehr als überbetonte. Der Kurfürst verstand den Wink mit dem Kirchturm.

Johann Walter überlebte Martin Luther um 24 Jahre, die er effektiv nutzte, die Sache der Reformation fortlaufend in musikalische Wohlgestalt zu gießen und für sie zu werben. Mit Walters Tod endete eine gute Teamarbeit in großem gegenseitigen Vertrauen. Nachdem das Torgauer Gymnasium bereits den Namen des ersten Kantors trägt, bekommt Walter im Rahmen des Reformationsjubiläums 2017 ein eigenes Museum in der Torgauer Katharinenstraße zugedacht, gleich um die Ecke des Museums Katharina-von-Bora-Stube.

Was Luthers Frau dem Kantorenfreund voraus hat: Man weiß, wie sie aussah. Zumindest wie Lucas Cranach sie vor Augen hatte. Der malte auch Johann Walter, doch dieses Bild gilt als verschollen. Vielmehr: als erneut verschollen. Eine Gruppe Torgauer

Sängerknaben des Städtischen Gymnasiums hatte das Gemälde 1906 in der Schulbibliothek aufgestöbert. Angeblich zeigte es den etwa 60 Jahre alten Johann Walter, in der Hand eine Rolle Notenblätter. Die Spur des Porträts verliert sich in Torgau zu Beginn der 1930er-Jahre. Aus dem Notenschrank der Schulaula hat es wohl ein Alumnus mitgehen lassen und sich damit nach Amerika abgesetzt.

41. GRUND

Weil vor 70 Jahren Europas Frieden in Sachsen begann

Ein Taxifahrer aus Chicago setzt sich nach einer Begegnung, die er in Sachsen hatte, in Bewegung und wird zum Propheten des Weltfriedens. Klingt wie die Fortsetzung von *Forrest Gump*. Tatsächlich mündete Joseph Polowskys Erlebnis in einen amerikanischen Traum, der in Mitteleuropa vor 70 Jahren Wirklichkeit wurde. Frieden. Die Fronten waren geklärt.

Der 28 Jahre alte Joe Polowsky gehörte zu den ersten US-Soldaten, die wenige Tage vor Ende des Zweiten Weltkriegs in Sachsen auf Soldaten der Roten Armee trafen. Aus der Begegnung wurde später der Elbe-Day und der symbolische Handschlag zweier Offiziere vor der Kulisse Torgaus auf Fotos festgehalten. Die Bilder gingen um die Welt. Joseph Polowskys Name auch, denn er war dabei. Worüber der junge GI schwieg, war der vorangegangene, inoffizielle Elbe-Day, 40 Kilometer flussaufwärts. Die Amerikaner hatten bereits in Strehla die Sowjets am gegenüberliegenden Elbufer erspäht und sich bemerkbar gemacht, um keine Missverständnisse entstehen zu lassen: Wer auf der anderen Flussseite winkt, hat gute Absichten und möchte die Fronten nicht verhärten. Das haben die Russen verstanden. Polowsky und Co. setzten nach Lorenzkirch über, wo sie die Rotarmisten dann auch ohne Gewehr im Anschlag erwarteten.

Die Begegnung fiel im Protokoll hinten runter, weil beide Elbufer Schlachtfelder waren und den Soldaten der Sinn nach allem stand, nur nicht nach Selfies. Stattdessen schworen sie sich an diesem 25. April 1945 per Handschlag auf den Frieden ein. Was man verspricht, hält man. Die Szene wurde am selben Tag in Torgau von zwei Offizieren wiederholt. Fünf Jahre später herrschte allerdings Kalter Krieg. Der Elbe-Day war in Vergessenheit geraten.

Fast. Joe Polowsky trommelte nach seiner Rückkehr in die USA für den Weltfrieden und gute Ost-West-Beziehungen. Zweimal kehrte er nach Torgau zurück, dann wurde der Eiserne Vorhang hochgezogen und Sachsen dichtgemacht. Polowsky blieb eisern und erinnerte daraufhin von Chicago aus jeden 25. April an die Begegnung an der Elbe, als in Europa der Frieden begann und Ost und West zusammenstanden.

Der emsige Veteran, der seinen Traum bis vor die Vereinten Nationen brachte, starb 1983 und wurde in Torgau beerdigt. So hatte er es sich gewünscht. Jedes Jahr zum Elbe-Day darf sein Name auferstehen. Obwohl Weltfriedenstag seit 1981 der 21. September ist. Sein jüngster Sohn will demnächst einen Dokumentationsfilm über den Visionär drehen. In Kreinitz, das wie Lorenzkirch heute zur Gemeinde Zeithain gehört, eröffnete der Kulturverein 2010 ein Museum der Begegnung. Es liegt direkt am Elberadweg.

42. GRUND

Weil von Sachsen die Friedliche Revolution ausging

Der erste Gedanke gilt Leipzig, wenn von den Ereignissen im Herbst 1989 die Rede ist, deren Wucht schließlich die Berliner

Mauer zu Fall brachten. So stolz wie Sachsen allgemein auf das sind, was sie geleistet haben – das Leipziger Stadtmarketing wirbt mit dem Slogan »Leipziger Freiheit« –, so bescheiden berichten die Menschen von den Friedensgebeten in ihrer Nikolaikirche und den Montagsdemonstrationen in der Stadt, die Woche für Woche mehr Menschen anzogen. Ihre Zurückhaltung begründen sie damit, dass sich der Gang der Geschichte nicht abzeichnete. Wer genau zuhört, spürt den schmalen Grat zwischen Faszination und Angst. So fühlte sich Freiheit an. Und so hoch hätte ihr Preis sein können. An politische Wende dachte 1989 niemand in Sachsen, zumal die Chinesen wenige Monate zuvor auch demonstriert hatten. Nämlich ihre Macht. In Peking erschoss das Regime seine Bürger, die für Reformen auf die Straße gehen.

Der Sachse ist an sich kein demütiger Mensch. Ausnahmen bestätigen die Regel, eine solche war Christian Führer, der Pfarrer der Leipziger Nikolaikirche. Ein Mensch gewordener Mecki mit graumeliertem Bürstenschnitt, der seinen Beruf als Berufung begriffen hatte und sich mal schlichtend, mal schützend zwischen Staatsgewalt und »Wir sind das Volk« stellte. Ohne damit zu prahlen. Statt noch mit 80 oder 90 Jahren öffentlich über die Wiedervereinigung zu palavern, trat er leise ab, 2008 in den Ruhestand, 2014 von der Bühne: Mit nur 71 Jahren starb Christian Führer dort, wo alles begann, in Leipzig. Mit ihm ging eines der Gesichter der Friedlichen Revolution, das tatsächlich jeder gekannt hatte und zuordnen konnte, genauso wie seinen Aktenkoffer mit den Aufklebern, die Jeanswesten und die Armbanduhr, die er so trug, dass ihr Zifferblatt auf der Innenseite des Handgelenks lag. Ein Detail, das in der TV-Verfilmung von Erich Loests Roman *Nikolaikirche*, 1995, nicht vorkommt: Ulrich Mühe als Pfarrer Ohlbaum trägt keine Uhr.

Christian Führer war 1980 an die Nikolaikirche berufen worden. Zwei Jahre darauf fanden die ersten Friedensgebete statt. Initiiert hatten sie mehrere evangelische Pfarrer und Diakone aus Leipzig, Führer stieß hinzu. Es vergingen ein paar Jahre, ehe er das Schild

»Nikolaikirche, offen für alle« vor selbiger anbringen ließ. Das Motiv zog. Botschaft traf Botschafter. Mindestens so häufig wie mit dem Schriftzug wurde Christian Führer mit dem 2012 enthüllten braunen Autobahn-Hinweisschild »Leipzig. Friedliche Revolution« fotografiert, das an der A9 steht. Je nach Geschwindigkeit könnten Autofahrer das Bild auf dem Schild für eine Palme halten. Abgebildet ist die einer Palme nicht unähnliche Nikolaisäule, von der es noch ein paar mehr im Kirchenschiff gibt. Die Solo-Säule außerhalb steht hinten links im Nikolaikirchhof. Sie ist die Arbeit eines Künstlers und erinnert daran, dass sich die Friedensgebete 1989 vor der Kirche fortsetzten, nachdem der Platz im Innern nicht mehr ausreichte.

Dass Polizei und Militär den Appell der Montagsdemonstranten, keine Gewalt anzuwenden, wirklich ernst nahmen, nannte Christian Führer vor Kameras mehrfach ein Wunder. Gerührt, fassungslos, eben demütig, nahm er die Ereignisse wahr und die Herausforderungen der Wendezeit an. Sein Gesprächskreis für Ausreisewillige gab wenige Monate nach der Wiedervereinigung arbeitslos gewordenen Leipzigern Halt. Die Friedliche Revolution war vollzogen. Die Leipziger Freiheit zu begründen würde noch dauern. Für den Nikolaikirchenpfarrer waren sein Glaube und sein Beruf Wegweiser. Vielleicht deshalb konnte Christian Führer demütig sein, weil er sich nicht erst eine neue Identität aufbauen musste. Er brauchte nur die Räume zu wechseln.

Apropos: Dass nicht der Raum Leipzig, sondern Plauen Heimstatt der Friedlichen Revolution gewesen sein soll, ist eine vor allem von den Vogtländern überlieferte Version der Wendegeschichte. Einige Tage vor den Leipziger Großdemos gingen die Plauener tatsächlich auf die Straße, inspiriert von den Zügen mit Prager Botschaftsflüchtlingen, die auf dem Weg nach Westen durch Plauen rollten. Statt vor die Kirche zogen die Plauener über ihre Friedensbrücke. Die hieß tatsächlich schon so.

Die Friedliche Revolution ging von Sachsen aus. Dafür sollen sie ein Einheitsdenkmal bekommen, tun sich aber bei der Umsetzung schwer. Es kommt, es kommt nicht. Freiheit zu begründen braucht Zeit. Ein Entwurf, der wohl nicht realisiert wird, obwohl er dem Bild des Leipziger Herbstes 1989 nahekommt, stammt von Waldemar Otto, einem Worpsweder Künstler. Seine kleine Bronzeplastik zeigt eine demonstrierende Menschengruppe, eine der Figuren trägt die Züge Christian Führers. Seiner 2008 erschienenen Biografie gab der Leipziger Pfarrer den bescheidenen Titel: *Und wir sind dabei gewesen.*

KAPITEL 4

GESUCHT, ERFUNDEN

SACHSENS WORKAHOLICS

43. GRUND

Weil man in Sachsen noch pünktlich kommt, wenn die Zeit um ist

Die sächsische Zeitansage kann sehr verwirren. Sitzt man beispielsweise im Theater und wartet darauf, dass die Vorstellung beginnt, kommt das beherzte »Jetzt ist um!« vom Platznachbarn ziemlich unerwartet. Das Stück soll schon vorbei sein – wie bitte geht das? Gar nicht. Die Aufführung startet pünktlich, denn wie der Sachse vorhersagt, ist es um. Damit ist die jeweils volle Stunde gemeint. Für fremde Ohren klingt die Zeitansage ohne Uhrzeit ungewohnt. Sachsen quittieren sie im Allgemeinen mit einem zustimmenden »Nu!«.

Bei aller Gemütlichkeit nehmen es die Menschen im Freistaat mit der Uhr genau. Wer die Zeit kennt, hat sie. Wer um kommt, muss nicht um sein Leben fürchten, sondern trifft auf wohlwollende Menschen. So tickt Sachsen.

Die Wiege der Zeitmesser steht indes im Örtchen Glashütte, eine halbe Autostunde südlich von Dresden. Sein Name verweist auf die Glasherstellung als einstigen Haupterwerb der Menschen. In der kleinen Gemeinde schlug anno 1845 aber auch die Stunde der feinsten Präzisionsuhren Deutschlands, die ein Jahrhundert lang zu den besten Europas zählten. Inzwischen sind sie an die Spitze zurückgekehrt. Die Manufaktur Adolf Lange und Söhne, nach dem Zweiten Weltkrieg enteignet und später verstaatlicht, produziert seit Mitte der 1990er-Jahre wieder am Originalschauplatz – und geht mit der Zeit. Der Schriftzug auf dem Zifferblatt jedes Zeitmessers enthält neben dem Firmennamen den Zusatz »Glashütte i/Sa«. In Glashütte in Sachsen wird der Mercedes unter den Uhren gebaut. Die filigrane Handarbeit hat ihren Preis, mehrere Zehntausend Euro trägt ein Kunde locker am Handgelenk. Computerplatinen sind weitaus weniger kleinteilig als Lange-Uhren.

Der Vater der sächsischen Taschenuhrenfabrikation, Ferdinand Adolph Lange, war das Musterbeispiel eines sozialen Unternehmers, der neben seinen Bilanzen auch seine Mitarbeiter im Blick behielt. Er beabsichtigte, der Bevölkerung eine zusätzliche Lebensgrundlage zu schaffen. Die Glashütte warf zwar einiges ab, die Arbeit reichte aber nicht für alle, und die Bedingungen waren hart.

Adolph Lange hatte sich aus bescheidenen Verhältnissen hochgearbeitet. Seine Faszination für Technik ging mit gesundem Ehrgeiz einher. Lange war zur richtigen Zeit – quasi: um – am richtigen Ort und wurde Lehrling des sächsisch-königlichen Hofuhrmachers. Nach Abschluss seiner Ausbildung war er eine begehrte Fachkraft und stand drei Jahre im Dienste eines österreichischen Uhrmachers in Paris. Dort rechnete er die Maßangaben für Zahnräder in das metrische System um, die bis dato ihrer eigenen Einheit »Pariser Linie« gefolgt waren. Die Revolution der Feinmechanik war perfekt. Je komplizierter ein Auftrag, desto begeisterter klemmte sich der junge Sachse an den Schreibtisch. So blieb er an den Taschenuhren hängen und dem Prinzip, dass jeder Mechaniker auf einen Arbeitsschritt des Uhrenpuzzles spezialisiert sein müsse. Das kannten selbst die Franzosen so nicht. Zurück in Dresden, gingen diesmal französische Kollegen bei Lange in die Lehre.

Dann kam Glashütte, wo sich Adolph Lange den Behörden als künftiger Gewerbesteuerzahler empfahl und lokale Kompetenz bewarb. Er wollte nicht nur Uhren fertigen, sondern junge Uhrmacher aus dem Erzgebirge in Glashütte ausbilden. Das war dem Freistaat ein Darlehn zur Unternehmensgründung wert. Ganz auf Anhieb hat Glashütte die Zeichen der Zeit nicht erkannt, Adolph Lange benötigte Geduld und musste ein erhebliches Vermögen in die neue Firma und deren Uhrmacherschule pumpen. Geholfen haben ihm sein Unternehmergeist, seine Expertise und diverse Preise, die Lange-Uhren auf Messen und Weltausstellungen errangen und die Lange zu Geld machen konnte, um den Betrieb auf Kurs zu bringen. Ganz spurlos ist der Einsatz nicht an ihm vorübergegangen, er starb 61-jährig, 1875. Seine Söhne führten das Unternehmen weiter, das Ende des 19. Jahrhundert Sachsen zum Synonym für hochwertige Zeitmessung machte. Sein jüngerer Sohn wurde als Juror bei den Weltausstellungen in Paris und Philadelphia herangezogen. 1910 gründeten Langes Erben die Glashütter Sternwarte, damit Uhrmacherschüler und Feinmechaniker präzise Angaben für die Herstellung von Chronometern hatten. Die werden noch immer in dem weiß getünchten Bau mit Türmchen und Kuppel gefertigt, allerdings von einer anderen Firma. Die historische Sternwarte steht Besuchern offen, aber anmelden muss man sich.

Aus der Dresdner Lehrwerkstatt Adolf Langes stammt die »Fünf-Minuten-Uhr« in der Semperoper. Wie der Name schon sagt, zeigt sie die Zeit im Fünf-Minuten-Abstand an, und sollte Opernbesucher vom permanenten Auf-die-Uhr-Schauen heilen. Verzögerte sich der Beginn der Vorstellung, war damals schon ein heftiges Aufschnappen der Taschenuhrdeckel im Publikum zu hören. Schließlich musste geprüft werden, ob es um war. Zeit, anzufangen.

44. GRUND

Weil Sachsen die Klingen kreuzen, ohne die Waffen zu zücken

Mit blauen Schwertern schmückt sich so mancher Haushalt des Freistaats. Ihr Besitzer ist unbewaffnet. Je friedlicher es zugeht, desto geringer ist das Scherbenrisiko bei Meißner Porzellan. Um es ganz auszuschließen, lohnt ein Besuch des MoMAs, dazu müssen Sie nicht einmal nach New York! Meißen hat eine kleine, ähnlich spektakuläre Sammlung zu bieten. Allerdings steht die Abkürzung der sächsischen Ausstellung nicht für das Museum Moderner Kunst (Museum of Modern Art) sondern für Museum of Meissen Art. Gemeint sind wertvolle Arbeiten der 300-jährigen städtischen Porzellanmanufaktur. Die Geschichte des sächsischen und damit des europäischen

Porzellans ähnelt dem Märchen *Rumpelstilzchen*: Wer Gold spinnen kann, wird so lange festgesetzt, bis das Produkt stimmt.

So geschehen an einem Januartag des Jahres 1708. Titelfigur der Geschichte war diesmal keine eingesperrte Müllerstochter, die durch Rumpelstilzchens Beistand ihre Aufgabe doch noch bewältigte, sondern ein 26 Jahre alter Apotheker, der seine Klappe weit aufgerissen hatte: Johann Friedrich Böttger. Selber schuld. Böttger verbrachte seine Lehrzeit in Berlin und erlag dort schnell dem Charme der Alchemie. Die Hauptstadt Preußens zog schon vor 300 Jahren Genies und Scharlatane gleichermaßen an. Jung und grün hinter den Ohren, wusste der junge Mann nicht zu unterscheiden, wo die Wissenschaft aufhörte und der Hokuspokus anfing. Ach wie gut, dass niemand weiß. Sein Rumpelstilzchen erwies sich als griechischer Geistlicher, den Böttger behandelte und der ihm ein Pülverchen überließ, mit dem man vorgeblich Blech zu Gold machen und jeden Groschen zum Goldtaler ummünzen konnte. Reiner Kokolores. Johann Böttger tat's trotzdem und scharte bei einer öffentlichen Vorführung das Volk wirksam um sich. Worin sein Trick bestand, ist nicht überliefert.

Gold! Das bedeutete 1701 nicht nur für Otto Normalpreuße das Ende materieller Engpässe, ein schmales Staatssäckel trieb auch den König um. Er fackelte daher nicht lange und schickte seine Wache auf die Jagd nach Böttger. Bestimmt nicht, um ihm freundlich die Auftragsbücher zu füllen. Gerade noch rechtzeitig bekam der selbst ernannte Goldmacher Wind davon, dass eine Belohnung auf ihn ausgesetzt war, und floh über die Grenze zurück nach Sachsen, woher er einst gekommen war. Sein Geburtsort Schleiz liegt heute in Thüringen.

Böttgers Ruf war ihm entweder vorausgeilt, oder der draufgängerische Apotheker fühlte sich so sicher, dass er abermals auf dicke Hose machte und seine Fähigkeit ausposaunte. Kurfürst August der Starke war durch die polnische Königskrönung nicht minder knapp bei Kasse als Friedrich I. von Preußen und daher erfreut, dass ihm der Goldjunge vor die Füße fiel. Der sächsische Herrscher handelte umsichtiger als sein preußischer Kollege und behandelte Johann Friedrich Böttger als Gefangenen erster Klasse. Er bezog – streng bewacht – Quartier in Dresden und erhielt ein Top-Labor gesponsert. Die Zahl der Aufpasser rechtfertigte August damit, Böttger sei ein gefragter Mann, deshalb wolle sein Gastgeber keine Entführung riskieren. Dann war der Alchemist mit sich allein. Und blieb es. Rumpelstilzchen kam nicht.

Johann Friedrich Böttger experimentierte und verschliss mehrere Mitarbeiter, ohne Gold zu machen. Drei Jahre lang blieb er, wo er war, dann verlegte man ihn ins Dresdner Umland, die längste Zeit nach Meißen und schließlich wieder zurück in die Residenzstadt, wo er ein neues Team an seiner Seite vorfand. Endlich hatte der Langzeitgefangene, dessen weltliche Genüsse – und das ausgerechnet in Sachsen – gegen null tendierten, Glück. Sein neuer Mitarbeiter von Tschirnhaus, ein keramisch-mineralogisch fitter Berater des Königs, konnte Böttger überzeugen, von Edelmetall- auf Steingutproduktion umzuschwenken. Böttger übernahm den »Teig«, von Tschirnhaus den Ofen. Die ersten Ergebnisse waren rotbraun, aber gebrauchstauglich. Anderthalb Jahre später, sein Partner war kurz zuvor verstorben, hatte Böttger Material, Ofentemperatur und Brenndauer gut aufeinander abgestimmt: Die Haut des Porzellans erstrahlte in makellosem Weiß. Die Goldformel war doch noch eine geworden. Das Porzellan ging einige Monate später in Produktion und gelangte von Sachsen in die Welt.

Bis 1863 wurde das weiße Gold in der Meißner Albrechtsburg gefertigt, die Produktion dann an den neuen Standort im Triebischtal verlegt, weil die mittelalterlichen Burgmauern Risse bekommen hatten. Lange hätten sie den Schwingungen der Dampfmaschinen nicht mehr standgehalten.

Sehr vereinfacht gesprochen funktioniert Porzellanherstellung wie Töpfern mit viel Zeit. Der Teig aus Kaolin, Feldspat, Quarz sowie einigen anderen Rohstoffen – welche die 1710 gegründete

Manufaktur aus dem nahen Erzgebirge bezog – werden in einer Rühranlage gemischt, geknetet und gepresst. Dann ist der Teig fertig. Sieht aus wie ein Knetstrang. Daraus kann der Dreher Geschirr oder Figuren formen. Fertige Gegenstände werden luftgetrocknet. Das kann bis zu sechs Monate dauern, wenn eine Figur entsprechend groß ist. Danach werden die Stücke gebrannt, bis sie glänzen. Zuletzt kommt die Bemalung dran, am Schluss erhalten Vase, Tasse und Co. auf der Unterseite das Meißner Logo der blauen Schwerter, per Pinselstrich wird es von Hand aufgetragen. Seit 1723 sind die gekreuzten Waffen Markenzeichen sächsischen Porzellans. Das Symbol der Kurschwerter stammte aus dem Wappen Augusts des Starken.

Der Kurfürst war mit dem Ersatzstoff versöhnt. Er hatte eine Schwäche für Porzellan und war erpicht, sich mit der Kunstfertigkeit asiatischer Waren zu messen. Davon zeugt die kurfürstliche Porzellansammlung im Zwinger. Lassen Sie sich nicht vom einst zur Präsentation bestimmten Japanischen Palais fehlleiten! Der Name ist nicht mehr Programm, darin befindet sich inzwischen das Völkerkundemuseum.

Durch Böttgers und von Tschirnhaus' Erfindung gelang es August dem Starken, die erste Porzellanfertigung Europas in Sachsen zu etablieren. Ein Coup! Seinen Goldjungen ließ er 1714 nach knapp zwölf Jahren Haft frei – allerdings mit der Auflage, Böttger dürfe das Land nicht verlassen. Er starb fünf Jahre darauf in Dresden, gerade mal 37-jährig. Ein schöner Lebensabend bei der einen oder anderen Tasse Tee made in Meißen blieb ihm versagt.

Mit den Einnahmen, die das weiße Gold in die sächsische Staatskasse spülte, konnte der Kurfürst wirtschaften. Er machte Meißen zum Zentrum der Porzellanherstellung. Und das blieb es. Generationen talentierter Keramiker und Porzellanmaler zogen nach Sachsen, sogar während des Zweiten Weltkriegs wurde die Produktion beibehalten. Die blauen Schwerter behaupteten sich gegen die echten Waffen.

Seit 2005 verbindet das Museum of Meissen Art eine gewerbliche Ausstellung mit Schauwerkstätten, es wirbt somit auch für die alten Handwerke. Inzwischen ist die Manufaktur auf die Herstellung wertvoller Einzelstücke spezialisiert und beschäftigt eigens zwei Unterglasmaler, die ausschließlich die blauen Schwerter auf der Unterseite jedes Stücks anbringen. Die Vorbilder des 18. Jahrhunderts gelten nach wie vor, gerade bei den Figuren setzen sie Maßstäbe und sind Meißens richtig großer Wurf. Aber sachte! In der Sammlung zu bewundern ist etwa das Wiener *Schokoladenmädchen* des Malers Jean-Etienne Liotard, dessen Original in der Galerie der Alten Meister in Dresden hängt. Die Porzellanfigur trägt wie ihr Leinwand-Vorbild ein kleines Tablett mit einem Wasserglas und einer Tasse. Vermutlich war die sowieso aus Meißner Porzellan. Einen genauen Blick lohnt ebenso der schöne Moritzburger Leuchter des Künstlers Peter Strang, ein aufwendig gestalteter Kerzenhalter aus Porzellan, auf dessen Vorderseite ein filigranes Bild von Schloss Moritzburg prangt. Man erkennt jedes Detail! Er ist allerdings nicht ständiger Teil der Dauerausstellung. Wer eine Depotphase erwischt, kann aber das originale Schloss anschauen, Moritzburg ist nur 16 Kilometer von Meißen entfernt.

Seit Oktober 2014 ist das sächsische MoMA um eine Attraktion reicher. Zum 25-jährigen Jubiläum der Friedlichen Revolution enthüllten die Sachsen die größte freistehende Porzellanskulptur der Welt. *Saxonia* misst 1,80 Meter und sieht aus wie Angelina Jolie auf dem Weg zur Oscarverleihung.

45. GRUND

Weil Sachsens Auto-Biografie nicht nur aus Trabis besteht

Sommer 1991. Ein Familienvater und bildungsreisender Deutschlehrer packt Frau und Teenie-Tochter ins Auto und braust mit der Familie über die Alpen. Die Italienische Reise auf den Spuren Johann Wolfgang von Goethes nimmt dadurch Fahrt auf, dass die Darsteller Sachsen sind, inklusive des Autos. *Go Trabi Go* klang als Filmtitel zwar überhaupt nicht sächsisch, der Film war aber trotzdem erfolgreich. Die Komödie wurde im Jahr darauf schon fortgesetzt. Keine Fortsetzung gab es für den Trabant. Der Inbegriff des DDR-Kleinwagens aus Zwickau lief bereits nicht mehr vom Band, als *Go Trabi Go* gedreht wurde.

Alte Liebe rostet nicht. 25 Jahre nach der Wiedervereinigung rollen die Zweitakter aus Sachsen noch immer durch die Republik, wenngleich vereinzelter. Dass Trabis nirgends rosteten erwies sich als Trugschluss, aber sie waren weniger anfällig, weil ihre Karosserie statt aus Metall aus dem Kunststoff Duroplast gemacht war. Die Zwickauer Autowerke rühmten sich damit, als einzige Kfz-Fertigungsstätte weltweit Kunststoffautos zu bauen. Alles andere war teuer. Oder vergriffen. Trotzdem hielt sich der wackere Trabant, streng genommen das Modell P601, 26 Jahre lang am Markt. Nicht ganz so lange mussten Käufer auf einen neu bestellten Gefährten warten, aber Geduld gehörte dazu.

Allein mit dem Trabi wäre die Auto-Biografie Sachsens schnell geschrieben. Ein Kapitel, vielleicht zwei, wenn man sein Vorgängermodell P70 einbezieht. Fertig! Falsch. Das Automuseum Zwickau ist wie gemacht für Zweifler an der motorisierten Vielfalt des Freistaats, denn Abwechslung existierte. Nur brachten es die meisten DDR-Modelle nicht über das Reißbrett des Ingenieurs, maximal den Prototypen hinaus: Zu teuer, zu geringe Aussichten, Teile für eine ganze Serie vorrätig zu halten, zu viel Ähnlichkeit mit den Kleinwagen des Klassenfeinds.

Einem Dresdner sollte es 1969 dann aber doch gelingen, die Staatsgewalt umzustimmen, wenigstens für ein Jahrzehnt. Heinz Melkus (1928–2005) war Fahrlehrer, Rennfahrer und Mechaniker der Marke Eigenbau, sozusagen Autodidakt. Er hatte gelernt, mit dem zu arbeiten, was es gab, deshalb baute er seinen Rennsportwagen RS 1000 nicht als Boliden, sondern als Pkw mit sportlichem Äußeren und orientierte sich am Skelett eines Wartburg. Sorry, Trabant!

Die Krönung des neuen Flitzers waren seine Flügeltüren. Doc Brown im US-Film *Zurück in die Zukunft* hätte das Modell sicher in die engere Wahl genommen. James Bond vielleicht auch. Melkus verkaufte seinen Wagen als sozialistische Teamarbeit, ein Dutzend Ost-Firmen und Designer waren am Bau des RS 1000 beteiligt. Der Allgemeine Deutsche Motorsport-Verband stand hinter dem Projekt, wissend, dass die Konstruktion eines eigenen Fahrzeugs die Begeisterung der Rennsportfans im Land halten würde. So kam es auch und blieb beim Betrachten, denn der RS 1000 kostete knappe 30.000 Mark, dreimal so viel wie ein Trabant. Nicht einmal der sächsische Deutschlehrer aus *Go Trabi Go* hätte sich das Geschoss leisten können. Aber der RS war ohnehin keine Familienkutsche. 70 PS und 165 Kilometer pro Stunde hätten die Fahrtzeit nach Italien zwar deutlich verkürzt, doch wohin mit dem Gepäck? Der Kofferraum des Autos war kaum größer als ein Post-Päckchen: 60 x 40 x 20 Zentimeter.

1979 verließ der letzte RS 1000 die Dresdner Werkstatt. 101 Exemplare des schicken fahrbaren Untersatzes made in Sachsen hat es gegeben, etwa 80 davon sind erhalten. Der Upperclass-Bolide erweist sich als ähnlich langlebig wie der Trabant. 2009 unternahmen die Melkus-Erben sogar den Versuch, das Fahrzeug als verbessertes Modell nachzubauen. 2012 wurde die Serie wieder eingestellt. Melkus' Wagen trifft man kaum auf der Straße an. Sie werden von Oldtimer-Freunden gepflegt oder stehen in Museen. Zwar nicht in Sachsens Autostadt Zwickau, dafür im Rennsportmuseum Sachsenring in Hohenstein-Ernstthal oder im Museum für sächsische Fahrzeuge in der historischen Hoch-Garage »Stern-Garage« in Chemnitz. Immerhin: Deren Adresse lautet Zwickauer Straße 77.

Die Adresse, die Sachsens Auto-Biografie abrundet, ist die Porschestraße 1 in Leipzig. Wer dort produziert, ist nicht schwer zu erraten.

Weil Oscar und Nobelpreis in Sachsen nahe beieinanderliegen

Dieses Kapitel handelt von zwei Männern aus Sachsen, die beruflich enorm vom Fleck gekommen sind und dafür ausgezeichnet wurden. Einer bekam den Nobelpreis, der andere trug maßgeblich zum Oscargewinn bei. Bedauerlicherweise steht dieses Kapitel in der Vergangenheitsform, weil keiner der Herren mehr lebt. Raten Sie mal, welchen Jobs beide nachgingen.

Das Beste hebt man sich für zuletzt auf. Am Schluss des Films *Das Leben der Anderen,* kurz nach der Wende, bleibt Stasi-Hauptmann Gerd Wiesler vor einer Ostberliner Buchhandlung stehen. Statt bei der Behörde Briefe zuzustellen trägt er nun Postwurfsendungen aus. Im Schaufenster des Ladens sieht Wiesler ein Buch, an dessen Entstehung er indirekt beteiligt war. Seine Aufgabe war gewesen, unter dem Dienstkürzel HGW XX/7 den DDR-kritischen Autor Georg Dreymann zu beschatten und der Staatssicherheit alles zu melden, was einen Zugriff ermöglichte. Heißt: Der Schreiber sollte ins Kittchen. Wiesler aber deckte Dreymann. Nach der Wende erfährt dies der Schriftsteller aus seiner Stasi-Akte und widmet HGW XX/7 daraufhin seinen Roman. Das weiß Gerd Wiesler noch nicht, als er die Buchhandlung betritt. Dort nimmt er aber eines der Dreymann-Bücher zur Hand, schlägt es auf und entdeckt die Würdigung. In der letzten Szene des Films steht HGW XX/7 mit dem Buch an der Kasse. Der Verkäufer fragt, ob er es als Geschenk verpacken soll. Der Käufer erwidert: »Nein. Ist für mich.« Abspann.

Das Leben der Anderen fasst die deutsch-deutsche Geschichte und ihre ungerechtesten Episoden am besten zusammen. Das verdankt der Film Ulrich Mühe, der den gratwandernden Hauptmann brillant darstellt, bis zum letzten Vorhang. *Das Leben der Anderen* war historisch greifbar erzählt, Ulrich Mühe machte es noch greifbarer.

Aus den Schuhen gehoben hat das den Handwerkersohn aus Grimma nicht, dafür war er zu bodenständig. So wie HGW XX/7 einem Bestseller zum Erscheinen verhilft, ermöglichte Mühe den Gewinn des Oscars. *Das Leben der Anderen* wurde 2007 als bester fremdsprachiger Film ausgezeichnet. Mühe quittierte die Lorbeeren mit freundlich-bescheidenem Lächeln, ähnlich wie seine Figur an der Kasse der Bücherstube steht und guckt. Er war dabei, er steht ganz vorne und duckt sich doch gleich wieder weg aus dem Fokus der Kameras, um an der nächsten Rolle zu feilen. Einige Monate nach der Oscarverleihung war der unaufdringliche Held ganz weg. Ulrich Mühe starb einen leisen Tod an Krebs, vier Wochen nach seinem 54. Geburtstag.

Am meisten bei sich, am meisten präsent war er in seinen Rollen. Im Leben der anderen eben. Im Sommer 2002 blieb Mühe aber mal er selbst und stand statt auf der Bühne in seiner vom Muldehochwasser überfluteten Geburtsstadt Grimma, geschockt und betroffen von der Wucht der Zerstörung innerhalb weniger Tage. Das Wasser riss unter anderem die historische Pöppelmannbrücke mit sich, die für jeden Grimmaer so etwas war wie der Leuchtturm seiner Kindheit. Erst seit 2012 steht sie wieder! Der prominente Stadtsohn Ulrich Mühe machte sich direkt nach dem Hochwasser zum Wiederaufbau-Motivator und initiierte das Benefiz-Musikfestival Liederflut. Nicht für sich, sondern für die anderen, denn er lebte damals in Berlin. Seiner Herkunftsheimat hielt er aber immer die Stange. Das sächsische Städtchen mauserte sich zum Musterschüler beim Hochwasserschutz, der 2013 erneut auf die Probe gestellt wurde. Da trat die Mulde ein weiteres Mal über die Ufer. Diesmal verkrafteten die Grimmaer ihr Schicksal schneller. Und Ulrich Mühe haben sie posthum zum Ehrenbürger gemacht.

Der Nobelpreis unter sächsischer Mitwirkung kam lange vor dem Oscar. Er wurde 1909 dem Chemiker Wilhelm Ostwald verliehen, dessen Wohnhaus und Werkstatt-Labor im Grimmaer Ortsteil Großbothen besichtigt werden können. Das Anwesen hat den sinnstiftenden Namen »Haus Energie«. Ostwald erhielt den Nobelpreis für seine Forschung auf genau diesem Gebiet, er brachte physikalische Energiegewinnung mit chemischer Reaktion zusammen. Vereinfacht: Er hat das Prinzip des Katalysators entdeckt und die Vision einer Brennstoffzelle formuliert.

Ehe Ostwald 1901 mit seiner Familie nach Großbothen kam, lebte er im nahen Leipzig, war bis 1906 Professor der Universität und Mitglied der sächsischen Akademie der Wissenschaften. Dann nervte ihn die zunehmende Arbeitsbelastung, die ihm immer weniger Zeit für seine Forschung ließ. Ostwald wollte beides, am Labortisch stehen und Formeln an die Tafel schreiben, aber so dass sie jeder versteht. Mit 24-Stunden-Tagen dürfte er Mühe gehabt haben, deshalb ließ er auch eine Reihe talentierter Hospitanten abblitzen, die bei ihm anklopften. Darunter Albert Einstein. Trotzdem brachte es der Professor auf knapp 150 Doktoranden in 20 Jahren Lehrtätigkeit. Wilhelm Ostwald war ein Workaholic und beratungsresistent, was seine Arbeitsweise anging. Daraus formulierte er auch gleich die Philosophie der Energetik, bedeutet: zielorientiert arbeiten, machen statt reden. Falls doch, bitte schön kurz und allgemeinverständlich. Mit dieser Ansicht über Sprache machte sich Ostwald sogar zum Botschafter der Esperanto-Bewegung. An diesem Punkt war der spätere Nobelpreisträger eben doch kein echter Sachse, sondern blieb ein Zugereister. Die Uni Leipzig und ihr leidenschaftlicher Professor trennten sich nicht unbedingt in aller Freundschaft. Grimma aber nahm ihn freundlich auf. Das Wilhelm-Ostwald-Museum in Großbothen erklärt weniger die Wissenschaftlerpersönlichkeit Ostwalds als den Menschen, der dort ein Stück befreit leben konnte. Die Post las er erst, wenn er Lust dazu hatte. Manchmal warf er die Umschläge ungesehen in den Papierkorb, wo sie seine Frau Helene wieder herausfischte. Auf seinem Schreibtisch standen stets frische Blumen sowie ein Kästchen mit Süßigkeiten, und wenn er in Gedanken war, konnte es passieren, dass Wilhelm Ostwald schweigend durch den Raum wanderte, die Hände in den Hosentaschen vergraben. Ein Sachse hätte doch sicher Selbstgespräche geführt.

Der Vollständigkeit halber und um Klagen der Heimatforscher von Zeithain bei Riesa abzuwenden, sei als Fußnote erwähnt, dass Sachsen einen zweiten Nobelpreisträger hervorbrachte, den Teilchenphysiker Wolfgang Paul (1913–1993), ausgezeichnet 1989. Der war am CERN in Genf und am DESY in Hamburg, sein Name steht daneben in Verbindung mit den Unis Göttingen und Bonn. Um die Bewegungen von Ionen nachzuvollziehen, stellte er ihnen die nach ihm benannte Paul-Falle. Apropos Bewegung: Der gebürtige Zeithainer verbrachte wirklich nur ein kleines Teilchen seines Lebens im Freistaat. Dies zur Begründung, warum es für einen Grund nicht gereicht hat.

47. GRUND

Weil wir Sachsen öffentliche Bibliotheken verdanken

Es war einmal ein kleiner Junge, dessen Eltern waren arm und konnten ihm nur wenig Spielzeug kaufen. Was sie ihm schenkten, war die Liebe zu Büchern. Karl-Benjamin wuchs zu einer Leseratte heran. Als Neunjähriger begann er, Mineralien zu sammeln. Mit zwölf machte er eine Liste gelesener Bücher und bewertete die einzelnen Titel. Das blieb seinen Lehrern in der Volksschule nicht verborgen, deshalb setzten sie sich für den Jungen ein und ermöglichten ihm den Besuch weiterführenden Unterrichts. Karl-Benjamin war dankbar, lernte fleißig und äußerte den Wunsch, Lehrer zu werden. Dabei hatte sein Vater für ihn den Kaufmannsberuf vorgesehen.

Getroffen haben sie sich auf der Mitte. Karl-Benjamin Preusker (1786–1871) aus Löbau lernte Buchhändler und fand später in der Amtsverwaltung der Stadt Großenhain eine komfortable Festanstellung, die ihn und seine sieben Damen, Ehefrau und sechs Töchter, ernährte. Ehe er sesshaft wurde, kämpfte er in den napoleonischen Befreiungskriegen und entwickelte einen gesunden sächsischen Patriotismus. Beides, seine Geduld bei der Bürokratie und seine Heimatverbundenheit, brachte Preusker 1828 auf einen Nenner: Am 24. Oktober eröffneten er und ein befreundeter Arzt in Großenhain die erste deutsche Bürgerbibliothek. Prinzip: Bildung darf nicht das Privileg weniger sein. Bücher sind für alle da.

132 Bücher bildeten den Grundstock dieser ersten öffentlichen Bücherei. Die Spenden hatte ein zuvor gegründeter Bibliotheksverein gesammelt. Preusker war für die Verwaltung der Bestände verantwortlich, samt Ausleihe und Aufbewahrung der Bücher. Erster Standort der Bibliothek war die Sonntagsschule in Großenhain, deren Gebäude heute Sitz des Kreismuseums ist. Lesen und Ausleihen waren eine Stunde lang sonntags möglich. Personal hatte die Bücherei keines, Lehrer erledigten die anfallenden Aufgaben ehrenamtlich.

Einige Jahre später zog der wachsende Bestand der Bücher in die Knabenschule. Alle Neuzugänge waren Spenden oder Rezensionsexemplare, die Karl-Benjamin Preusker bei Verlagen anfragte. Auf diese Idee brachte ihn sein zweites Steckenpferd neben dem Lesen, er forschte über die Ur- und Frühgeschichte der Lausitz, war Mitglied der Oberlausitzischen Gesellschaft der Wissenschaften zu Görlitz und publizierte dort auch. So kam er in Kontakt mit Verlagen. Einen eigenen Buch-Etat hatte die Großenhainer Bürgerbibliothek bei ihrer Gründung nämlich noch nicht. Vier Jahrzehnte sollte es dauern, ehe die Stadtverwaltung eine regelmäßige Summe für den Kauf neuer Bücher bewilligte. Als Preusker 89-jährig die Leitung übergab, besaß sein Haus 3.000 Bücher. Heutzutage sind es rund 35.000 Bücher und Medien, die man in der Ur-Stadtbibliothek Großenhain ausleihen kann.

Allmählich machte der reine Bildungsgedanke Platz für eine wachsende Vorliebe der Bürger, Belletristik zu lesen. Die Abteilung

Reiseliteratur entstand, das meistgelesene Genre des 19. Jahrhunderts, gefolgt von Biografien, historischen Bänden sowie naturwissenschaftlichen Werken. Zehn Jahre nach seiner Gründung lief der Betrieb der Bibliothek rund. Zeit für Karl-Benjamin Preusker, sich dem nächsten Projekt zu widmen. Er wollte seine Bücher auch den Menschen der umliegenden Dörfer zugänglich machen – und gründete eine Fahrbibliothek.

Von Preusker stammt außerdem die Idee, das öffentliche Bibliothekswesen stufenweise zu organisieren, angefangen bei kleinen Gemeindebibliotheken bis hin zu einer großen Nationalbibliothek. Doch Deutschland war noch keine Nation, deren Gründung kam erst 1871, wenige Wochen vor Preuskers Tod. Deshalb konzentrierte er sich auf seine Heimat Sachsen und veröffentlichte Aufsätze über das Großenhainer Bibliotheksmodell. Die gewünschten Nachahmer stellten sich bald ein, darunter 1851 die Leipziger Volksbibliothek.

Der bibliophile Sachse drängte darauf, parallel zum öffentlichen Lesen das Bildungswesen im Königreich demokratischer zu machen. Bildungsferne Schichten, das waren vor 150 Jahren nicht die Menschen mit Migrationshintergrund, sondern die arme Landbevölkerung. Sie wollte Preusker einbeziehen. Durch die Industrialisierung, fürchtete er, würden Teile Sachsens abgehängt vom Fortschritt und die Menschen dort sozial ausgegrenzt. Ihm wäre es nicht anders ergangen, hätte er nicht das Lesen als Sprosse der sozialen Aufstiegsleiter entdeckt. Bibliotheken sollten deshalb auch buchstäblich Schule machen und die – analogen – Lesewelten Kindern genauso zugänglich sein wie den erwachsenen Büchereinutzern.

Karl-Benjamin Preuskers Einsatz fiel im reformpädagogischen 19. Jahrhundert auf fruchtbaren Boden. Zu Lebzeiten durfte er verfolgen, wie mehr als 50 Gemeindebibliotheken in Sachsen entstanden. Das war ihm mehr wert als die zahlreichen Ehrungen für sein Lebenswerk.

Seit 1962 befindet sich die Karl-Preusker-Bücherei Großenhain im ehemaligen Amtshaus am Neumarkt. Die Knabenschule wurde Ende des 19. Jahrhundert zu einer Bürgerschule erweitert. Einer ihrer prominentesten Schüler, wenngleich nur für ein Jahr während des Zweiten Weltkriegs, war 1944 der Junge Heinz Georg Kramm: Heino. Auf den Zeugnissen der Schüler heutzutage steht Werner-von-Siemens-Gymnasium Großenhain.

48. GRUND

Weil die Sachsen Crowdfunding erfunden haben

Wie unverwechselbar Dresdens Frauenkirche für die Stadt und deren Menschen ist, offenbarte sich während ihres Wiederaufbaus: An einem Sommertag Ende Juni 2004, die Tuchvorhänge am Baugerüst der Kirche waren gerade gefallen und gaben den Blick auf das in der Auferstehung begriffene Herz der barocken Altstadt frei, trug es sich zu, dass zwei Dresdnerinnen im Auto vom Univiertel bergab Richtung Zentrum fuhren – geradewegs auf die Baustelle zu. Die Beifahrerin schrie auf, die Fahrerin bremste erschrocken und blickte fragend. Auf dem Sitz neben ihr ein hypnotisierter Gesichtsausdruck, stammelnd beobachtet die Begleiterin: »Die Frauenkirche! Wie eine Fata Morgana.« Der Anblick hatte tatsächlich etwas von einer Luftspiegelung.

Wer aus Dresden Erinnerungen an die Wendejahre oder die Zeit davor hatte, dem stand ein anderes Bild vor Augen. Das der Ruine. Oder ein Foto mit grasenden Schafen, die beherzt das Grün von der Wiese rupfen, dahinter die beiden Trümmerzähne, Treppenhaus und Altarrumpf der Frauenkirche.

Getroffen worden war der Sakralbau bei der Bombardierung Dresdens am 13. Februar 1945 nicht. Allerdings erfasste die Altstadt-Feuersbrunst das hölzerne Innere der Frauenkirche. 24 Stunden lang hielt das Mauerwerk mit der schweren steinernen Kuppel den Flammen stand. Dann war der Stein so mürbe, das er kollabierte. Die Frauenkirche stürzte am Vormittag des 15. Februar ein. Fast auf den Tag genau 45 Jahre später, am 12. Februar 1990, läutete Dresden zum Wiederaufbau seines Wahrzeichens.

Der *Ruf aus Dresden* bedeutete nicht, dass sich ein Sprecher der zuvor formierten Bürgerbewegung vor die Steinhalde auf den Neumarkt stellte und den Wiederaufbau-Fahrplan verlas, oder dass Ludwig Güttler mit seiner Trompete zum Enttrümmern blies. Es gab auch keinen Bürgermeister, der in Ernst-Reuter-Manier an die Völker der Welt appelliert hätte, auf diese Stadt und ihre zerstörte Kirche zu schauen. Reuter hielt seine Rede während der Berlinblockade 1948 zwar auch vor einer Ruine, der des Reichstags, doch die Dresdner kokettierten nicht damit. Sie veröffentlichten ihren Ruf schriftlich. Dann legten sie los mit Crowdfunding.

Schwarmfinanzierung sagt man im Deutschen. Statt eines großen Sponsors bezahlen viele kleine Unterstützer anteilig für die Umsetzung eines Projekts, von dem sie überzeugt sind. Die Dresdner, die Sachsen, die Deutschen und die Völker der Welt überzeugte der Gedanke an die Rückkehr der Frauenkirche.

Die Stiftung für deren Wiederaufbau musste noch ohne Online-Banking, Teilen, Tweeten und Retweeten auskommen, um ihre Botschaft zu streuen. Die Zahl der Follower stieg trotzdem täglich. 1995 überwiesen 14.000 Privatpersonen Geld für die Rekonstruktion der Kirche. Inzwischen waren das Trümmerfeld geräumt und der Grundstein für den neuen Altbau gelegt. 12,5 Millionen D-Mark erbrachte im ersten Halbjahr 1997 die Aktion Stifterbrief der damals noch eigenständigen Dresdner Bank. Die Gesamtsumme wuchs auf 63 Millionen D-Mark, die mehrere Zehntausend Menschen für einen symbolischen Stein oder einen Platz in der Kirchenbank hinlegten. Oder einfach so.

Stein auf Stein geht es im Kinderlied bei den fleißigen Handwerkern, damit das Häuschen Gestalt annimmt. Stein auf Stein ging es beim Wiederaufbau der Dresdner Frauenkirche, eigentlich schon bei ihrem Aufbau, der im 18. Jahrhundert durch Spenden aus Bürgerportemonnaies finanziert worden war. 250 Jahre danach spendeten 600.000 Privatpersonen 100 Millionen Euro, zwei Drittel der gesamten Bausumme, die der Wiederaufbau kostete. Den Rest der Rechnung beglichen die Wirtschaft sowie Stadt, Land und Bund.

Zehn Jahre nach der Weihe der auferstandenen Frauenkirche beraten die Dresdner Wiederaufbauväter und -mütter potenzielle Schwarmfinanzierer. Sie lassen sich dafür die Projektanträge vorlegen und beraten die Macher. In digitaler Hinsicht hat sich mehr getan, die Stadt hat eine eigene Crowdfunding-Plattform lanciert, sie heißt Dresdner Durchstarter. Spenden kann man dort etwa für die Rettung eines alten Gasthofs, die Finanzierung eines Jazzalbums oder einer Fußball-Chronik der SG Dynamo.

49. GRUND

Weil der Ampelmann einen sächsischen Vater hat

Mit dem Ampelmann verhält es sich wie mit dem Sandmännchen. Die Ost-Variante hat dem West-Bruder den Rang abgelaufen. Der etwas beleibtere Ost-Vertreter mit dem breitkrempigen Hut ist bekannter als sein schlaksiger Kollege aus Westdeutschland. Und er ist universal vernetzt. Konnte man in Berlin bis vor zehn Jahren an den Ampelmännchen erkennen, auf welcher Seite der ehemaligen Grenze die Lichtsignalanlage montiert war, fällt diese Koordinate mittlerweile flach. Die Übergänge sind fließend geworden. Der Ampelmann hat rübergemacht. Ob das an seinen sächsischen Wurzeln lag?

Sein Schöpfer, der Verkehrsplaner Karl Peglau, stammte aus Bad Muskau. Die kleinen grünen – und roten – Männchen zeichnete er aber erstmalig in Berlin, in Diensten des Medizinischen Dienstes des DDR-Verkehrswesens, wo es ihm darauf ankam, die Verkehrssicherheit für Fußgänger beim Überqueren von Straßen zu erhöhen. Indem sie bei Rot stehen blieben und erst bei Grün losmarschierten, wie die freundlichen Figuren auf der Ampel. 1961 ist das Geburtsjahr des Ampelmanns. So gesehen ist er Preuße, hat aber einen sächsischen Paps. Ein breites Kreuz verordnete der dem roten und dem grünen Sohn, weil das die Leuchtfläche erhöhte und die Figuren dadurch deutlicher gesehen wurden als das konventionelle Piktogramm. Im Klartext: Das Strichmännchen taugte in Peglaus Augen nicht viel. Die kräftigere Ausgabe des Ampelmanns wurde auch von älteren Menschen und Kindern besser gesehen. Und von allen, die ihre Brille zu Hause vergessen hatten. Oder gegen die Sonne blinzeln mussten.

Ampelmädchen gibt es seit 2004. Die Ampelmänner von Zwickau waren die ersten, die weibliche Verstärkung bekamen. Dresden zog bald nach und installierte die Damen in Kleid und mit Zöpfen, ebenfalls zwecks erhöhter Signalwirkung, obwohl die ersten kritischen Stimmen parallel schon wieder das traditionelle Frauenbild monierten. Man kann es nicht jedem recht machen. Inzwischen gibt es ein Dutzend Städte, in denen die Ampelfrauen heimisch geworden sind. Die nächste Variation nehmen uns die Belgier vorweg: Im Nachbarland gibt es Fußgängerampeln, bei denen Ampelmann und Ampelfrau gemeinsam Vorbild stehen oder die Straße überqueren. Letzteres nur bei Grün, versteht sich.

50. GRUND

Weil hier die Milchschokolade erfunden wurde

Vernascht waren die Sachsen schon immer, zum Scheelchen Heeßen gehörten ein feines Stück Kuchen oder einige Rippchen Schokolade. Ende des 19. Jahrhunderts stammte jede dritte Tafel der im gesamten Deutschen Kaiserreich verzehrten Schokolade aus Dresden. Zehn Fabriken produzierten die begehrte Ware, auch die erste Milchschokolade war darunter. Wer hat's erfunden? Nein, liebe Schweizer, diesmal nicht ihr.

Prominentestes »Nasch-Werk« Sachsens war das Unternehmen Otto Rügers. Man könnte auch sagen: die Hansi-Schokolade. Mit Dresdens Hansi war in diesem Fall nicht der Dynamo-Kicker Hansi Kreische gemeint, der erst 1947 das Licht der Welt erblickte, sondern der Werbebotschafter des Schokoladenherstellers Rüger: ein kleiner Junge mit Tornister, Kniebundhose und Schildmütze, dessen fröhlicher Gesichtsausdruck nicht anders als durch den Genuss von Schokolade zustande gekommen sein dürfte. Ihn wählte Familie Rüger zum Werbe- und Sympathieträger.

1858 hatte sich der Kaufmann Otto Rüger in die Kakaomühle und Schokoladenfabrik Ferdinand Lobecks im Lockwitzgrund südlich von Dresden eingekauft, zwei Jahre darauf war er ihr alleiniger Geschäftsführer, noch einmal 15 Jahre später baute er den Firmensitz aus. Zu den zwei sächsischen Filialen kam ein Geschäft in Wien. Exportiert wurde die Schokolade aber bis in die USA. Und dafür brauchte es das Bild vom »Hänschen klein«, der von Sachsen in die Welt marschierte. Das Kindchenschema verfehlte seine Wirkung nicht, um 1900 hießen Rügers Tafeln nur noch Hansi-Schokolade. Das Geschäft boomte. Von Dresden verkehrte eine Bahnlinie durch das Lockwitztal, die bei der Rüger-Fabrik eine eigene Haltestelle hatte, sowie eine Wendeschleife für Güterverkehr. Den Bau der Trasse hatte Otto Rüger mitfinanziert.

Das Gegenmodell zur Süßwarenfabrikation im ländlichen Lockwitzgrund stand in Dresdens Neustadt. Die Firma Jordan und Timaeus produzierte dort seit 1830 Trinkschokolade und punktete einige Jahre später mit kleinen Tafeln der gehärteten Kakaomasse, die gezielt zum Naschen produziert wurden. Weil echter purer Kakao vergleichsweise bitter schmeckte, gaben die findigen Dresdner Eselsmilch hinzu und bewarben das Ergebnis als Milchschokolade. So zartschmelzend wie das Produkt von der lila Kuh dürfte sie nicht gewesen sein, ihr Nachweis verschaffte den Sachsen aber das Privileg, den Schweizern eine Nasenlänge vorausgewesen zu sein. Die brachten ihre Schoki drei Jahrzehnte später auf den Markt.

Die Weltwirtschaftskrise setzte der sächsischen Schokoladen-Hochzeit ein Ende. Sowohl Rügers Imperium als auch Jordan und Timaeus gingen in Konkurs. Einige ihrer Konkurrenten behaupteten sich bis zum Ende des Zweiten Weltkriegs, darunter Hartwig und Vogel in Dresden-Mitte, die sich mit Schoko-Figuren am Markt halten konnten. Um 1900 arbeiteten 7.000 Sachsen in der Schokobranche, 1945 waren es noch knapp 300. Der Firmensitz Hartwigs und Vogels wurde nach dem Krieg wieder aufgebaut und zur VEB Dresdner Süßwarenfabriken deklariert. Das Unternehmen produzierte bis 1990. Kleine private Confiserien bilden seitdem an Sachsens Schokoladenseite. Die großen Fabriken gibt es nicht mehr. In der Dresdner Neustadt erinnern die Jordanstraße und die nördlich parallel verlaufende Timaeusstraße an die Schokofabrikanten Jordan und Timaeus. Seinen Sitz hatte das Unternehmen genau zwischen beiden Straßen. Ein Team aus Lebensmittelchemikern der TU Dresden hat die Ur-Milchschokolade 2011 versuchsweise hergestellt. In Produktion ging sie nicht.

51. GRUND

Weil hier die Jugendhilfe erfunden wurde

Schreber und Garten gehören zusammen. Die Beziehung ist mit den Jahren gewachsen. Tatsächlich hatte die Schreberbewegung, die vor 150 Jahren in Leipzig einsetzte, ursprünglich mit Arbeiter-Sprösslingen und deren Freizeitbeschäftigung zu tun. Geharkt und gepflanzt wurde später, ohne dass der Namensgeber davon erfuhr.

Am Eingangstor des Deutschen Kleingärtnermuseums in der Aachener Straße in Leipzig heißt es auf einer Holztafel: »Jedes artige Kind ist dem Schreberverein willkommen.« Das Schild ist eine Nachbildung, belegt aber Tatsachen. Vor über 100 Jahren luden die Vereinsmitglieder Leipzigs Mädchen und Jungen in den Ferien »zu täglichen Spielen unter pädagogischer Leitung, Wanderungen und einer Milchkolonie« ein. Die Kinder verbrachten ihre Freizeit im Grünen. Damals waren die Kleingartenanlagen eine Kombination aus Jugendhaus und Ferienlager. Mit dem Schlafsack im Freien übernachten ging noch nicht, aber sonst alles: Spielen, Freunde treffen, Picknicken. Nebenbei lernten die Kinder Obst- und Gemüsesorten kennen, und wie man diese anbaut und erntet. Das brachten ihnen Mitglieder des Schrebervereins bei. In den Ferien schenkten sie zudem Milch an bedürftige Kinder aus.

»Schrebergärten« und »Kleingärten« werden synonym verwendet. Die grünen Parzellen sind ein sehr deutsches Phänomen. Belächelt werden Schrebervereine zu Unrecht. Würde man jemanden, der sich für Kinder einsetzt, spießig nennen? Nein. Eben.

Das Geheimnis der Schrebergärten ist, dass sie im Jahre 1864 gar nicht als Kleingärten angelegt worden waren. Das weiß nur kaum jemand. Das hat auch der Namensgeber nie erfahren. Der Leipziger Arzt Moritz Schreber hatte sich vielmehr überlegt, Stadtkindern einen Spielplatz im Grünen zu schaffen. Damals lebten Familien in mehrstöckigen Häusern mit Hinterhof. Dort hatten sie wenig Platz zum Spielen. Ein eigenes Haus mit Garten besaß kaum jemand, auch viele vornehmere Leute nicht. Schreber fand jedoch, alle Kinder bräuchten frische Luft und Platz zum Toben, eine Art Freiluft-Hort: Die Stadt Leipzig, forderte er deshalb, möge Grünflächen zur Verfügung stellen und Lehrer oder Erzieher die Mädchen und Jungen dort beim Spiel betreuen. So kam es tatsächlich! Zwei Lehrer griffen Schrebers Idee auf. Der eine, Ernst Innocenz Hauschild, ein Schuldirektor in Leipzigs Westvorstadt, gründete 1864 den ersten Schreberverein. Die Namensgebung ihm zu Ehren erlebte Moritz Schreber nicht mehr, er war drei Jahre zuvor gestorben. Stattdessen baute Hauschild gemeinsam mit einem Kollegen, Karl Gesell, den Schreberspielplatz. Gesell wurde zum eigentlichen Ur-Gärtner, denn er legte 1868 am Rande der Spielwiese Gemüsebeete an. Die Idee stammte nicht von ihm, die hatte er sich in Berlin abgeguckt. Die Berliner wiederum waren vom Konzept eines Pfarrers aus Schleswig-Holstein inspiriert worden, der bereits 1814 einige Kleingärten auf seinem Gottesacker parzelliert hatte. Nicht für die Kinder, sondern damit sich arme Menschen aus seiner Gemeinde mit selbst angebautem Obst und Gemüse versorgen konnten.

In Leipzig kamen die Schrebervereine schnell in Mode. Wer es sich leisten konnte, pachtete einen Garten und pilgerte wochenends mit der ganzen Familie ins Grüne. Fabrikbesitzer und Bankdirektoren wurden zu Hobbygärtnern. Dem Unternehmer Karl Krause gefiel die Idee so gut, dass er für seine Arbeiter eine eigene Anlage schuf.

Im Vereinshaus des Ur-Vereins »Dr. Schreber« an der Aachener Straße ist das Deutsche Kleingärtnermuseum untergebracht. Einen Modellgarten dürfen Besucher betreten und auch in die Mini-Laube schauen. Der Rest der Parzellen ist verpachtet. Die ältesten haben aber Info-Tafeln an den Türchen, auf denen ihr erster Besitzer eingetragen ist. Fast immer zeigen die alten Fotos Familien in feinem Zwirn. 150 Jahre später tragen die Schrebergärtner Jeans, T-Shirt und Schlappen. Ihre Kinder treffen sich wie die Jugend damals mit Freunden auf dem Spielplatz oder gehen ihren Eltern beim Obst- und Gemüseernten zur Hand. Milchkolonien gibt es keine mehr, die Jugendarbeit hat sich anderweitig institutionalisiert. Die Gartenvereine bekämpfen die Überalterung ihrer Mitglieder, indem sie ihre Satzungen modernisieren und ein Auge zudrücken, wenn das Verhältnis von Nutz- und Zierpflanzen nicht ganz eingehalten wird. War ja ursprünglich sowieso anders gedacht, das Modell Schreber. Dafür ist es durch die Gärten vielgestaltig geworden. Fünf Millionen Deutsche sind Kleingärtner, Parzellen gibt es eine Million.

Jede zweite befindet sich in den neuen Bundesländern. Leipzig hat 32.000 Kleingärten und damit, gemessen an der Größe der Stadt mit 520.000 Einwohnern, die höchste Zahl in Deutschland. In Berlin gibt es 70.000 Parzellen, aber die Hauptstadt ist auch sieben Mal größer als Sachsens Wiege des Urban Gardening.

52. GRUND

Weil Samuel Hahnemann hier die Homöopathie entdeckte

Selbstversuche sind manchmal der einzige Weg zum Erfolg. Samuel Hahnemann bekam das am eigenen Leib zu spüren, als er die homöopathische Gabe auf ihre Wirksamkeit testete. Seine These »Ähnliches wird durch Ähnliches geheilt« bekam er dabei bestätigt. Das war 1796. Der empirische Arzt wurde zwei Jahrzehnte später von Goethe konsultiert, der bekannte: »Ich glaube jetzt eifriger als je an diese Lehre, seitdem ich die Wirkung einer allerkleinsten Gabe so lebhaft gefühlt und immer wieder empfinde.«

Christian Friedrich Samuel Hahnemann wurde am 10. April 1755 in Meißen geboren. Sein Vater ging einem typischen Meißner Broterwerb nach, er war Porzellanmaler in der Meißner Manufaktur mit den blauen Schwertern. Ein sicherer Arbeitsplatz. Mit seinem Verdienst konnte er dem Sohn den Besuch der Stadtschule ermöglichen. Samuel revanchierte sich, indem er fleißig lernte. So fleißig, dass er als Stipendiat auf die Fürstenschule St. Afra wechseln durfte. Nach dem Abschluss schrieb sich Hahnemann in Leipzig für Medizin ein, später wechselte er nach Wien und machte den Doktor in Erlangen. Das Studium wuppte er ohne Zwischenfälle, fand sogar noch Zeit, seine Kenntnisse in Chemie und Pharmazie zu vertiefen. Ein Musterstudent – fast. Lediglich stieß einigen Professoren auf, dass der junge Kollege ausgesprochen praxisorientiert arbeitete und weniger an schulmedizinische Präparate glaubte als an die Selbstheilungskräfte eines kranken Körpers. Die Medizin des 18. Jahrhunderts war dem entgegen theorielastig und einseitig in ihrer Diagnostik. Samuels alternative Ansichten fielen ihm auf die Füße, als er sich ohne Erfolg 1788 um den Posten des Dresdner Stadtphysikus bewarb.

Hahnemann lebte vom Geld, das ihm Veröffentlichungen einbrachten. Er übersetzte medizinische Fachliteratur aus dem Englischen und Französischen ins Deutsche. Mit Ehefrau Henriette und den drei Kindern bezog er zuerst eine Wohnung in der Dresdner Altstadt, unweit der Frauenkirche. 1789 zog die Familie nach Lockwitz südöstlich von Dresden, das belegt ein Eintrag im Taufregister der Gemeinde. Hahnemanns viertes Kind, Tochter Amalie, wurde in Lockwitz getauft. Richtig heimisch dürfte der Arzt dort nicht geworden sein, bereits einige Monate später übersiedelte er nach Leipzig. Auf seinem Schreibtisch lag zu diesem Zeitpunkt die zweibändige »Arzneimittellehre« des schottischen Arztes William Cullen. Darin schilderte Cullen, wie Malaria durch den Einsatz von Chinarinde geheilt wurde, und begründete das mit der stärkenden Wirkung des Rindensuds.

Samuel Hahnemann, der sich im Medizinstudium gleichfalls mit Malaria befasst hatte, reagierte unzufrieden. Er vermutete eher, dass eine Lösung niedrig dosierter Chinarinde in der Lage war, malariaähnliche Symptome im Körper auszulösen und das Immunsystem dadurch zu stimulieren. Es folgte die Zeit der Selbstversuche, anhand derer der Arzt 1796 das Ähnlichkeitsprinzip formulierte. Richtig schön klingt es auf Lateinisch, deshalb: *Similia similibus curentur*. Es ist die Grundlage der Homöopathie.

Hahnemann verschrieb seinen Patienten Medikamente, die der Krankheit ähnlich waren, statt ihr entgegenzuwirken. Er dosierte die »Gaben« niedrig. Er dosierte sie außerdem selbst. Schnell kochte der Zorn der Apothekerzunft hoch, die ihr Monopol verletzt sah: Interdisziplinär arbeiten, ohne uns, Herr Hahnemann!

1807 benannte der Arzt die Homöpathie erstmals als Disziplin, 1810 veröffentlichte er sein Grundlagenwerk und trat sowohl den geifernden Apothekern als auch den Vertretern seines Fachs entschlossener entgegen. Das imponierte der Politik, 1821 durfte Samuel Hahnemann endlich als niedergelassener Arzt in Köthen praktizieren. 1843 ist er in Paris gestorben.

53. GRUND

Weil Sachsen den Atem nimmt

Große Firmengeschichten beginnen in Garagen oder Gartenlauben. So geschehen bei Apple, Google und Odol, das 1892 in Dresden erfunden wurde. Ein Jahr später war es auf dem Markt. In aller Munde ist das antiseptische Wässerchen als Marke, ähnlich wie Tempo als Synonym für Taschentuch gilt. Der Mann der uns das Wasser reichte, Karl August Lingner, hinterließ den Sachsen neben dem Garant für frischen Atem die bundesweit renommierteste Sammlung zum Thema Volksgesundheit: Dresdens Hygienemuseum.

Mit dem Vertrieb von Rückenkratzern und Schuhlöffeln machte der junge Kaufmann Lingner seine ersten unternehmerischen Gehversuche. Weit kam er nicht, seinem damaliger Geschäftspartner Georg Kraft missfiel Lingners werbeorientiertes Wirtschaften. Kraft war mehr der Techniker. Er ließ sich ausbezahlen und kehrte dem Firmensitz in der Laube den Rücken. Dafür wurde ein Chemiker in Diensten des Radebeuler Pharmaherstellers von Heyden auf Karl August Lingners Mut zur Markenschaffung aufmerksam. Der ehrgeizige 31-Jährige imponierte dem älteren Professor, weshalb dieser Lingner anbot, ein Antiseptikum herauszubringen. Karl August schlug ein.

Die Wahl fiel auf ein Mundwasser, das beides sein sollte, hygienisch und kosmetisch. Zuvor gab es nur entweder oder. Lingner mit seinem feinen Gespür für Kundenwünsche schuf einen sauberen Verbund aus medizinischer Notwendigkeit und gewollter Schönheit: »Prachtvolle Zähne, frischer Mund, dank Odol«. Ab 1892 sprudelte Odol, dessen Name eine Kombination der griechischen Bezeichnung für Zahn und des lateinischen Wortes für Öl ist: Odous Oleum. »Odol« klang besser als »Zahnöl«. Karl August Lingner war eben mehr Werbefachmann als Bakteriologe. Obwohl der endgültige Beweis dafür fehlt, wird ihm auch die Erfindung der augenfällig gebogenen, milchweißen Odol-Flasche für die direkte Anwendung zugeschrieben. Fachsprachlich heißt sie Seitenhalsflasche. Damit ließ sich das Mundwasser gut dosieren. 1906 wurde die Flasche patentiert. Weil ihre Form und Funktion derart harmonierten, hat sie bis heute einen Platz im Museum der Dinge des Werkbunds in Berlin-Kreuzberg.

Lingners konzentriertes Mundwasser stand am Beginn der Markenartikelindustrie, es bekam eigene Werbekampagnen, sogar ein Lobgesang wurde dem Zahnöl angedichtet: »Oh mögest du jedem Menschenmund auf Erden, ein Quell der Frische und Gesundheit werden.« Der Kaufmann aus Sachsen avancierte binnen weniger Jahre zum millionenschweren Unternehmer, der seine Gartenlaube gegen einen ansehnlichen Klinkerbau tauschte und die Firma Lingner und Kraft zunächst in Dresdener Chemisches Laboratorium Lingner, später in Lingnerwerke AG umbenannte. Raushängen ließ er den erwirtschafteten Wohlstand auch: Mein Haus, mein Auto, meine Yacht.

Die Trias sei ihm gegönnt, denn Lingners soziales Gewissen meldete sich gleichermaßen. Sein privates Interesse am Thema Volksgesundheit wuchs. Er initiierte – und finanzierte – die Gründung der ersten deutschen Kinderklinik mit Säuglingsstation sowie die Zentralstelle für Zahnhygiene. 1911 schmiedete Karl August Lingner die Pläne für das Hygienemuseum. Dessen Sammlungsinhalte legte der nunmehr 50-Jährige in die Hände eines ausgewiesenen Fachgremiums. Was zeigt, dass der heißspornige Wirtschaftsjunior einem seriösen Firmenboss gewichen war. Die Stadt Dresden würdigte Lingners Einsatz, indem sie ihm die Ehrenbürgerwürde verlieh. Lingners »Schloss«, seine Residenz in der Bautzner Straße an den Loschwitzer Elbhängen, ist heute öffentlich zugänglich. Man kann die Räume sogar mieten und im Geiste des Odol-Vaters tafeln. In den Adelsstand erhoben wurde er zeitlebens nicht. Das wurmte ihn ein wenig.

Ohne den umtriebigen Wahl-Sachsen – gebürtig stammte Lingner aus Magdeburg – hätte sich Dresden niemals zum Zentrum gesundheitlicher Aufklärung gemausert. Die Eröffnung des Hygienemuseums 1930 erlebte sein Mäzen nicht mehr mit. In seinem Testament hatte er weitsichtig eine Stiftung anvisiert. Heute versteht sich das Hygienemuseum als »Museum vom Menschen«. Seine Adresse hat es am Lingnerplatz 1 in Dresden. Obwohl die Sammlung im Zweiten Weltkrieg stark dezimiert wurde, Teile gingen verloren oder wurden zerstört, das Herzstück der Ausstellung ist geblieben: der Gläserne Mensch, das damals herausragend genaue lebensgroße Modell, dessen Organe und Körperfunktionen per Knopfdruck beleuchtet wurden. Im Gläsernen Menschen verbinden sich Gründerzeit und Web 2.0. Weniger prominent, aber nicht minder schön anzuschauen ist das Archiv von Werbeträgern zum Thema Hygiene. Odol-Plakate und -Werbungen sind auch dabei. Das Wässerchen selbst wird inzwischen in Baden-Württemberg gebraut.

KAPITEL 5

SACHSEN, SINN UND SINNLICHKEIT

VON MUSENKÜSSEN UND GENIESSERMOMENTEN

54. GRUND

Weil in Sachsen der Winkel voller Geigen hängt

Falls Ihnen im Vogtland Hochschüler begegnen, die von Seminaren in Markneukirchen, von Schnecken, Wirbelkästen und Bogenfröschen berichten, lohnt es, zu lauschen. Das Gespräch wird nicht zoologisch, sondern musikalisch. Wahrscheinlich fällt als Nächstes das Stichwort »Violine«. In Sachsen hängt nämlich nicht der Himmel voller Geigen, sondern der vogtländische (Musik-)Winkel. Das ist der jahrhundertealten Geigenbautradition der Region geschuldet. Musikinstrumentenbau ist ein Studiengang der Westsächsischen Hochschule Zwickau, Markneukirchen deren Außenstelle. So klein wie sie klingt, ist die Stadt auch. 7.800 Menschen leben dort. 2012 stellte die Deutsche Bahn den Zugverkehr ein. Doch behauptet sich die Gemeinde an der Weltspitze des Instrumentenbaus.

Vor rund 350 Jahren entstand in Markneukirchen die erste Geigenbauinnung auf deutschem Boden. Ihr folgten Zünfte und Werkstätten für Holzblasinstrumente und Harmonikas. Seit 125 Jahren werden zudem Taktstöcke in Markneukirchen hergestellt, ohne die kaum ein Maestro von Rang auf sein Pult steigt. Firmenchef der einzigen Taktstockmanufaktur Europas ist der Urenkel des Gründers. Willkommen im Musikwinkel Sachsens, wo alle auf Familie machen.

Das Museum schließt sich an und nimmt die Musik persönlich. Mit den Beständen des Leipziger Grassi-Museums kann sich Markneukirchens Sammlung im Paulus-Schlösschen nicht messen, aber darum geht es auch nicht. Die Schau versteht sich als regionales Gewerbemuseum, das Heimatgeschichte erzählt. Der Ort wuchs und wirkte durch den Instrumentenbau, doch sind nicht alle Schaustücke des Museums made in Markneukirchen oder Umgebung. In den Vitrinen liegen auch Modelle, an denen sich die vogtländischen Handwerker orientierten. In keinem anderen Ort lässt sich die Evolution eines ganzen Orchesters oder nur eines einzelnen Trompetenventils besser nachvollziehen. Vor allem natürlich für den, der ein Instrument beherrscht oder mit dem Bau von Geige und Co. befasst ist. Alle anderen Besucher staunen über XXL-Kontrabässe, folkloristisch verzierte Violinen, Spazierstöcke mit integrierter Flöte, eine gläserne Klarinette oder eine englische Plastikgitarre für Elvis-Presley-Fans, die auf Knopfdruck die Akkorde seiner Hits spielt.

Zum Anreichern von Angeberwissen sei das Museum ebenfalls empfohlen, weil man lernt, dass eine Geige mit breiter Brust weicher klingt als eine schmalbrüstige, oder wie das Martinshorn zu seinem Namen kam: Weder Feuerwehr noch Notarzt waren die Urheber, sondern der Erfinder der Schalmei, Max B. Martin, der das Patent der Signalhupe anmeldete. Obwohl sich die Markneukirchener zuerst damit beschäftigt hatten, stammt die eingetragene Marke Martinshorn nun nicht aus Sachsen, sondern ist im Badischen ansässig. Die Ur-Martinshörner wurden mit dem Mund geblasen. Heutzutage kaum vorstellbar, dass Sanitäter in ihren Rettungswagen zum Einsatz brausen und nebenbei ins Signalhorn stoßen.

Noch eine Erfolgsmarke namens Martin gelangte aus Sachsen weltwärts, die Firma Martin Guitars mit Sitz in den USA. 1833 wanderte der junge sächsische Gitarrenbauer Christian Friedrich Martin von Markneukirchen nach Amerika aus, nachdem er sich mit den lokalen Instrumentenbauern überworfen hatte. Die Meister des Musikwinkels verweigerten ihm die Aufnahme in die Innung. Ein Gitarrenmacher, argumentierten sie, sei mehr Tischler denn Geigenbauer. Tatsächlich war Vater Martin Tischler gewesen, der Sohn aber hatte nach seiner Ausbildung beim damaligen Gitarrenguru Johann Stauffer in Wien hospitiert, um den Unterschied zwischen Möbelstück und Instrument zweifelsfrei nachzuweisen und professionell herzustellen. Die Markneukirchener Zunft aber behielt die Nase oben und lehnte ab. Christian Martin packte daraufhin sein Bündel und wanderte aus. Nach fünf Jahren in New York war sein Netzwerk ausgereift genug für ein Start-up. Das Unternehmen Martin Guitars besteht inzwischen in sechster Generation und beschäftigt rund 500 Mitarbeiter. Der Inhaber, Jahrgang 1955, ist wie sein sächsischer Vorfahre ein Christian Frederick Martin. Den bedeutsamen Wurzeln der Familie hat er ein kleines Museum am Firmensitz in Nazareth, Pennsylvania gewidmet. Wer behauptet da noch, die biblischen Gründe kennen nur Harfen und Fanfaren!

Den Sachsen erhalten blieb indes der E-Gitarren- und E-Bass-Hersteller Warwick. Seit 1995 produziert die Firma in Markneukirchen. Adam Clayton von U2, »Scorpion« Francis Buchholz oder Bootsy Collins hat sie schon auf ihrer »Saite«.

Um 1900 hatte der vogtländische Musikwinkel einen Weltmarktanteil von 50 Prozent an der Streichinstrumentenfertigung. Von 1893 bis 1917 existierte in Markneukirchen ein US-Konsulat, um den Handel mit den Vereinigten Staaten ohne den Umweg über Dresden noch schneller abzuwickeln. Zu dieser Zeit lebten 21 Millionäre in der Stadt, die gemessen an der Einwohnerzahl die reichste Gemeinde Deutschlands war und der gewichtigste Steuerzahler Sachsens. In Markneukirchens Stadtsilhouette ist die einstige Pracht teilweise erhalten und aufwendig saniert worden. Die Bundesstraße 283 von Klingenthal nach Markneukirchen trägt bis heute den Spitznamen »Geigenmacherkurve«, obwohl sie gar nicht so kurvig ist. Damit hier nicht alles auf Streicher reduziert wird: Aus Klingenthal stammt ein bunter Kinderzimmer-Klassiker, der die DDR überlebt hat und ein vergleichsweise erschwingliches Souvenir aus dem Musikwinkel ist: die Triola. Im Westen sagte man zu der Kreuzung aus Mundharmonika und Akkordeon Melodica. Und, wiedererkannt?

Weil sich Goethe und Schiller in Sachsen auf Augenhöhe begegneten

Die Gipsabguss-Sammlung der Dresdner Staatlichen Kunstsammlungen bewahrt den Entwurf des Goethe-Schiller-Denkmals Weimar, das Ernst Rietschel zwischen 1853 und 1857 umsetzte. Die Arbeit war ein Dilemma für den sächsischen Bildhauer, der möglichst natürlich zu arbeiten gewohnt war. Die beiden unterschiedlich großen Männer und ihre vier Beine nebeneinander zu zeigen forderte Rietschel. Letztlich hatte er die Größe, Schiller ein wenig zu schrumpfen. Auf Goethe-Niveau, wenn man's genau nimmt. Dichter dran, erleichterte das auch der Bronzegießerei den Guss des Duos. Daran wäre das Projekt zuvor fast gescheitert.

Herzog Carl Alexander zu Weimar-Eisenach wollte das gemischte Doppel gemeinsam verewigen, bevorzugt in antiken Gewändern. Daran, dass Johann Wolfgang von Goethe und Friedrich Schiller höchst unterschiedliche Naturen waren, störte er sich nicht. Stattdessen trieb ihn die klamme Staatskasse um. Das Geld reichte, um den favorisierten Berliner Bildhauer Christian Daniel Rauch zu bezahlen. Damit wäre das Denkmal aber weder gegossen, noch auf einen Sockel gestellt. Der badische Großherzog Friedrich I. erklärte sich bereit, Letzteren zu sponsern. Bayernkönig Ludwig I. bot parallel seine Haus- und Hofgießerei an, machte aber zur Bedingung, dass die Dichterskulptur statt in Berlin in München produziert würde, mit zeitgenössisch gewandeten Dichtern. Herzog und König diskutierten so lange, bis sich Bildhauer Rauch ausklinkte und seinen Dresdner Schüler Ernst Rietschel für den Auftrag empfahl. Der war begeistert, und weil er sein Talent just damit unter Beweis gestellt hatte, seinen sächsischen Landsmann, den Dichter Gotthold Ephraim Lessing, als Denkmal nachzubilden, wurde man(n) sich handelseinig.

Ernst Rietschel war zu beneiden. Er hatte Talent, eine prima Auftragslage und sah auch noch unverschämt gut aus. Seiner Verlobten übergab er 1831 ein Selbstbildnis, bei dem – wenn überhaupt – minimal geschummelt wurde, war er doch sieben Jahre älter als sie. Es zeigt einen smarten jungen Mann mit freundlich-aufmerksamem Ausdruck, dunkelhaarig, der Schopf ein wenig widerspenstig. Der späte Rietschel, wie ihn sein Schüler Friedrich August Wittig porträtierte, ähnelte wiederum mehr dem US-Präsidenten Abraham Lincoln, allerdings ohne Vollbart. Auch diese Skulptur ist in den Kunstsammlungen Dresden zu sehen.

Deutlich schummeln musste Ernst Rietschel bei Goethe und Schiller. Er hatte die Aufgabe unterschätzt, beide auf denselben Sockel zu stellen. Goethe maß lebensgroß knappe 1,60 Meter, der schlaksige Schiller überragte ihn mit seinen 1,90 Metern um einen ganzen Kopf. Dass Goethe untersetzter war als sein schwäbischer Kollege, machte die Sache nicht leichter. Dass Ernst Rietschel Goethe zweimal treffen durfte, schon. Der Bildhauer entschied, beide Männer auf Augenhöhe zu modellieren. Gekleidet wurden sie ihrer Zeit entsprechend, Goethe in einem Gehrock mit Stehkragen, dessen Schnitt gleichermaßen Pfunde kaschierte. Schiller bekam einen wallenden Mantel verpasst, der ein wenig auftrug. Im Januar 1857 wurde die fertige Skulptur von Dresden nach München geliefert und dort gegossen. Feierlich enthüllt wurde sie in Weimar im September desselben Jahres.

Ernst Rietschel, in Pulsnitz geboren, ist ein Promi, auf den die Sachsen zu Recht stolz sind. Ihm gelang die eindrucksvollste Chronik des bürgerlichen 19. Jahrhunderts, weil er dafür enormen Aufwand betrieb. Seine Skulpturen verschlangen Zeit. Monate, manchmal Jahre vergingen zwischen einem Entwurf und dem fertigen Abbild. Rietschel studierte die Wesenszüge seines Modells so intensiv, als wollte er ihm auf den Grund der Seele schauen. Das war eine Gabe, die sein Lehrer Christian Daniel Rauch früh erkannte und lobte. Er ahnte, dass es der Schüler weiter bringen würde als er selbst, und unterstützte Rietschel.

Seine Büsten und Figuren sehen den Betrachter direkt an oder wenden sich ihm zumindest zu. Abgehoben waren Denkmäler lange genug, fand der Bildhauer, und machte bürgerliche Lebenswirklichkeit zu seinem Mantra. Den antiken Entwurf, den Rauch 1852 für das Goethe-Schiller-Denkmal gemacht hatte, ließ Ernst Rietschel menschlicher werden, ohne den Dichterfürsten Würde zu unterschlagen. Besser so, im Erstentwurf wäre Friedrich Schiller Richtung Messias abgedriftet, und Johann Wolfgang von Goethe hätte daneben als draller Patrizier ziemlich alt ausgesehen. So hält er sich nobel zurück und lässt Heißsporn Schiller den dynamischeren Auftritt vor Weimars Nationaltheater.

Ernst Rietschels Bildnisse sind ein begehbares Fotoalbum. Sie zeigen Aufnahmen seiner Familie, von Kollegen und Weggefährten. Das sagt viel aus über den Wert, den Ernst Rietschel der Begegnung mit Menschen beimaß. Seinen früh gestorbenen Studienfreund Ferdinand Wibel hat er ebenso verewigt wie seine Ehefrauen Albertine, Charlotte und Marie. Die heiratete Rietschel nicht etwa, weil er so ein charmanter Haudegen war, sondern jede der drei verlor, kaum dass er dem Traualtar den Rücken gekehrt hatte. Seine Kunst machte sie zu Prinzessinnen. Auch das war Ernst Rietschel, einer der zwischen Bürgertum und Adel keine Grenzen zog.

Seine Geburtsstadt Pulsnitz würdigt ihn mit einem Standbild auf dem Marktplatz. Weniger beachtet, aber viel sehenswerter ist das Grab von Rietschels Eltern auf dem Pulsnitzer Friedhof, für dessen Stein der prominente Sohn ein Porträtmedaillon gestaltete. Es befindet sich gleich rechts neben dem Eingangstor.

Weil Sachsen die größte Künstlerkolonie Deutschlands bildet

Picasso hätte seine Freude gehabt an dem jungen sächsischen Maler und Bildhauer Hans-Georg Kern. Der zitierte sein spanisches Vorbild nicht nur in Bildern. Er war ein aufmüpfiger Querkopf, dessen wollüstig-deftige Interpretation des Menschseins in den 1960er-Jahren die Moral beider deutscher Staaten durcheinanderbrachte. Vielleicht deshalb wurde Hans-Georg Kern mit Bildern berühmt, deren Motive kopfstanden. Sex war das eine. Das andere war, dass der Künstler seine Werke so selbstbewusst inszenierte und sich einem Kanon zuordnete, den es erst im Jahrzehnt darauf gab. Als Georg Baselitz brach er für die moderne deutsche Kunst eine Lanze. Den Künstlernamen wählte er in Anlehnung an Deutschbaselitz bei Kamenz, seinen Geburtsort. Den Verweis auf die sächsische Heimat als Inspirationsquelle und solide Persönlichkeitsbasis führte Georg Baselitz jedoch nicht als Erster im Namen. Fünf Jahrzehnte vor ihm koppelte bereits der Expressionist Karl Schmidt sein Heimatörtchen Rottluff bei Chemnitz an seinen Familiennamen: Karl Schmidt-Rottluff.

Sachsen bildet die größte Bildende-Künstler-Kolonie Deutschlands. Niedersachsen hat Worpswede, Mecklenburg-Vorpommern hat Ahrenshoop und Hiddensee, Sachsen hat – Sachsen. Seine Landeshauptstadt Dresden strahlt in bester Baselitz-Manier so viel kunstbeflissenes Selbstbewusstsein aus, dass es sogar seine mäßig schöne City-Shopping-Mall Altmarkt-Galerie genannt hat. Sie ficht die positive Bilanz nicht an, Dresden hat mit seiner renommierten Kunsthochschule historisch bedingt das meiste Gewicht in Sachen Ästhetik. Die Künstlervereinigung »Die Brücke« wurde 1905 dort gegründet, der neben Ernst Ludwig Kirchner, dem Zwickauer Fritz Bleyl und dem Döbelner Erich Heckel auch der bereits erwähnte Müllersohn aus Chemnitz-Rottluff angehörte. In Dresden inspiriert wurden außerdem die Hochschüler (wenngleich Nicht-Sachsen) Oskar Kokoschka, Otto Dix und George Grosz. Vor allem aber ist Dresden Geburtsstadt des bedeutendsten zeitgenössischen Malers: Gerhard Richter lebt zwar seit 50 Jahren als Wahl-Rheinländer in Köln und führt Sachsen nicht im Familiennamen, bekannte sich aber spektakulär zu seinen Wurzeln, als er der 2002 hochwassergebeutelten Stadt ein Bild zur Versteigerung überließ, dessen Erlös in die Sanierung der Galerie der Neuen Meister floss. Zweieinhalb Millionen Euro brachte »Der Fels« ein. Ein Dutzend anderer Künstler schloss sich der Benefiz-A(u)ktion an, darunter noch ein gebürtiger Dresdner, Ralf Winkler aka A.R. Penck. Den Strichmännchenmaler hatten die wenigsten auf dem Zettel, denn er lebt schon lange in Großbritannien. Aber! Auch sein Künstlername illustriert die Verbundenheit mit der alten Heimat. Benannt hat sich Ralf Winkler nach dem Leipziger Geologen Albrecht Penck. Seinen eigenen Vornamen behielt er als Mittelinitial.

Die Galerie der Neuen Meister im Dresdner Zeughaus Albertinum, vulgo Zitronenpresse wegen des gefalteten Dachs, ist unabhängig von ihren Bildern ein Hingucker. Um dem Hochwasser künftig ein Schnippchen zu schlagen, wurde das Depot der Sammlung aus dem Keller in 17 Metern Höhe auf einer Art Brücke gebaut. Schick und zweckmäßig, aber unauffällig genug, um dem historischen Bau nicht zu schaden. Richtung Zukunft weist auch das Wegeleitsystem mit Neonschriftzügen, der nächste Brückenschlag von traditionell nach modern. 2015 bekamen die Dresdner dafür den Designpreis der Bundesrepublik Deutschland.

Es wäre unfair, Sachsens Kunstsammlungen zu hypen, ohne das Chemnitzer Museum Gunzenhauser zu nennen, das die künstlerische Identität des Freistaats seit 2007 mit 2.500 Werken bereichert. Die Privatsammlung des Münchners Alfred Gunzenhauser war die erste in den neuen Bundesländern, die ein eigenes Museum (um-) gebaut bekam. Ihr Zugpferd ist die größte Otto-Dix-Sammlung weltweit.

Leipzig zeigt seine Schätze vornehm zurückhaltend, was damit zusammenhängt, dass das Ur-Museum der bildenden Künste kriegszerstört wurde und die Sammlung bis 2004 von Tür zu Tür tingelte, ehe sie wieder eine feste Adresse bekam. Fragen Sie Leipziger nach dem »Bildermuseum« zwischen Katharinen- und Reichsstraße. Schwergewichte des Glaswürfels sind die beiden Leipziger Maxe, Max Klinger und Max Beckmann, sowie das jüngste sächsische Eigenkunstgewächs Neo Rauch. Ein ruhiges, drahtiges Genie mit markanten Gesichtszügen. Sieht aus wie Clint Eastwoods Sohn. Neo Rauch hat es mit seinen Bildern nicht nur ins New Yorker Museum of Modern Art geschafft, er hat die Ateliergemeinschaft in der alten Baumwollspinnerei in Leipzig-Lindenau zum hipsten Umschlagplatz junger Kunst und Domizil profilierter Galeristen gemacht. Auch Michael Triegel hat dort sein Atelier, Deutschlands aktuell gefragtester Maler sakraler Kunst. 2010 porträtierte er Papst Benedikt XVI. Das Bekenntnis des gebürtigen Thüringers zu seiner künstlerischen Wahlheimat Sachsen kam 2014, im wahrsten Sinne des Wortes: Er ließ sich in Dresden taufen.

57. GRUND

Weil ein Schneemann in Sachsen selten allein, allein kommt

Die Reisefreudigkeit der Menschen im Freistaat ist unbestritten. Sie schrecken vor nichts zurück. Oder besser: vor nirgends. Ein fehlender Wegweiser heißt nicht, dass kein Weg existiert. Weiße Flecken auf der Landkarte sind auch ein Ziel, erst recht solche im ewigen Eis. Einziges Risiko: Man trifft dort keinen zum Reden.

Viel zu erzählen hatte Günter Leonhardt, nachdem er zwei Antarktisexpeditionen in den 1960er- und 1970er-Jahren erlebt hatte. Der Vermessungsingenieur aus dem Erzgebirge war von den

Sowjets ins Team ihrer Forschungsstation berufen worden und ging nicht ohne einen Landsmann auf Reisen: Im Gepäck hatte Leonhardt einen Schneeberger Räuchermann, den er im ewigen Eis konsequent aufbaute und in Betrieb nahm. Sachsens Bergmänner waren so gesehen schon am Südpol, ein Schneeberger blieb sogar unfreiwillig länger. Als Leonhardt aus der Antarktis abreiste, ließ er den hölzernen Mini-Kollegen gezwungenermaßen zurück. Er hatte keinen Platz mehr im Gepäck. Der Schneeberger überwinterte im Eis.

Der Schneemann war zu diesem Zeitpunkt längst in Sachsen heimisch geworden. Der winterliche Gartenbewohner verdankt seinen Namen dem Leipziger Volksliedddichter Christian Felix Weiße. Weiß und Weiße gesellt sich gern. Christian Felix Weiße schrieb 1770 für das Singbuch *Lieder für Kinder* ein Schneemann-Gedicht und bürgerte den coolen Kerl damit namentlich nach Sachsen ein. Wo er in guter Gesellschaft ist. 2008 landete die Dresdner Band »Polarkreis 18« mit dem Album *The Colour of Snow* einen Charterfolg, den sie insbesondere der Single *Allein, allein* verdankte, dem Soundtrack einer Tour durchs ewige Eis. Angeblich hatte sich der Vater eines Bandmitglieds während einer Polarwanderung zwei Zehen abgefroren und kam mit verbliebenen acht Zehen zurück. Die Jugend machte daraus Polarkreis acht-Zehen. Ob Wahrheit oder PR-Gag, die Musik war gut, die Dresdner blieben alles andere als allein.

Oscar Schuster und sein Kletterkumpel Fritz Böhme lösten die Gratwanderung zwischen Mitteilsamkeit und mangelnden Ansprechpartnern auf ihre Art, als sie im November 1893 im Bielatal in der Sächsischen Schweiz unterwegs waren. Schuster hinterlegte auf dem Gipfel des Schusterturms ein Gipfelbuch, in dem Bergsteiger ihre Gedanken äußern konnten. Der Schusterturm heißt inzwischen so, weil ihn Oscar Schuster zwei Jahre zuvor als Erster bewältigt hatte. Weil ihm die Idee mit dem Gipfelbuch zu einem späteren Zeitpunkt kam, ging er noch einmal die Wände hoch.

Kein Problem, war die Sächsische Schweiz doch so etwas wie seine Stammstrecke. Insgesamt meisterte Schuster 40 Erstbesteigungen im Mittelgebirge und 55 Erstbesteigungen im Hochgebirge, davon etliche in den Alpen und im Kaukasus, wo er 1917, mit 43 Jahren, starb. Ironie des Schicksals: Er wäre nie zum Bergsteigen gekommen, hätte ihn seine wohlhabende Familie aus dem Vogtland nicht zur Kur nach Davos geschickt. Der Junge war schwach auf der Brust. Der Zauberberg lässt grüßen. Die Institution Gipfelbuch besteht bis heute, die Hefte werden vom Sächsischen Bergsteigerbund betreut und erneuert, wenn sie vollgeschrieben sind. Was schnell gehen kann bei den erzählfreudigen Sachsen.[2]

58. GRUND

Weil man in Görlitz auf die Sonne pfeift

Die Sonnenorgel in der Görlitzer Pfarrkirche St. Peter und Paul verdient beides, Hingucken und Hinhören. 17 Sonnen gehen am Orgelprospekt auf. Ihre Strahlen entpuppen sich als kleine Orgelpfeifen. Die Görlitzer behaupten mit Fug und Recht, dass sie auf die Sonne pfeifen. Die Sonnenorgel kann nicht nur ein ganzes Orchester nachahmen, sie beherrscht sogar Vogelgesang. Wenn Kuckuck oder Nachtigall rufen, hat sich kein Tier in die Kirche verirrt, sondern die Orgel spielt.

Eugen Caspar konstruierte das Instrument 1703. Der Orgelbauer aus der Niederlausitz gelangte über Südtirol und Oberitalien nach Görlitz, nicht der nächste Weg, aber der naheliegendste zurück zu den Wurzeln. Er nannte sich zu diesem Zeitpunkt Eugenio Casparini und verband die italienische Orgelbaukunst der Renaissance mit der sächsisch-schlesischen Handwerkstradition. Den Görlitzer Auftrag bekam Casparini, als die beim Stadtbrand 1691 beschädigte Kirche St. Peter und Paul erneuert wurde. Görlitz war eine reiche

Stadt, ließ sich nicht lumpen und gab die seinerzeit größte Orgel Schlesiens in Auftrag, knappe 15 Meter hoch und elf Meter breit. Die ungewöhnliche Vorderansicht der Orgel schuf ein einheimischer Bildhauer, Johann Conrad Buchau. Anfangs war der Prospekt unbemalt, Farbe kam erst 1770 ins Spiel. Den umwerfend grünen Anstrich verdankt die Instrumentenfront einer aufwendigen Sanierung in den 1980er-Jahren.

Casparini und Buchau arbeiteten Hand in Hand. Jeder revolutionierte mit seinem Material die Orgelspielweise. Casparini, indem er die Stimmen des Instruments zwölfmal frei kombinierte, Buchau, indem er die Sonnen aufgehen ließ. 16 Pfeifen hat jede Sonne, aber nur zwölf davon klingen. Kuckuck und Nachtigall bezogen mit ihrem Gesang eigene Register der neuen, 1997 bis 2006 gebauten Orgel. Rekonstruiert wurden auch der Spielzug Zimbelstern, bei dem vier Glöckchen schwingen, die Stimmen »Trommel« und »Vogelgesang«. Wenn es nicht die Nachtigall war, dann bestimmt die Lerche. Mit Ausnahme eines Registers ist der echte Casparini Geschichte, doch wäre der Baumeister bei der experimentiellen Arbeitsweise seiner Nachfolger sicher in Stimmung gekommen.

59. GRUND

Weil Silbermanns Orgeln positiv klingen

Wer Silbermann heißt und im Erzgebirge heimisch ist, muss Bergmann sein. Oder Sohn eines Bergmanns. Oder dessen Enkel. Oder – er probiert was Neues aus. Zwei Brüder sahen das genauso und begründeten vor 300 Jahren in Sachsen *die* deutsche Orgelbaudynastie. Ihretwegen nennt man die Orgel heute die Königin der Instrumente. Dass sogar kleinere Instrumente, sogenannte Positive, ein gesamtes Orchester imitieren und vielstimmig nachspielen können, dafür sorgten die Silbermänner. Ein positives Hörerlebnis.

Gottfried und Andreas waren beide gelernte Tischler, ehe sie sich im elsässischen Straßburg zu Orgelbauern ausbilden ließen. Andreas war einige Jahre früher dran, denn er war der Ältere. Um nicht im Revier des Bruders zu wildern, nahm Gottfried als Meister wieder Kurs auf die sächsische Heimat und ließ sich in Freiberg nieder. Der Unterschied zwischen Elsass und Erzgebirge blieb in der Familie, er erklärt aber, warum Silbermann-Orgeln so verbreitet waren. Die Meister legten die Messlatte hoch und steigerten die Ansprüche der Kirchenmusiker über Jahrhunderte. Auf einer Silbermann-Orgel zu spielen war wie Mercedes fahren. Einer ihrer größten Fans war um 1900 der Tropenarzt Albert Schweitzer, dessen Leidenschaft Orgelspielen war. Die Instrumente, an denen Schweitzer als Student saß, etwa im Straßburger Münster, stammten aus Andreas Silbermanns Werkstatt.

Der jüngere Bruder, Gottfried Silbermann, ist auch schon lange kein Geheimtipp mehr. Fans und Fachleute folgen ihm auf kunsthandwerklicher Fährte durch Sachsen. Von 46 Orgeln, die Silbermann baute, ist exakt die Hälfte erhalten. Der Rest wurde zerstört oder so umgebaut, dass die Ähnlichkeit mit dem historischen Original verloren ging. Dazu zählen das Instrument in der Dresdner Frauenkirche sowie, traurig in Zusammenhang mit der Biografie Silbermanns, die Orgeln des erzgebirgischen Städtchens Frauenstein, in dem der Meister aufwuchs. Orgeln? Zwei um genau zu sein. Das erste Instrument für die Frauensteiner Stadtkirche ging bei einem Brand in Flammen auf. Silbermann erneuerte die Orgel. 20 Jahre später wiederholte sich die Geschichte.

Erhalten geblieben sind unter anderem seine Orgeln im Freiberger Dom, in St. Petri und St. Trinitatis, in Reichenbach im Vogtland (Kirche St. Peter und Paul), Rötha (St. Marien und St. Georg), Ponitz (Friedenskirche), Glauchau (Georgenkirche), in Zöblitz (Stadtkirche), im Erlauer Ortsteil Schweikershain (Dorfkirche) und Bad Lausick (St. Kilian) im Leipziger Land. Unbedingt auch vormerken: Die George-Bähr-Kirche im Pockauer Ortsteil Forchheim, die als Dorfvariante der Dresdner Frauenkirche gilt. Sie hat auch eine Gottfried-Silbermann-Orgel. Für Kirchenmusiker und Kunsthistoriker ist das Wochenprogramm damit voll.

Sachsens Silbermann war nicht nur bedeutendster Orgelbauer des Barock, er dürfte auch als Lehrmeister beispielhaft gewesen sein: organisiert, gewissenhaft, verlässlich. Schade, dass kein Porträt des Meisters existiert, auf dem man ihm ins freundliche Antlitz schauen könnte.

Sein Verdienst war, auch kleineren Instrumenten die volle Klangvielfalt einzubauen. Das Ikea-Prinzip: Auf die Größe kommt es nicht an, wenn die Fläche optimal genutzt wird. Hölzerne Orgelpfeifen konnte man knicken und die Orgel damit in die Tiefe statt in die Höhe bauen. Nach Metallpfeifen verlangte nur die erste, für den Betrachter sichtbare Reihe, der Optik wegen. Auf ein möglichst raumgreifendes Prospekt, wie die Frontalansicht des Instruments heißt, kam es nun nicht mehr an. Das Orchester fand trotzdem Platz im Bauch der »Königin«. Fortan klangen die sächsischen Orgeln besser, als einige ihrer Organisten tatsächlich spielten.

Gottfried Silbermann wirkte von 1711 bis 1749. Seinen letzten Großauftrag, die Orgel für die Dresdner Hofkirche zu bauen, musste er aufgrund seines fortgeschrittenen Alters ablehnen und verpflichtete ausgerechnet seinen Konkurrenten Zacharias Hildebrandt, die Arbeit auszuführen. Er hatte bei Silbermann gelernt. Der Meister wusste, was er tat.

Nach seinem Tod 1753 übernahm sein Neffe, der Sohn des älteren Bruders Andreas, die Werkstatt. Gottfried Silbermann blieb kinderlos, er hatte nur eines mit Liebe und Hingabe ausfüllen können: seinen Beruf.

Falls die Orgeltour durchs südliche Sachsen einen Abstecher hergibt: Zwischen Schwarzenberg und Annaberg-Buchholz liegt der Ort Scheibenberg, eingerahmt von einem Basaltgebirge, das vor Urzeiten ein Lavastrom war und dann erstarrte. Sehenswert ist die Basaltformation der »Orgelpfeifen«, die fast senkrecht in den Himmel ragen. Gottfried zum Gruße!

60. GRUND

Weil Sachsen singen können wie die Lerchen

Sind die süüüß! Freitags und sonnabends strömen Leipziger und Leipzig-Touristen in die Thomaskirche, um deren weltberühmten Knabenchor zu hören. Die Thomaner singen zweimal wöchentlich – außer während der Sommerferien – eine Motette. Jeder kann sich dem Hörgenuss hingeben, ohne dafür tief in die Tasche greifen zu müssen. Zwei Euro kostet ein Programmheft, den Eintritt deckt das mit ab. Knabenchor, der altertümliche Ausdruck passt zur 800-jährigen Geschichte des Ensembles, aber er beschreibt die Sänger nur bedingt. Die Jungs sind zwischen neun und 18 Jahren alt. Die älteren tragen keine Matrosenkragen mehr, sondern dunkle Anzüge.

Ihnen allen gemein ist das Singen als Lebensinhalt. Dafür nehmen sie nach bestandener Aufnahmeprüfung eine intensiv ritualisierte Schulzeit in Kauf, Leben im Internat, keine Mädchen in der Klasse und vergleichsweise wenig Freizeit. Thomaner gelten als Leistungssportler ihrer Disziplin. Die Jungs sind nicht die Norm, doch dürften sie die Zahl sangesfreudiger Männer in Sachsen überdurchschnittlich heben. Viele Absolventen des Internats schlagen nach dem Abitur eine Musikerkarriere ein. Musterbeispiel: »Die Prinzen«. Dem Chor bleiben die Ehemaligen auch verbunden.

So freiwillig und entschlossen die jugendlichen Sänger erwachsene Berufsmusiker werden, so freiwillig und entschlossen sind sie Thomaner geworden. Auch wenn der Mikrokosmos des Internats elterlichen Druck nie ganz ausschließt, sind es die Kinder, die sich für das Ensemble begeistern wie für einen Fußballverein. Die Musik ist nur noch ein Stück elitärer. Die Uniklinik Leipzig bietet eine regelmäßige Sprechstunde für Chormitglieder an. Falls ihnen die Stimme wegbleibt. Der behandelnde Arzt ist ein ehemaliger Sänger.

Die Thomasschule entstand im Jahre 1212, zunächst als Chorschule des Leipziger Thomasklosters der Augustiner. Daher stammt der Name. Die ersten Schüler »verdienten« ihre Bildung, indem sie Gottesdienste musikalisch begleiteten. Der Chor sang zu Gottesdiensten, Krönungen, Messen, Wahlen – und Hinrichtungen. 31 Jahre nach der Gründung des Ensembles fielen die geistlichen Schranken, wohlhabende Leipziger durften ihre Söhne gleichfalls auf die damit geschaffene, erste öffentliche Schule Deutschlands schicken. Sie bezahlten den Unterricht der Sprösslinge. Das Prinzip ist bis heute das gleiche: Die Thomasschule in der Leipziger Hillerstraße ist eine reine Knabenschule, der Thomanerchor setzt sich jedoch nur aus einem kleinen Teil der Schülerschaft zusammen, dessen Tagesablauf eigenen Gesetzen folgt. Vier von fünf Thomasschülern sind »normale« Gymnasiasten.

Prominent ist das Internat, weil die Thomaner ein Kapitel Musikgeschichte sind und ihre Lebens- und Arbeitsweisen zwischen weltfremd und weltoffen gratwandert. Wer Harry Potter gelesen hat, kann die Organisation der Schule schneller nachvollziehen als jemand, der antiautoritär erzogen wurde. Das Internat heißt Alumnat, Schulheim, und ist den Chormitgliedern vorbehalten. Die Älteren sind für die jüngeren Jahrgänge verantwortlich, mehrere Schüler teilen sich eine »Stube«, wie auch in englischen Colleges üblich. Thomasschüler bezeichnen sich bisweilen als Thomaner und Thomasser, letzteren Namen geben sich die Sänger in Abgrenzung von den übrigen Gymnasiasten. Etwa 650 Thomasschüler gibt es insgesamt. Die Thomasser arbeiten nicht härter als die anderen Jungen, sie konzentrieren sich nur auf eine Disziplin außerhalb der Norm.

Wer nicht von vorneherein wegen des Thomanerchors die Motette besucht, um dann in den Bann des Gesangs gezogen zu werden, kommt wegen Bach. Johann Sebastian Bach ist die personifizierte Thomaskirche. Er war 27 Jahre lang Thomaskantor und schuf in dieser Zeit um die 300 Kantaten sowie einige seiner wichtigsten weltlichen und geistlichen Konzerte und Chorwerke, darunter das *Weihnachtsoratorium*. Die bescheidene Qualität des Thomanerchors bei seinem Amtsantritt 1723 dürfte den Komponisten ebenso angetrieben haben wie die Ablenkung vom eher traurigen Familienalltag. Bachs erste Frau war früh gestorben, der alleinerziehende Vater heiratete ein zweites Mal, musste dafür aber fast jedes seiner 13 Kinder aus dieser Ehe früh beerdigen. Bei der Arbeit mit den Thomanern, vor allem aber bei der Musik, dürfte er für ein paar Stunden gedanklich zur Ruhe gekommen sein. Dem Chor schuf Johann Sebastian Bach eine solide Basis, von der aus es nur noch eine Marschrichtung gab: nach vorne. Oder: nach oben.

Außerhalb der Motetten stehen die Chorjungen ebenfalls häufig im Mittelpunkt der Aufmerksamkeit. Filmteams kommen nach Leipzig und drehen im Alumnat, zuletzt zum 800-jährigen Bestehen von Schule und Chor 2012, im Jahrzehnt zuvor für eine Neuverfilmung des Erich-Kästner-Jugendbuchklassikers *Das fliegende Klassenzimmer*.

Der Alltag der Sänger erfuhr seine größte Zäsur durch die Wende. Zu DDR-Zeiten war ihr Internat eine schützende Burg, wenngleich nicht frei von staatlicher Kontrolle. Zumindest wurde niemand gegängelt, wenn er Gottes Namen in den Mund nahm. Bachs Kantaten entschuldigten alles. Konfessionell war die Thomasschule nicht. Heutzutage macht sich die Diaspora sogar noch stärker bemerkbar. Nur jeder zweite Gymnasiast ist kirchlich gebunden. Vor der Wende waren es zwei Drittel. Die DDR behandelte die Thomaner vergleichsweise gut. Der Chor unternahm Westreisen und trat in der ganzen Welt auf. Absolventen bekamen statt der üblichen drei Jahre NVA anderthalb Jahre »Singe-Club« verordnet. Achtung: Nicht Single-Club! Die NVA-Einheit in der Oberlausitz hieß auch anders, den Ausdruck »Singe-Club« verpassten ihr die Leipziger.

Die Küche im »Kasten«, wie die Schüler ihre Lehranstalt tauften, wird in biografischen Notizen ehemaliger Thomaner kontrovers bewertet. Der Speiseplan war eine Frage des Anspruchs. Einigen schmeckte das Essen, anderen nicht. Großen Respekt hatten alle vorm Donnerstag, dem »Tag der Selbstverpflegung«. Dann griffen die Thomaner auf gehortete Bemmen oder Vorräte ihrer Stubenkameraden zurück, um DDR-Kulinarika wie süß-sauren Eiern und Toter Oma zu entgehen.

Versöhnt haben dürfte sie tags darauf das Kuchenbuffet im Café Kandler, direkt gegenüber der Thomaskirche. Zu DDR-Zeiten hieß es Teehaus und war freitags vor der Motette Treffpunkt der Chorknaben. Auch, um sich von den Fans bestätigen zu lassen. Die Matrosenkrägen hatten doch ihre Daseinsberechtigung.

Im Kandler – in anderen Leipziger Konditoreien auch – werden nach wie vor die beliebten Leipziger Lerchen verkauft. Das Mürbteig-Marzipan-Gebäck steht jedoch nicht in Zusammenhang mit den hellen Stimmen der Thomaner! Seine Geschichte stammt aus der Zeit, als die Leipziger echte Singvögel auf ihrem Speisezettel hatten, weniger im »Kasten« als überall sonst. 1876 siegte der Tierschutz. Per Gesetz ließ Sachsens König die geflügelten Delikatessen verbieten. Bäcker beeilten sich daraufhin, den Leipzigern ersatzweise den Mund wässrig zu machen. Ergebnis ist das Törtchen »Leipziger Lerche«, dessen Form an eine gefüllte Lerche mit gekreuzten Beinchen erinnert. Mit Singen hat das nichts zu tun.

Dresden hängt seinen Knabenchor nicht ganz so hoch, obwohl er nur wenige Jahre jünger ist und ähnlichen Strukturen folgt. Allerdings ist der Kreuzchor, gegründet im Jahr 1300, dem Evangelischen Gymnasium zugehörig und damit konfessionell. Die Konzerte und Vespern in der Kreuzkirche am Altmarkt bestreiten die Kruzianer gleichfalls regelmäßig, aber anders als die Leipziger Sänger nicht jede Woche. Beide Chöre stehen indes sportlich im Wettstreit, einmal im Jahr tragen sie ein Fußballspiel aus. Daneben herrscht reger Austausch zwischen Aktiven und Ehemaligen beider

Chöre. Beispiel: »Die Prinzen« setzen sich sowohl aus Thomanern als auch aus Kruzianern zusammen. Das gilt auch für das junge Absolventen-Ensemble Calmus. Und zwei Brüder aus dem Erzgebirge, Rudolf und Erhard Mauersberger, leiteten je einen der berühmten sächsischen Knabenchöre: Rudolf die Kruzianer, Erhard die Thomaner.

61. GRUND

Weil hier die Musik spielt

Notenspur heißt ein Weg durch Leipzigs musikalische Vergangenheit, der hauptsächlich, aber nicht ausschließlich durch die Innenstadt führt. Vergleichbar dem Bostoner Freedom Trail führt die fünf Kilometer lange Strecke an historischen Orten vorbei. Ihre Wegmarken sind Edelstahlbänder, die an 155 Stellen ins Straßenpflaster eingelassen wurden. Ein wenig kryptisch sehen sie aus, erinnern nicht unbedingt an Musik. Die *Notenspur* verbindet auszugsweise die Musikgeschichte Leipzigs mit dem, was der Stadt heutzutage den Beat gibt. Sehr zu empfehlen: Die Notendusche, eine Klanginstallation in Kretschmanns Hof. Man steht unter einer Röhre und hat per Knopf die Wahl zwischen Geräuschkulissen unterschiedlicher Jahrhunderte.

Kein Ort in Sachsen war musikalisch so visionär wie Leipzig. Meist lagen die Menschen richtig mit ihren Visionen. Falls sie doch mal irrten, reagierten die Leipziger nicht minder taktvoll – und erfanden sich neu. Das brachte die Mentalität der Messestadt mit sich. Früh übt sich. Früh entstand in Leipzig auch die Tradition öffentlicher Konzerte, die nicht der Gunst eines Fürsten bedürften. Dessen Residenz war Dresden. Leipzig etablierte dem entgegen ein bürgerliches Konzertwesen. 1743 formierte sich eine Kapelle, die vom Ratsherrn bis zum Studenten alles aufbot. Mitglied wurde, wer spielen konnte, konkret im Gasthaus »Drei Schwanen« am Brühl, in dessen unmittelbarer Nachbarschaft knappe 50 Jahre später Richard Wagner auf die Welt kam.

Die Konzerte waren so gut besucht, dass der Rat der Stadt Leipzig der Kapelle 1780 anbot, in ein leer stehendes Geschoss im Haus der Tuchmacher auszuweichen. So kam das Orchester ins Gewandhaus und zu seinem Namen. Drollig war die Sitzordnung des neuen Domizils: Besucher saßen einander in Bänken gegenüber.

100 Jahre später entsprach die Sitzordnung einem Konzertsaal, Blickrichtung nach vorne. Um die 700 Sitzplätze im Gewandhaus gab es da bereits Gerangel, weil immer mehr Nicht-Leipziger Karten kauften. Tausend verkaufte Tickets waren keine Seltenheit. Den rasanten Aufstieg verdankte das Orchester seinem damaligen Kapellmeister Felix Mendelssohn-Bartholdy, der es von zwischen 1836 und 1847 dirigierte. Vier Jahrzehnte später war der Neubau eines Konzerthauses am Königsplatz, dem heutigen Wilhelm-Leuschner-Platz, beschlossene Sache. Das letzte Konzert im Gewandhaus spielten die Musiker 1885 mit Clara Schumann als Solistin am Klavier.

Das Nachfolge-Konzerthaus steht nicht mehr, es wurde im Zweiten Weltkrieg so stark zerstört, dass der Wiederaufbau nicht lohnte. Das dritte Domizil des Orchesters, das Neue Gewandhaus, steht seit 1981 am Augustusplatz gegenüber der Oper.

Die erfolgsverwöhnten Sachsen trafen nicht immer den richtigen Ton. Das beweist die folgende Episode, die nur noch wenigen Leipzigern ein Begriff ist: Links, Tap, rechts, Tap, links, rechts, Lipsischritt. So tanzte ihn der Herr, den Lipsi, ein Gegenmodell zum Twist, erfunden in der Leipziger Tanzschule Seifert 1959. Sich die Schrittfolge vorzustellen gelingt schnell. Genau deshalb floppte der Tanz. Standards gab es genug. Und weil das Kunstprodukt Lipsi auf Initiative der SED-Regierung entstand, die ihre junge Bevölkerung zum gesitteten Twisten erziehen wollte. Vergeblich.

Dabei warf die Partei alles in den Ring beziehungsweise auf die Tanzfläche, um den Lipsi groß zu machen. Schallplattenfacharbeiter des Ost-Labels Amiga schoben Überstunden beim Plattenpressen. Die Tanzlehrer Seifert und Komponist René Dubianski wurden medienwirksam mit dem nationalen Kunstpreis ausgezeichnet. Mit Schlagerstar Helga Brauer besang eine Leipzigerin den Tanz ihrer Stadt. Der Name Lipsi leitete sich ab von Lipsia. Das ist Leipzig. Lipsi war also »der Leipziger«. Geholfen hat das nicht, um Rock 'n' Roll und Twist in der DDR auf die Plätze zu weisen. Brauer sang einsam »Heute tanzen alle jungen Leute im Lipsi-Schritt, nur noch im Lipsi-Schritt«. Tatsächlich bewegten die sich lieber zu Songs von Bill Haley, Elvis Presley und Peter Kraus als im Rumba-ähnlichen Grundschritt des biederen Ost-Twists. Dass die Regierung den Lipsi anpries wie Sauerbier und ihn sogar zum weltweiten Patent anmeldete, war den Tänzern suspekt. Die Angst der SED vorm Rock 'n' Roll, dem Lebensgefühl, das sich im ekstatischen Tanzen entlud und den Vorstellungen einer angepassten DDR-Jugend massiv widersprach, ließ den Lipsi durchfallen. Eine Anfrage in der Tanzschule Seifert, die es heute noch gibt und die inzwischen von Sohn und Enkel des Lipsi-Choreografen geleitet wird, bleibt unbeantwortet. Damit ist alles gesagt. Fast alles: Mit dem Modetanz Orion unternahm die SED Anfang der 1960er Jahre noch einmal einen Angriff auf den Twist. Diesmal hatte sie sich die FDJ zur Unterstützung ins Boot geholt. Doch der Erfolg blieb derselbe. Vielmehr: der Misserfolg. Leipzig hielt sich zu diesem Zeitpunkt taktvoll zurück. Auch die *Notenspur* in der Innenstadt hebt 50 Jahre später nur ab auf das klassische musikalische Vermächtnis der Stadt. Einmal Fremdschämen hat genügt.

Weil Sachsen Karat hat

Ostrock ist für jemanden ohne bewusste Erinnerung an die DDR ein unpolitischer Musikbegriff. Schön klingen die Songs nach wie vor. Handgemachte Musik eben, ohne Schnickschnack. Die Texte aber brauchen einen Übersetzer in die Gegenwart, jemanden, der den Raum kannte, in dem Ostrock wichtig war. Also: Papi. Oder Onkel Robert. Oder Jan-Josef Liefers. Die Jungs, die vor 30 Jahren Nietenhosen trugen.

Ostrock in Sachsen bedeutet Renft und Karat. Obwohl Ost-Berliner aufbegehren und Lebensläufe diverser Bandmitglieder zitieren dürften, beide Gruppen wurden in Sachsen auf den Weg gebracht. Während Renft-Gründer Klaus Jentzsch gebürtig aus Jena stammte, war Karats Spiritus rector ein richtiger Sachse, Henning Protzmann, geboren in Radebeul. Ihr erstes Konzert gab die Gruppe in Heidenau. Am 22. Februar 1975 traten Karat dort im Kulturhaus »Ottel« auf. Dann erweiterte die Band ihren Radius nach Ost-Berlin, gelangte über Rumänien jedoch auch in den Westen. Ganz legal. Der geborene Siebenbürger Sachse Peter Maffay – der 1963 rübergemacht hatte – interpretierte 1980 den Karäter *Über sieben Brücken musst du gehn* und machte daraus einen Welthit.

Noch zwei Treffer ins Schwarze gelangen der Band mit den Songs *Der blaue Planet* (1981), der zur Stimmung der Weltfriedensbewegung passte und gesamtdeutsch gehört und bejubelt wurde, und *Albatros* (1979), einem leisen, eindrücklich besungenen Panorama vom Leben in der DDR: Der gefangene Vogel wartet auf den Moment, da ihn das Meer ruft und er die Fesseln löst. *Albatros* setzte ein Ausrufezeichen hinter die Forderung nach Reisefreiheit für die Menschen in Ostdeutschland. Ein komplettes Orchester spielte mit, acht Minuten lang. Derart einprägsame emotionale Episoden lassen sich nicht in einer Dreieinhalb-Minuten-Aufnahme vermitteln. Da geht es um Leben und Tod. Je mehr Botschaft, desto länger der Song.

Relativ zügig wurde 1973 der musikalische Ostrock-Appell zum Anbaggern besungen, aber nicht weniger bildhaft verpackt: Dem Titel *Geh zu ihr* folgte die Empfehlung »und lass deinen Drachen steigen«. So sangen allerdings nicht Karat, sondern die Puhdys, und deren Startrampe an die Hitparaden-Spitze war kein Peter, sondern Paul. Und Paula. Der Kultfilm von Reiner Carow, den die Puhdys mit dem Soundtrack ihres Lebens bespielten. Obwohl die Band nicht mit einem sächsischen Gründungsmitglied aufwarten konnte, ganz ohne Sachsen ging es auch bei den Puhdys nicht: Sie spielten ihr erstes Konzert im Freiberger Club Tivoli, 1969. Im selben Jahr formierte sich in Dresden Electra, die Klassik-Rock-Band um Bernd Aust und Peter Ludewig. Sachsen hat Boden gut gemacht bei den Ostrockern, echt hochkarätig.

63. GRUND

Weil hier Perlen für jeden erschwinglich sind

Die Produktionshalle der Görlitzer Firma Hoinkis könnte als Schauraum für Betonmischer durchgehen. Rotierende Trommeln wohin man blickt. Die Schutzkleidung der Angestellten sieht allerdings ganz anders aus als auf einer Baustelle, sie tragen blütenweiße Schürzen und farblich passende Haarnetze oder Basecaps. Hoinkis produziert Liebesperlen. Damit nicht genug: In Görlitz wurden die Zuckerkügelchen vor gut 100 Jahren erfunden. Endlich Perlen, die für jeden erschwinglich sind.

Süßwarenfabrikant Rudolf Hoinkis brachte an einem Apriltag anno 1908 die ersten Kostproben mit nach Hause. Vor allem Sohn Otto dürften Vaters Prototypen geschmeckt haben, derweil Ehefrau Emilie dem Naschwerk den Namen gab: »Nenn sie doch Liebesperlen«, soll sie Rudolf geraten haben, als dieser über eine griffige Bezeichnung für seine jüngste Errungenschaft rätselte, ihm aber bei aller Liebe nichts einfallen wollte.

Hoinkis Unternehmen überlebte die DDR und wurde nach der Wende reprivatisiert, mittlerweile führt es die vierte Generation und exportiert Liebesperlen in zwei Dutzend Länder weltweit. Zu ihren größten Liebhabern zählen die Skandinavier, die Benelux-Staaten, Australien, Neuseeland und die Schweiz. Wie sich Hoinkis die Kugel gibt, teilt das Unternehmen bereitwillig mit: Aus einem Traubenzuckerkristall-Kern wächst Schicht für Schicht die Liebesperle, weshalb die betonmischerartigen Kupferkessel unter Zugabe von Zuckerwasser dauerrotieren, damit der süße Inhalt an Masse zulegt, feucht bleibt und in Bewegung. Hoinkis Mitarbeiter fahren drei Schichten pro Tag, jede Schicht bringt 30.000 Babyflaschen mit Liebesperlenfüllung auf den Weg, in jeder Flasche stecken 450 Stück.

Doch es geht auch ganz anders: Auf eine erheblich geringere Perlenquote kommt die sächsische Flussperlmuschel. Nur jedes 3000. Exemplar birgt den wertvollen Inhalt. Vor 200 Jahren war Flussperlmuschel-Fischen im Vogtland trotzdem ein gutes Geschäft, da die Flüsse sauber waren und die Muscheln zahlreich die Bachbetten bevölkerten, kam jeder Fischer irgendwie auf sein Salär. Das änderte sich mit der Industrialisierung des Landes, als Abwässer ohne Wenn und Aber aus den Manufakturen ins Ökosystem Fluss geleitet wurden und das Schicksal der empfindlichen Muscheln weitgehend besiegelten. Dort, wo die Bestände nicht bereits überfischt waren, dadurch dass die Damenwelt auf die schmucke Seite des Vogtlands aufmerksam geworden war. Die Nachfrage schoss nach oben, die Bestellungen häuften sich, insbesondere nachdem Sachsens Prinzessin Amalie mit einer Kette aus Flussperlmuscheln öffentlich einen guten Eindruck machte.

So ging es, bis von den Muscheln nur noch Schalen übrig waren. Ein Buchbinder aus Adorf probierte sich am Upcycling und stieg in die Muschelschleiferei ein. Die bürgerliche Kundschaft biss an. Ende des 19. Jahrhunderts hatte sich der kleine sächsische Ort zum deutschen Zentrum der Perlmuttverarbeitung gemausert. Rund 1.000 Adorfer lebten davon, wie heutzutage im Heimatmuseum nachzulesen ist.

Ein Jahrhundert später bekamen Sachsens Flussperlmuscheln eine Lobby von höchster Stelle. Umweltschützer und der Freistaat legten ein Artenschutzprogramm mit Zuchtstation für sie auf, damit die Schalentiere im Vogtland wieder heimisch werden. Damit will man jedoch keinen neuen Perlenrausch auslösen, der ist Geschichte. Auch das Flussperlmuschel-Collier der Prinzessin Amalie kommt nicht mehr zum Tragen, dafür kann man es in der Schatzkammer der Wettiner im Grünen Gewölbe Dresden anschauen.

64. GRUND

Weil die Kamenzer einen guten Riecher haben

Jedes Jahr am 3. Oktober feiert Kamenz das Nasenfest. Nicht etwa, dass dann jeder seinen Gesichtserker unbemerkt überall reinstecken darf. Die Veranstaltung huldigt vielmehr dem diplomatischen Geschick der Stadtväter, die eine feindliche Belagerung ihres Städtchens während des Dreißigjährigen Krieges erfolgreich abwendeten. Das Nasenfest illustriert, dass die Kamenzer einen guten Riecher haben und ordentlich was gebacken kriegen. An diesem Tag gibt es dort reichlich »Nasen« zu kaufen, Pfefferkuchen mit Schokoüberzug.

Hart traf die Westlausitzer 1675, dass ihnen die Pulsnitzer beim Thema Pfefferkuchen um eine Nasenlänge voraus waren. Kamenz wollte seinerzeit konkurrierenden Pfefferküchlern den Verkauf ihrer Waren auf dem hiesigen Markt gesetzlich verbieten. Ausgerechnet der Rat der Stadt mit dem feinen Gespür scheiterte daran.

Es blieb beim Wettbewerb, und die Pulsnitzer dürften so manchem grummelnden Kollegen aus Kamenz eine lange Nase gemacht haben.

Weil das hübsche Städtchen mit dem Nasenfest als einzigem kulinarischen Datum viel zu kurz käme, haben sich die Kamenzer die Kamenzer ausgedacht. Die Kamenzer Würstchen. Die würzigen Knacker gibt es das ganze Jahr über, und das ist nicht verkehrt, denn sie schmecken spitze. Am besten frisch vom Markt. Oder aus der Fleischerei in der Klosterstraße, wo man auf einem roten 1950er-Jahre-Retro-Sofa Platz nehmen kann, während die Kamenzer heiß gemacht werden. Heiß gemacht? Heiß gemacht! Nur der Reingeschmeckte isst sie kalt.

Geschmack an den politischen und sozialen Themen seiner Zeit fand auch Gotthold Ephraim Lessing, der berühmteste Sohn der Stadt, geboren in Kamenz am 22. Januar 1729. Mit seinen Dramen brachte er die Stimmung im Land auf den Punkt, übersetzte sie aber so, dass sich die Menschen emotional angesprochen fühlten. Indem er den weisen Nathan Ringparabeln erzählen ließ oder schlaue Frauen in Szene setzte wie Minna von Barnhelm. Das gleichnamige Stück war clever verpackte Preußenschelte an die Adresse Friedrichs des Großen, der während des Siebenjährigen Krieges die Bevölkerung des von ihm besetzten Sachsens zu Abgaben zwang. Wer dabei an Lessings Major von Tellheim gerät, hat Dusel, der rundet die Bilanz mit seinem Sold so auf, dass sie stimmt. Deshalb fällt Tellheim beim Boss in Ungnade. Anders reagiert seine Verlobte Minna: Sie nimmt ihn trotzdem, weil sie sein Verhalten richtig findet. Lessing bindet dem Publikum die Moral nicht plump auf die feine Nase, sondern macht Minna zu ihrem geschmeidigen Medium. So riecht Aufklärung.

Gotthold Ephraim, Spross des Kamenzer Pfarrers, hatte sich als Bub die Friedhofsmauer zum Lieblingsplatz gewählt, von wo aus er die Welt auf Augenhöhe beobachten konnte und Vaters Wirkungsstätte – die Kirche St. Marien – im Blick hatte. Ganz schön lässig für einen künftigen Freimaurer. Sein Elternhaus stand schräg gegenüber, heute markiert den Platz eine Gedenktafel, denn das Gebäude brannte im 19. Jahrhundert ab. Um Lessings Lieblingsplatz zu erreichen, geht man vom Markt die Kirchstraße hinauf und vor dem Friedhofseingang scharf rechts. Nach etwa 50 Metern hat die Mauer eine gute Sitzhöhe. Dieser kleine Stieg, der zwischen Friedhof und den Wohnhäusern entlangführt, heißt heute Lessinggässchen. Die Kamenzer Jugendlichen haben sich längst einen anderen Lieblingsplatz auserkoren: Auf der Hutbergbühne steppt von Mai bis September open air der Bär. Silbermond sind hin und wieder in den heimischen Gefilden zu Gast, die Band hat ihre Wurzeln in Bautzen. Dann ruft der Berg, und der Aufstieg zur Freilichtspielstätte ist leichter als erwartet. Knappe 100 Meter Höhenunterschied sind es bis zum »Gipfel«. Außer Konzerten hält der Hutberg zu Pfingsten einen Höhepunkt bereit: Sachsens reichste Rhododendronblüte. Schnuppern Sie doch mal rein, nach Kamenz.

65. GRUND

Weil Oschatz mit seinen Pfunden wuchert

Wer in der Vorweihnachtszeit freiwillig auf die Waage steigt, ist nicht ganz dicht – oder ein Stadtratsmitglied von Oschatz. Jedes Jahr Mitte Dezember, wenn sie zur letzten Sitzung des Jahres zusammenkommen, setzen sich alle 26 Mitglieder des Parlaments plus Oberbürgermeister auf eine Stuhlwaage und verfolgen, wie der Waagmeister ihre Pfunde ermittelt. Freiwillig! Schummeln ist sogar kontraproduktiv, denn je mehr Gewicht, desto mehr Geld. Das Oschatzer Ratsherrenwiegen ist eine Benefiz-Aktion. Die Gesamtsumme aller Ratsherren-Kilos wird durch 27 geteilt, sodass die Bilanz zwischen Leichtgewichten und Schwergewichten ausgewogen bleibt. Jeder Ratsherr spendet denselben Betrag in Euro einem wohltätigen Zweck, auf den sich das Parlament zuvor geeinigt hat. 2014 kamen 2.484 Euro zusammen.

Obwohl es altertümlich klingt, taucht das Ratsherrenwiegen in der Chronik der Stadt spät auf: 1991 entstand es erst, obwohl die Stuhlwaage, die bis 2011 im Einsatz war, bereits vor 150 Jahren gebaut wurde. Mittlerweile ist eine Nachbildung im Einsatz. Das Original steht unter Glas im Oschatzer Waagenmuseum. Die Stadt macht sich seit Langem mit dem Bau von Industriewaagen einen Namen. Ein Waagenbaumeister – und Stadtrat – war es dann auch, der vorschlug, Oschatz' Kommunalpolitiker für einen guten Zweck mit ihren Pfunden wuchern zu lassen. Im selben Jahr wurde die historische Stuhlwaage erstmalig vom Museum ins Rathaus transportiert, eine vage Sache für das betagte Messinstrument aus Eichenholz, das in Krankenhäusern und Pflegeheimen im Einsatz war, ehe es ins Museum wanderte. Obwohl die Waage nur einen Tag des Jahres außer Haus Dienst tat, machten sich die wechselnden »Besetzungen« bemerkbar. Ehe sie Federn lassen würde, kümmerten sich die Oschatzer um einen Nachbau aus elastischem Eschenholz, das die Politpopos der kommenden Jahrzehnte gut aushalten dürfte. 200 Kilogramm Maximalgewicht pro Person dürfen in die Waagschale geworfen werden.

So ausgewogen wie beim Ratsherrenwiegen geht es in Oschatz nicht immer zu, obwohl die Stadt ihre Infrastruktur seit der Landesgartenschau 2006 ziemlich gepimpt hat. Die junge Generation zieht trotzdem weg. Was ins Gewicht fällt, weil viele Lehrstellen unbesetzt blieben und Wohnungen leer stehen. Umso mehr muss man den Mittelsachsen zugutehalten, dass sie nicht auf Trauerkloß machen oder auf beleidigte Leberwurst, sondern sich an die Fersen der Ex-Pats heften. 2012 schrieb der Oberbürgermeister jedem Abwanderer eine Postkarte und bat um Feedback, was er tun müsse, um sie oder ihn zur Rückkehr zu bewegen. Antwort: Jobs schaffen. Dann, versicherte ein Fünftel der Empfänger an die Adresse der Pfundskerle im Stadtrat, sei die Heimkehr mehr als nur Erwägung.

Weil Kaffeetrinken hier eine Lebenseinstellung ist

Zu den größten Errungenschaften der Sachsen zählt, dass sie das *Scheelchen Heeßen* (Schälchen Heißen) zum Nationalgetränk erhoben haben. Gemeint ist eine gute Tasse Kaffee. Kaffeetrinken wird im Freistaat seit mehr als 300 Jahren ausgiebig zelebriert, auch in Zeiten des Coffee to go gehört es zur Lebenseinstellung. Das Ritual mit dem Scheelchen Heeßen hat sogar eine eigene Hymne, die kein Geringerer als Johann Sebastian Bach komponierte: die *Kaffeekantate*. Überliefert ist, dass Bach regelmäßig im Zimmermannschen Kaffeehaus in der Leipziger Katharinenstraße 14 einkehrte. Das Haus am ehemals barocken Prachtboulevard der Stadt, der Hauptbahnhof und Marktplatz verband, fiel den Bürgern durch regelmäßige Konzerte positiv auf. Heutzutage steht ein Wohn- und Geschäftshaus auf dem Grundstück. Das Kaffeehaus wurde im Zweiten Weltkrieg zerstört.

Bachs *Kaffeekantate* handelt von einer jungen Frau, die man neudeutsch als Koffeinjunkie bezeichnen würde, Liesgen Schlendrian. Sie heißt wirklich so. Der Name verrät, dass Kaffeetrinken Mitte des 18. Jahrhunderts nicht den besten Ruf hatte und Genussmenschen wie Johann Sebastian Bach ihr Revier verteidigen mussten. Etwa gegen den Oschatzer Lehrer Carl Hering, der sich mit einem Kanon gegen den Trend stemmte: »C-a-f-f-e-e, trink' nicht so viel Kaffee. Sei doch kein Muselmann, der das nicht lassen kann.« Liesgen Schlendrians Kritiker ist der eigene Vater. Mit einer List gelingt es ihr, ihn mundtot zu machen: Sie erfindet den Kaffeeklatsch.

Hartnäckig hält sich die Legende vom Blümchenkaffee, der in Sachsen großen Zuspruch haben soll. »Blümchenkaffee« steht für eine zu dünn aufgebrühte, braune Plörre, durch die man das Blümchendekor am Boden der Tasse betrachten kann. Die Sachsen,

Kaffeevorkoster Deutschlands, die in der Messestadt Leipzig Ende des 17. Jahrhunderts den ersten Kaffeeausschank eröffneten und ab 1711 das älteste erhaltene Kaffeehaus Deutschlands betrieben, sollten freiwillig auf wässrigen Blümchenkaffee umsteigen. Ist das schlüssig? Nicht die Bohne! Den Hauch einer Chance auf Wahrheit hat höchstens die Deutung, Blümchenkaffee sei der dünne Zichorien-Ersatzkaffee gewesen, der nach dem Krieg in der Tasse schwappte. Besser als gar nichts, ohne Kaffee konnten die Sachsen bekanntlich noch nie ihrem Tagwerk nachgehen, besagt Überlieferung Nummer drei – damit ist es dann auch gut: Sächsische Soldaten boykottierten im Siebenjährigen Krieg (1756–1763) den Dienst in der Armee Friedrichs des Großen, angeblich weil ihnen ihr Scheelchen Heeßer abging. Vielleicht hatten sie schlicht die Nase voll von dem sie kommandierenden Preußen, der zurückmotzte und die Nörgler »Kaffeesachsen« schimpfte.

Fakt ist, die meisten Sachsen trinken ihren Kaffee stark und schwarz. Damit orientierten sie sich an der orientalischen Lebensweise, die einzelne sächsische Soldaten, Kaufleute oder Geistliche aus Österreich-Ungarn während der Türkenkriege importierten. Zur Messestadt Leipzig passte das Aroma gerösteter Kaffeebohnen besonders gut, weshalb sich dort innerhalb weniger Jahrzehnte eine Kaffee-Fangemeinde entwickelte. Das erste Kaffeehaus erhielt den Namen »Zum Arabischen Coffe Baum«, wird genauso geschrieben und ist bis heute in Betrieb. Es war bereits Robert Schumanns Stammlokal. Über den Räumen des Cafés in Leipzigs Kleiner Fleischergasse befindet sich ein Standort des Stadtgeschichtlichen Museums, das die sächsische Erfolgsgeschichte des Kaffees zeigt – und keinen Eintritt kostet.

Eine weitere Leipziger Kaffeehaus-Institution, mit 125 Jahren vergleichsweise jung, ist das Riquet-Café im Schuhmachergässchen, das an eine alte Kaufmannsdynastie erinnert, die ihr Geld mit Kolonialwaren machte. Schön anzusehen ist das Riquet mit seinen Mosaiken und den beiden Elefantenköpfen am Eingang zwar, schwieriger wird es, einzukehren. Weil jeder rein will. Aber zehn Gehminuten entfernt gibt es das Scheelchen Heeßen im Café Luise in der Bose-, Ecke Gottschedstraße.

Eine Luise war es auch, die um 1900 Dresdens Kaffeehauslandschaft auf die Sprünge half, Luise von Österreich-Toskana, Ehefrau des sächsischen Kronprinzen Friedrich August III.. Sie war eine Kronprinzessin der Herzen, deren Lebensstil und Schritte in der Öffentlichkeit bewundert verfolgt und kopiert wurden. Lange blieb Luise dem sächsischen Hof nicht erhalten, nach zwölfjähriger Ehe wurde das Kronprinzenpaar geschieden. Die Ex ging nach Genf. An die kultur- und modeinteressierte Luise, die ebenso faszinierend wie zickig gewesen sein dürfte, erinnert das schöne Café Toskana am Dresdner Schillerplatz, von dessen Wintergarten man direkt auf die Elbe und die Brücke Blaues Wunder gucken kann.

Einige Kilometer elbabwärts erfand die Dresdner Hausfrau und Kaufmannsgattin Amalie Melitta Bentz 1908 die Filtertüte. Sie war es leid, in ihrem frisch gebrühten Kaffee immer Reste von Kaffeesatz zu schmecken. Der knirschte so reichlich zwischen ihren Zähnen, dass Melitta das heiße Gebräu irgendwann durch zwei zum Trichter geformte Löschblätter aus den Schulheften ihrer Söhne goss. So viel ist klar: Mit Blümchenkaffee wäre ihr das nicht passiert. Noch ein Grund, den Sachsen höhere Dosen zuzutrauen.

67. GRUND

Weil die Mensa aus Sachsen kommt

Mens sana in corpore sano. Ein gesunder Geist wohnt einem gesunden Körper inne. Und er lebt von gutem Essen. So oder so ähnlich dürften die Geister der Weimarer Republik argumentiert haben, als sie das deutsche Hochschulwesen um eine Institution reicher machten: die Mensa. Das erste Exemplar der neuen Errungenschaft eröffnete 1925 in Dresden. Sinnigerweise handelt es sich dabei um die *Alte Mensa*.

Im Sommersemester 1919 waren 2.118 Hochschüler an der Technischen Universität Dresden eingeschrieben. Nur sechs Prozent von ihnen verfügten über den finanziellen Rückhalt des Elternhauses, das die akademische Ausbildung finanzierte. Der Rest krebste am Existenzminimum. BAföG gab es noch keines. Spaghetti mit Tomatensoße oder Spirellipfanne auch nicht. Entsprechend puristisch fiel der studentische Speiseplan aus. Oder er wurde durch Flüssignahrung ersetzt. Prost, Mahlzeit.

Der Dresdner Bankier Victor von Klemperer ergriff Partei für den akademischen Nachwuchs, er initiierte Freitische mit kostenlosen Mahlzeiten für Studierende. Sein Beispiel sollte bald in Serie gehen. An der Hochschule trat im Dezember 1919 die studentische Selbstverwaltung zusammen, ein Vorläufer des Studentenwerks, befasst mit Wohnungsfragen und der Verpflegung der Hochschüler. Die Mitglieder waren möglicherweise in den Genuss der Freitische gekommen, hatten ihre gestärkten Geister angestrengt und beschlossen, das Prinzip große Portion für kleines Geld auf dem Campus zu etablieren. 1925 bezog die Mensa Academica die Maschinenhalle B. Von hier aus wurde das Dresdner Modell in die Republik getragen und in die Mägen künftiger Eliten. Die Technische Hochschule war Vorbild und Härtefall zugleich: Je mehr Männer, desto mehr Hunger. Ingenieurstudenten essen nicht nur ein Stück Fleisch. Nicht auszuschließen, dass der Mensa-Klassiker Schniposa – Schnitzel, Pommes, Salat – deshalb auch Ergebnis eines sächsischen Belastungstests ist.

Mittlerweile steuert die *Alte Mensa* zielstrebig auf ihren 100. Geburtstag zu. 2007 hat sie ein erfolgreiches Anti-Aging-Programm absolviert und wurde saniert. Erhalten geblieben sind die Retro-Lampen im Speisesaal und die Cafeteria Zebradiele, noch eine Institution der ersten Stunde. Also doch: Mens sana dank Mensa. Mittlerweile bestimmt sogar ein Hauch von Luxus und Lifestyle die

Essensausgabe, denn es gibt dort Sushi. Nur den Anspruch, auch noch die erste ausschließlich vegetarische Mensa auf deutschem Boden begründet zu haben, mussten die Sachsen an die Berliner abtreten. In Dresden hätte ihre Erfindung vielleicht einen Protest der Ingenieure zur Folge gehabt.

KAPITEL 6

GLÜCK AUF

SACHSENS BERGMÄNNER UND HIMMELSSTÜRMER

Weil Sachsen wissen, wie viel Sternlein stehen

Herrnhuter Sterne sind wie Butterkekse, an der Zahl ihrer Zacken lässt sich ablesen, ob sie echt sind. Bei den Sternen ist außerdem die Form ein Indiz ihrer Herkunft. Das Herrnhuter Original hat 25 Zacken, 17 viereckige und acht dreieckige. Sie sehen aus wie langgezogene Pyramiden. Wer einen Stern mit Kegelzacken präsentiert, ist einem Fälscher aufgesessen.

Die Region in Sachsen, die weiß, wie viel Sternlein stehen, ist die Oberlausitz. Der erste Stern ging dort 1821 auf, damals nicht im Advent, sondern zu Dreikönig am 6. Januar. Sein Erfinder ist unbekannt, was diverse Entstehungsgeschichten befeuerte. Der Wahrheit am nächsten kommt die Version, nach der ein Mathematiklehrer im Unterricht an der Dorfschule von Niesky die Aufgabe stellte, möglichst viele Pyramiden im Innern einer Kugel unterzubringen. Die Schüler sollten ihre Lösungen zeichnen. Einer der Jungen, das ist nicht diskriminierend gemeint, sondern der Tatsache geschuldet, dass Niesky eine reine Knabenschule hatte, lieferte das Stern-Bild ab. Dem Lehrer gefiel das Ergebnis so gut, dass er den Stern aus Papier nachbaute, ein Töpfchen mit Rübenöl als Lichtquelle im Innern befestigte und das Gebilde im Schulhof aufhängte. Der Ur-Stern hatte 110 Zacken.

Schulträger der Nieskyer Knabenschule war die Herrnhuter Brüdergemeine, eine evangelische Freikirche im Nachbarort, gegründet 1722. Schwerpunkt ihrer Arbeit war die Mission in Afrika und Südostasien, die erwachsenen Mitgliedern vorbehalten war. Deren Kinder blieben im Internat in Obhut der Gemeine. Gut möglich, dass der kleine Stern-Erfinder Sohn eines Missionars war. Die Herrnhuter, die auf üppigen Kirchschmuck im Advent verzichteten, griffen den schlichten Stern als weihnachtliches Symbol auf. Bis die Sachsen in Produktion gingen, zogen aber 75 Jahre ins Land.

Wie erfolgreich seine Lösung der Schulaufgabe wurde, dürfte der Nieskyer Schüler nicht mehr erlebt haben.

16 Herrnhuter Gemeinen gibt es heute bundesweit, 6.000 Mitglieder gehören ihnen an. In der Adventszeit sind die Sterne überall eine beliebte Dekoration und werden daher häufiger mit der Freikirche assoziiert als mit ihrem Ursprungsort. Tatsächlich sind alle Sterne Made in Sachsen, seit 1926 produziert und exportiert die »Sternelei«-Fabrik in Herrnhut die leuchtenden Adventsboten in alle Welt. Verschickt werden sie in blauen Faltschachteln, die Zacken ineinandergesteckt wie beim Hütchenspiel. Der neue Besitzer bekommt einen Satz Briefklammern mitgeliefert und darf puzzeln wie einst die Kinder im Mathematikunterricht.

Die ersten Sterne verkaufte die Herrnhuter Missionsbuchhandlung in der Löbauer Straße. Die DDR verstaatlichte die Produktion knappe zwei Jahrzehnte lang und nannte sie VEB Oberlausitzer Stern- und Lampenschirmfabrik. 1968 bezog die Werkstatt größere Räume und durfte wieder von den Herrnhutern betrieben werden. 2011 erhielt die Fabrikation einen Neubau. Eine Viertelmillion Sterne liefern die Sachsen pro Jahr aus, wahlweise in Gelb, Weiß, Rot, Rot-Gelb oder Rot-Weiß, aus Papier oder Plastik, je nachdem, ob sie drinnen oder draußen hängen. Seit der Wende ist die Welt dadurch um rund sechs Millionen Sterne reicher geworden, jeder elektrisch beleuchtet. Glühbirne und Kabel sind allerdings nicht im Sterne-Kit enthalten. Die muss man dazukaufen. Wie eine Laterne ist der Stern oben ein Stück offen. Genau genommen hätte der lichte Weihnachtsbote aus Sachsen 26 Zacken. Beim echten Herrnhuter fehlt einer.

69. GRUND

Weil Dresden die Stadt der Engel ist

Sie drängen sich laufend in den Vordergrund, halten ihren Wohnsitz aber erstaunlich geheim. Rafaels Engelspaar, einer mit aufgestütztem Ellenbogen, der andere mit dem Gesicht auf den Unterarmen, sind Sachsen. Weiß kaum jemand. Zwischen den Säulen der Schinkelwache am Dresdner Theaterplatz hängt deshalb im Sommer ab und zu ein Transparent: »Wir sind in Dresden zu Hause.« Drunter posieren die Engel. Das Motiv hat jeder schon einmal gesehen, entweder im Original oder in der Muppets-Version mit den Gesichtern der beiden Opas vom Theaterbalkon. Wahlweise auch mit Ernie und Bert aus der *Sesamstraße.* Die Figuren sind keine Erfindung der Keksdosenindustrie. Sie brauchen keinen Advent, um anzukommen. Die Engel stammen aus der Renaissance. Dargestellt sind sie auf einem Gemälde in der Dresdner Galerie der Alten Meister.

Wer ihren Aufenthaltsort aufgeschnappt hat und sich in der Stadt der Engel mit der Frage nach dem Bild der Engel an ortskundige Dresdner wendet, bekommt fast ausnahmslos die korrekten Koordinaten genannt. Nachfragen ist erlaubt, denn die Adresse hat zunächst nichts mit Engeln zu tun. Das Duo wohnt zur Untermiete bei Maria im Bild *Sixtinische Madonna* des Renaissance-Malers Raffael. Knappe drei Meter misst das beeindruckende Werk, umgeben von einem schweren, säulenartigen Rahmen. Verständlich, dass man die Engel bei solcher Wucht anfangs übersieht, im Original sind sie nicht herausgezoomt, sondern sitzen zu Füßen der Madonna. Kleiner als erwartet. Statt ehrfürchtig zur Gottesmutter aufzublicken, haben sie es sich auf der Balustrade der von Raffael angedeuteten Bühne bequem gemacht. Jugendsprachlich würde man sagen: Sie chillen. Kunsthistoriker schätzen, Raffael habe sie ganz zuletzt ins Bild eingefügt, um seine Auffassung von Renaissance klarzumachen: Ihre Hoheit sitzt nicht im Vatikan, sondern weiter oben.

Und Heilige sind auch nur Menschen. Der Papst hatte dem Bild zu diesem Zeitpunkt schon seinen Segen erteilt, die vermeintliche Nachbearbeitung des Künstlers blieb bestehen.

Angefertigt vor 500 Jahren als Altarbild für eine Kirche in Norditalien, hängt die Mariendarstellung seit März 1754 in Dresden. Seitdem zieht sie das Publikum an. Erworben hatte das Gemälde Sachsens Kurfürst Friedrich August III., zur Abwechslung einmal nicht der Starke, sondern dessen Sohn, ein Kunstliebhaber. Geschmack hatte er, denn verglichen mit eher hochgeistigen Altarbildern, deren Figuren leidend bis fies schauen und das irdische Dasein des Betrachters dadurch zwangsläufig abwerten, vermitteln Raffaels Protagonisten einen entspannten Eindruck von Ewigkeit. Wie im Bild der Vorhang aufgeht, wirken die Menschen – Maria, das Jesuskind, der heilige Sixtus und die heilige Barbara – fast ertappt. Nur die Engel stören sich nicht daran, beobachtet zu werden. Ihr verklärter Blick, irgendwas zwischen Langeweile, Tagträumen und Augenverdrehen, bestärkt stattdessen den Eindruck, dass sie Rummel gewohnt sind. Und ihn berechtigt finden. Damit sind sie in Dresden gut integriert. Einen kurzen Aufenthalt in Russland mussten die Engelchen zwangsweise absolvieren, ansonsten passte zwischen die Madonna, ihr Gefolge und Dresden kein Blatt Papier. Nur auf der Sonderbriefmarke der Post zum 500. Geburtstag des Gemäldes 2012 posierten Maria und das Jesuskind solo.

Es sei ihr gewährt. Denn bereits vor 200 Jahren durfte das Engelsduo separat aufs Foto. Seitdem hat es sich zur Marke entwickelt. Oft kopiert, nie erreicht, aber nett interpretiert. Ein Unternehmer aus Chicago druckte zwei Schweinchen in vergleichbarer Pose auf die Etiketten seiner Fleischbrühe. Weltlicher geht es kaum. Raffael hätte wohl geschmunzelt.

Weil hier die klügsten Bauern die größten Kartoffeln ernten

Das Sprichwort behauptet zwar das Gegenteil, aber ein Sachse konnte es widerlegen. Johann Georg Palitzsch brachte die Kartoffel in Sachsen groß raus, zeitgleich mit Friedrich dem Großen in Preußen. Der Name Palitzschs sagt bloß keinem mehr etwas. Johann Georg geriet in Vergessenheit, weil er keinen Adelsbonus hatte und vom Dorf kam. Aus Prohlis im Südosten Dresdens. Palitzsch war Bauer und blieb Bauer, obwohl er außer der Kartoffel auch den Blitzableiter in Sachsen hoffähig machte und die akademische Welt mit den Ergebnissen seiner Himmelsbeobachtungen beeindruckte. So sehr, dass der Kurfürst seinen Sohn von Palitzsch unterrichten ließ. Zum Wissenschaftler adelte ihn das nicht, dabei war der Prohliser der erste Astronom nach Edmond Halley, der den Halleyschen Kometen (wieder-)entdeckte.

Ins Palitzsch-Museum in Dresden-Prohlis muss man wollen. Zufällig verirrt sich kaum ein Besucher dorthin, obwohl einer der handverlesenen Prohliser Altbauten die kleine Schau beherbergt. Aus heutiger Sicht ist Prohlis ganz bestimmt nicht der schönste Bezirk Dresdens, aber dadurch ein Ort sächsischen Understatements, vielleicht der einzige in der Stadt. Prohlis' Ruf als Betongetto bewirkten die in den späten 1970er-Jahren aus dem Boden gestampften Plattenbauten, und das Image hält sich zäh, obwohl mittlerweile etliche dieser Wohnsilos zurückgebaut wurden und der Bezirk Stadtentwicklungsgebiet ist. So sind die Sternhäuser verschwunden, die – wenn man pingelig ist und manche Dresdner sind es – genau genommen auf der Gemarkung des Stadtteils Niedersedlitz standen. Den Namen verdankten sie ihrer sternförmigen Bauweise. Und Johann Georg Palitzsch.

Der bewohnte keine Platte, sondern einen ansehnlichen Hof im ehemaligen Dörfchen, das Prohlis vor 250 Jahren war. Johanns

Vater starb früh, die Mutter heiratete ein zweites Mal, und weil der Stiefvater mit der Mission, den Hof bis zur Volljährigkeit des Sprösslings zu führen, zur Familie stieß, war er erwartungsgemäß streng und missbilligte das naturwissenschaftliche Interesse des Jungen. Johann aber wollte lernen. Wenn schon Bauer, dann einer mit Grips. Weil er kein Latein lesen konnte, brachte er es sich selbst bei. Der Eifer hatte den Preis schlafloser Nächte. So landete Bauer Palitzsch bei den Sternen. Astronomische Literatur schrieb er bändeweise ab, leisten konnte sie sich der kluge Kopf nicht. Immerhin: Sein Auskommen als Landwirt finanzierte den Unterricht am Mathematischen Salon Dresden. Und ein Fernrohr. Am ersten Weihnachtsfeiertag erspähte der Sachse damit den Stern von Bethlehem über Prohlis, den Halleyschen Kometen.

Der britische Astronom Edmond Halley hatte sich einige Jahrzehnte zuvor ausgiebig mit Kometen befasst und unter Berücksichtigung magnetischer Felder berechnet, dass derselbe Komet im Abstand von etwa 76 Jahren am Himmel erschien. Für den Jahreswechsel 1758/1759 sagte Halley die erneute Wiederkehr dieses Kometen voraus. Den Beweis seiner Theorie erlebte er nicht mehr. Den lieferte Johann Georg Palitzsch. Vier Wochen kam er damit zwei französischen Kollegen zuvor. Während die meisten Zeitgenossen abergläubisch nach dem Himmelsboten linsten und den Weltuntergang fürchteten, guckte Sachsens Bauernastronom ungerührt in die Sterne und soll dem Kurfürsten auf den Kopf zugesagt haben, dass dieser getrost die Zukunft planen könne. Tatsächlich blieb die Welt, wo sie war. Was stieg, war Palitzschs Ansehen. Seine Halleysche (Wieder-)Entdeckung wurde zahlreich veröffentlicht, Besucher gaben sich auf seinem Hof die Klinke in die Hand. Er genoss den Austausch und griff danach wieder zur Heugabel. Der Beruf ernährte die Berufung zum Astronomen. Auch das machte aus ihm den klügsten Bauern seiner Zeit – und den bescheidensten. Wie zum Beweis bläht das Prohliser Museum den Ortspromi nicht zum Universalgelehrten auf. Die Ausstellung konzentriert sich um ein digitales Planetarium, das die Wege des Halleyschen Kometen nachvollzieht. Seinen nächsten Streifzug vorbei an der Erde unternimmt er 2061.

71. GRUND

Weil Sachsen Stollen über und unter Tage hat

Manchmal kommt alles zusammen. Wenn auf Deutschlands ältestem Weihnachtsmarkt, dem 1434 begründeten Dresdner Striezelmarkt, ein Steigerchor singt oder eine Bergmannskapelle auftritt, ist klar: Sachsens Geschichte wäre ohne Stollen undenkbar.

In Dresden führt am 2. Advent kein Weg am Striezelmarkt vorbei, dann ist Stollenfest. Der weltgrößte Stollen wird angeschnitten, verkauft und verputzt. Allein das Stollenmesser misst anderthalb Meter. Die Super-Striezel bringen es auf etwas über vier Meter.

Das Handwerksfest von heute ist eine Hommage an fürstliche Angeberei. Gedanklicher Urheber des XXL-Stollens war der übliche Verdächtige, August der Starke. 1730 lud Sachsens erster Mann im Staate Europas Royals zur Truppenschau nach Zeithain. Zelten für das Kind im Manne. Alle schweren Jungs der europäischen Dynastien kamen. August präsentierte neben Soldaten einen von Dresdner Bäckern spezialgefertigten, sieben Meter langen Riesenstollen. Erfunden haben ihn die Dresdner nicht, aber groß gemacht. Ins Bild des ältesten Weihnachtsmarktes fügt er sich gut ein, deshalb ist Dresdner Stollen das Synonym für Christstollen und der Weihnachtsmarkt nach ihm benannt: Striezelmarkt. Striezel gleich Stollen. In Leipzig kostet man ihn als Stolle, ohne »n«.

Stollenarbeiter anderen Formats, Männer in Bergmannstracht, hatte Sachsen weit vor dem Striezelmarkt. Das »Erste Berggeschrei«, so hieß Sachsens Form des Goldrauschs, erklang Mitte des 12. Jahrhunderts in Freiberg, ausgelöst durch viel versprechende Silbererzfunde. Das »Große Berggeschrei« folgte 300 Jahre später, als Silbererze in Schneeberg und Annaberg-Buchholz entdeckt wurden. Von dort stammt auch das *Steigerlied*. Mit großer Sicherheit gibt es im Erzgebirge niemanden, der es nicht anstimmen kann: »Glück auf, Glück auf, der Steiger kommt. Und er hat sein helles Licht bei der Nacht schon angezündt.« Dahinter steckt der alte Weckruf der Schneeberger Bergleute, die bei Schichtbeginn durch die Bergmannssiedlung zogen und dort, wo die Glocke nicht zu hören waren, die Kumpel durch lautes Rufen ermahnten: »Steh auf, steh auf. Der Steiger kimmt. Er hot sei Grubenlicht schu angezündt.« Unter Kumpeln war jeder, der nach dem Steiger in den Stollen einfuhr, gehörnt. Er bekam die Schicht nicht bezahlt.

Das Erzgebirge ist elementar. Seine Bodenschätze, darunter Silber, Kupfer, Zinn, Eisen und Kobalt bescherten der Region einen kometenhaften Aufstieg und machten kleine Siedlungen zu großen Städten. Freiberg übertraf mit 25.000 Einwohnern das nahe Dresden an wirtschaftlicher Bedeutung. Es war zugleich administratives Zentrum der mehr als 30 sächsischen Bergstädte. Wenn in Freiberg heutzutage abends die Bürgersteige hochgeklappt werden, lohnt der Weg ins älteste Stadttheater Deutschlands. Der prachtvolle Saal des Mittelsächsischen Theater zeugt davon, wie wohlhabend und kulturbeflissen die Bergstadt war. Der Dom mit seiner breiten Goldenen Pforte und die 250 Jahre alte Technische Universität Bergakademie, unter Freibergern ist es die »Tuba«, dokumentieren dasselbe.

Alle Bergstädte hatten eine eigene Gerichtsbarkeit. Meißens Markgrafen bewilligten den Bergleuten steuerliche Vorteile und befreiten sie vom Militärdienst. Freiberg war buchstäblich Sachsens erster Frei-Berg. Inzwischen nennt es sich »Silberstadt«. Das ist nicht demografisch gemeint.

Das Erzgebirge ist schwer zu fassen. Ganz sicher tickt die Region nicht wie der Rest des Landes. Erzgebirgisch ist nicht gleich Sächsisch. Der Erzgebirgler begreift sich immer zuerst als solcher, ehe er sich zu Sachsen zählt. Diese Eigenbrötlerei ist gewachsen und fällt weniger ins Gewicht, je schneller man sie akzeptiert.

Ohne an den Bergbau zu denken, kommt man im Erzgebirge nicht weit. Das hilft, es zu verstehen. Die Menschen sind verschrobener als überall anders in Sachsen, aber sie sind auch verbindlicher. Im Prinzip sind das zwar alle Sachsen, aber die Menschen des Erzgebirges nehmen es besonders genau mit der Verbindlichkeit. Das hat seine Wurzeln gleichfalls im Bergbau. Das harte Leben schweißte die Erzgebirgler zusammen und befeuerte statt Selbstmitleid einen erstaunlichen Pragmatismus. Und: einen Stolz, über den die eigenen Landsleute stolperten. Jedes noch so kleine Heimatmuseum hat irgendwo den faksimilierten Reisebericht eines Leipziger Kaufmanns, Dresdner Gelehrten oder womöglich eines Preußen, der von der Unbekümmertheit der Bergmannsfamilien überrumpelt wurde. Arm, aber sexy. Obwohl die Bergleute Silber schürften, waren sie nie reich. Familien suchten die Erfüllung deshalb im kleinen Glück, feierten, musizierten oder schnitzten Schwibbögen. Den hygienischen Herausforderungen des Berufs boten sie die Stirn: Sonntags wurde die sauberste Bergmannstracht herausgeholt, denn es war nicht egal, wer den Job unter Tage machte. Das Erzgebirge verrät eine Menge über die sächsische Lebenshaltung. Genauer: eine davon. Sollten die großen Bühnen der Welt doch andere betreten, die Bergleute blieben unter Tage und trieben ihre Rädchen im Getriebe an: »Alles kommt vom Bergwerk her.«

Das *Steigerlied* ist die Hymne der Region. Wer es nicht anstimmen kann, sollte sich beeilen, anderweitig Pluspunkte zu sammeln. Etwa damit, ein Arschleder zu identifizieren. So heißt der augenfälligste Teil der schwarz-grün-weißen Bergmannstracht, eine Halbschürze, die ihr Träger statt überm Schoß am Allerwertesten trägt. In steil abfallenden Schächten machten die Bergleute früher davon Gebrauch, um schnell eine Ebene tiefer zu fahren. Sie zogen es durch die Beine, und ab ging's. Das funktioniert heute »bequemer« und genauso abenteuerlich mit der Grubenbahn. Empfohlen seien hier besonders die Mettenschichten unter Tage, die in einigen Besucherbergwerken, etwa in Ehrenfriedersdorf, abgehalten werden. Mettenschichten waren die letzten Schichten der Bergleute vorm Weihnachtsfest. Geboten werden Musik und Brauchtum nebst einer Bergmannsvesper: Bemmen, Speck und Tee. Am besten vorab noch die erste Strophe des *Steigerlieds* lernen. Das kommt so was von garantiert!

An Zechenmuseen, Schaubergwerken, Drusen, Halden, Pingen und Huthäusern kann man sich im Erzgebirge abarbeiten. Zuletzt tat das die UNESCO. Sie entscheidet voraussichtlich 2016, ob die »Montanregion« den Weltkulturerbe-Zuschlag erhält. Glück auf! Dieser Teil Sachsens ist eine Fundgrube. Wo sonst ist das Ergebnis so vielgestaltig schön, nachdem der Mensch die Natur generalüberholt und das Untere nach oben geholt hat? Eben. Nirgends.

72. GRUND

Weil Sachsen gekommen sind, um zu gehen

Von der Reisefreudigkeit des Völkchens im Freistaat war schon an verschiedenen Stellen die Rede. Sie werden kaum einen Ort zwischen Anchorage und Wellington ansteuern können, ohne dass am Flughafen-Sicherheitscheck jemand neben ihnen in einer Plastiktüte mit Frauenkirche-Bild oder Konsum-Schriftzug vornedrauf kramt. Weil er oder sie vergessen hat, die Zahnpasta in den separaten Klarsichtbeutel zu packen. Sprechen Sie die Person ruhig an und fragen, ob sie schon einmal in Dresden gewesen sei. In der Regel erhalten Sie die erstaunte Antwort: »I am from Dresden.« Ich bin Dresdner.

Dresdner erwarten, dass man ihre Heimatstadt kennt. Sie tun schließlich einiges dafür, deren barocke Schönheit in die Welt zu tragen. Als Plastiktütenmotiv zum Beispiel, Krawatte, Zifferblatt ihrer Armbanduhr oder in einer Schneekugel. Leipziger halten das für unnötig, sie sind Messestadt, und die Welt kommt zu ihnen. Bei Sachsen aus der Oberlausitz, dem Vogtland oder dem Erzgebirge ruft die korrekte Zuordnung ihrer Heimat durch einen Fremden in der Fremde freudig überraschte Reaktionen hervor. Verspielen Sie diesen Pluspunkt um Himmels willen nicht gleich wieder, indem Sie flapsig verkünden: »Das hört man doch, dass Sie aus Sachsen sind.« Sprechen Sie lieber von Seume und geben Ihrem Gegenüber das Gefühl, in die Fußstapfen eines Kosmopoliten zu treten.

Johann Gottfried Seume war das Extrembeispiel des reisefreudigen Sachsen. Fairerweise sei erwähnt, er spazierte nicht 100 Prozent freiwillig von Leipzig nach Sizilien, obwohl ihn die Kultur des Mittelmeerraumes und die römische Antike begeisterten. Das gebrochene Herz gab den Ausschlag für den Ego-Trip. Liebeskummer trieb ihn anno 1801 fort. Seume, damals 38 Jahre alt, war einer Tochter aus gutem Hause verfallen, deren Vater die Verbindung missbilligte. Der vergleichsweise alte Junggeselle, der seine Brötchen als Lektor im Göschen-Verlag Grimma verdiente, fiel als Schwiegersohn durch. Ungewöhnlich für eine Sächsin, fügte sich die Tochter dem väterlichen Willen und löste die Verbindung. Aus.

Seume hielt nichts mehr in Sachsen. Er war bereits 1781 von Leipzig Richtung Paris gewandert, um den Kopf freizukriegen, damals plagten ihn Zweifel an der Richtigkeit seines Theologiestudiums. Der Marsch erwies sich so lange als heilsam, bis der 18-Jährige an der hessischen Grenze weggefangen, als Soldat nach England verkauft und in die USA verschifft wurde, um im Unabhängigkeitskrieg zu kämpfen.

Im November 1801 ließ sich Johann Gottfried Seume von einem Leipziger Schuhmacher ein Paar Stiefel anfertigen, packte seinen Rucksack und machte los, wie es der Sachse ausdrückt. Ein Dreivierteljahr später war er zurück in Leipzig – und bodenständig wie er war, kehrte er gleich beim Schuhmacher ein und lobte ihn ob seiner guten Arbeit. Dann setzte er sich daran, den *Spaziergang nach Syrakus* zu verschriftlichen. Damals war er 40 Jahre alt. Das ist kein schlechter Zeitpunkt für einen Pilgerroman. Hape Kerkeling war 42, als er 2006 mit *Ich bin dann mal weg* das meistverkaufte Buch Deutschlands vorlegte und einen Jakobsweg-Trend lostrat. Seume tat sich schwerer, sein Werk in die Öffentlichkeit zu tragen. Sein langjähriger Arbeitgeber in Grimma, Verleger Georg Joachim Göschen, hatte Vorbehalte, das Manuskript zu drucken. Es enthielt napoleonkritische Passagen, die Seume nicht zensiert haben wollte. Als Reiseschriftsteller hat man schließlich auch seinen Stolz. Er suchte und fand einen anderen Verlag, co-finanzierte das Buch mit dem, was er als Hauslehrer verdiente.

1805 wanderte Johann Gottfried Seume noch einmal im großen Stil, nach Polen, Russland, Finnland und Schweden. Das 1806 erschienene Tagebuch der Nordlandreise wurde verboten, weil der Autor mit den Regierenden der bereisten Länder hart ins Gericht ging und die Armut der Bevölkerung kritisierte. Das war ehrenwert, aber unerwünscht. Wäre er mal Pilger geblieben, denn die asketische Lebensweise lag ihm. Geheiratet hat er auch nie.

Das Seume-Haus am Markt in Grimma ist der alte Sitz der Göschen-Druckerei, wo der Wanderer als Lektor angestellt war und zeitweilig auch lebte. Wenn er nicht unterwegs war. Viel zu sehen gibt es dort nicht – wie auch bei einem, der gekommen war, um zu gehen. Ergründen Sie doch mal, warum ihre sächsischen Reisegefährten auf Achse sind und was sie so antreibt! Das ist eine ganze Menge.[3]

73. GRUND

Weil der erste Fußballmeister aus Sachsen kam

Der VfB Leipzig ist Geschichte und hat Geschichte geschrieben. Der Verein, der bis 2004 bestand, gewann 1903 die erste deutsche Fußballmeisterschaft. Für uns, die wir in Bundesliga-Saisons rechnen, ist damit ein Moment des Stirnrunzelns verbunden. Die Bundesliga ermittelt den Deutschen Fußballmeister schließlich erst seit 1963, und in der Ur-Saison ging der Titel nach Köln. Da der Liga aber Teams angehören, die ein viel früheres Gründungsjahr im Namen und im Wappen tragen, wird schon was dran sein.

Die Spur führt nach Leipzig. Hinter dem Wintergartenhochhaus am Hauptbahnhof, auf dessen Dach das blaue Mustermesselogo rotiert, zweigt die Büttnerstraße ab. Am Gebäude mit der Nummer 10 erinnert eine Tafel an den Gasthof »Zum Mariengarten«, der einst auf demselben Grundstück stand. Dort wurde am 28. Januar 1900 der Deutsche Fußball-Bund gegründet. Historische Ansichtskarten zeigen ein dreistöckiges Gebäude mit einem Vorplatz, der an drei Seiten von hölzernen Arkaden umgeben ist.

Der DFB, inzwischen mit Sitz in Frankfurt am Main, ist eine Marke aus Sachsen. Fairerweise muss man erwähnen, dass wenige Jahre vor der Leipziger Geburtsstunde des Fußball-Bunds in Berlin Initiativen darauf zugesteuert hatten. Es konnte sich nur keine durchsetzen. Eigentlich erstaunlich, denn in weniger als zwei Jahrzehnten hatte der Fußball enorm zugelegt. Immer mehr Sportbrüder bekannten sich zum runden Leder. So auch der 1896 gegründete Verein für Bewegungsspiele, VfB Leipzig.

Der VfB war nicht der erste Fußballclub der Stadt, aber bald ihr erfolgreichster. Den Anstoß dazu gab der Jurastudent Theodor Schöffler, der bereits am Tag nach der Vereinsgründung Bälle bestellte und ein Spielfeld suchte. Er fand es auf dem Exerzierplatz im Stadtteil Gohlis. Die Behörden stimmten seinem Gesuch zu. Damit dürfte klar sein, wo die Sachsen ihre Prioritäten setzten. Schöffler trainierte die zweite VfB-Mannschaft mit den jungen Spielern, von denen dann viele im Meister-Aufgebot 1903 standen. Anders als die heutige Bundesliga glich die Meisterschaft mehr dem Prinzip des DFB-Pokals oder der Champions League: Zunächst wurden die besten Teams jeder Region ermittelt, dann erst folgte die nationale K.-o.-Runde. Die beiden bestens Teams trafen im Finale aufeinander, Pfingsten 1903. Den Mai-Termin hat der DFB-Pokal beibehalten.

Zwei Dämpfer kassierte diese erste Meisterschaft. Der erste: Der »Vater« des VfB Leipzig, Theodor Schöffler, war zwei Monate vor dem Triumph seiner Kicker gestorben. Bitter. Der zweite: Die Sachsen mussten im Finale gegen die Mannschaft des DFC Prag spielen, die bestens ausgeruht erschien, da sie den Finaleinzug vom DFB geschenkt bekommen hatte. Ihr Halbfinale gegen das Team aus Karlsruhe war in München vorgesehen gewesen. Die Prager protestierten und verlangten nach einem Heimspiel, das ihnen tatsächlich gewährt wurde. Karlsruhe schmollte, aber fügte sich – bis wenige Tage vor dem Termin ein Telegramm eintraf, in dem von einem erneuten Ortswechsel die Rede war. Allerdings benannte das Telegramm keine konkrete Stadt. Genau genommen: gar keine. Mit dem DFB als Absender erschien es den Karlsruhern trotzdem echt und wurde nicht hinterfragt. Das Team blieb daheim. Tags darauf stand der DFC Prag alleine in seinem Stadion. Die gutgläubigen Badener wurden disqualifiziert, ohne dass der Urheber der Falschmeldung je ermittelt worden wäre. Womit auch gleich die Korruption im Fußball erfunden war.

Zur Genugtuung der Karlsruher machte Leipzig dann kurzen Prozess mit seinem Gegner und entschied die erste Deutsche Meisterschaft in der DFB-Geschichte für sich. Als Trophäe gab es 1903 noch keine Schale, sondern eine kleine Statue der Siegesgöttin Viktoria.

Der Verein für Bewegungsspiele Leipzig bestand bis 1946. VfB-Nachfolger wurde der 1. FC Lokomotive Leipzig, der den Traditionsnamen des Ur-Teams im Jahrzehnt nach der Wende noch einmal aufleben ließ, sogar als Bundesligist. Nur das Stadion wurde umbenannt und heißt seit 1949 Bruno-Plache-Stadion. Seit 2004 gibt es Lok wieder als Lok, jedoch nicht mehr ganz oben. Es war einmal. Zu Hause ist der Verein nach wie vor im Stadtteil Propstheida, der seit 1922 Adresse des ersten deutschen Fußballmeisters war. Wenn Leipziger wochenends ins »Bruno« gehen, wissen Sie: Das sind Lok-Fans.

74. GRUND

Weil den Sachsen die Welt nicht genug ist

In diesem Kapitel geht es nicht um James Bond. Der Gegenstand ist jedoch ähnlich ambitioniert. Der erste Deutsche im All kam aus Sachsen. Die Sternstunde der Raumfahrt war 1978 und der Sachse gleichzeitig DDR-Bürger. Deshalb wurde Sigmund Jähn auch nicht als Astronaut bezeichnet, sondern als Kosmonaut, er flog unter sowjetischer Flagge. Die Unterscheidung macht die Deutsche Raumfahrtausstellung nicht mehr, dort sind inzwischen alle deutschen Raumfahrer Astronauten. Wer die bundesweit einmalige Schau besuchen will, braucht ein gutes Navi und darf den Zielort Morgenröthe-Rautenkranz nicht für einen Scherz halten. Da hat niemand heimlich einen Mondkrater angegeben. Die Gemeinde gibt es wirklich, und Sigmund Jähn ist dort geboren. In Morgenröthe-Rautenkranz an der Zwickauer Mulde im Vogtland, kurz vor der tschechischen Grenze. Wäre der erste deutsche Weltraumreisende aus Brand-Erbisdorf oder Ottendorf-Okrilla gekommen, stünde das Museum eben dort. Da sind die Sachsen kleinlich.

Der 2007 eröffnete futuristische Neubau mit der dunkelgrauen Fassade wirkt selbst wie ein Raumschiff, fast deplatziert in dem beschaulichen Ortsteil Rautenkranz, der keine 1.000 Einwohner hat. Aber ein Museum. Vom Bahnhof aus kann man zu Fuß hingehen, allerdings halten keine Züge mehr in Rautenkranz, der Ort ist seit zwei Jahrzehnten vom Streckennetz der Deutschen Bahn abgehängt. Groß gemacht hatten die Gemeinde der Eisenbergbau und die Eisenverhüttung, später wurden dort Stanzmaschinen und

Druckerpressen gefertigt. Sigmund Jähn lernte Drucker, eher er die Offizierslaufbahn einschlug.

Die Deutsche Raumfahrtausstellung huldigt dem ersten deutschen Weltraumreisenden. Wie jeder US-Präsident ein Museum und eine nach ihm benannte Bibliothek in seinem Heimatort erhält, bekam der Sachse Jähn die Schau in Morgeröthe-Rautenkranz gewidmet. Sie zeigt zudem die Geschichte der bemannten und unbemannten Raumfahrt, inzwischen ohne Kalten-Kriegs-Groll. Der schwang bei der Eröffnung der ständigen Ausstellung 1979 noch mit.

Von der MIR bis zur ISS sind die Arbeitsplätze der Astronauten nachgebildet, ist der Nutzen der Raumfahrt erklärt. Jeder deutsche Astronaut hat ein paar Geschenke seiner Mission dagelassen, Fotos, Instrumente, Raumschiffmodelle, Raumanzüge, Astronautennahrung. Umgekehrt nehmen alle, die von Deutschland ins All aufbrechen, einen Talisman aus Morgenröthe-Rautenkranz mit. Bei Alexander Gerst, dem jüngsten Vertreter der Bundesrepublik im Universum, war es das Museumsmaskottchen »All-Bert«. Sigmund Jähn hatte 1978 ein Sandmännchen im Raumanzug an Bord und dieses medienwirksam in der Schwerelosigkeit schweben lassen, zu sehen in Wolfgang Beckers Film *Good Bye, Lenin* von 2003, dessen Hauptfigur Alexander Kerner daraufhin vom Kosmonautentum inspiriert wird und eine Rakete baut. Der Sandmann hat es auch ins Museum geschafft. Ein engagierter Förderverein verwaltet die Sammlung und stemmt sogar ein bis zwei Sonderschauen im Jahr.

Den Weltraumflug ihres Landsmanns am 26. August 1978 verfolgten die Menschen in Morgenröthe-Rautenkranz in der »Frischhütte« am Fernsehbildschirm. Den Gasthof gibt es noch. Vom Raumfahrtmuseum aus kann man, Sie ahnen es, hinlaufen.

Weil in ganz Schneeberg am 2. Advent ein Lichtel brennt

Dresdens Striezelmarkt ist der älteste Weihnachtsmarkt Deutschlands, begründet 1434. Mit dem Dino nimmt es Schneebergs vorweihnachtlicher Höhepunkt trotzdem auf: Das Lichtelfest, obwohl erst 1963 entstanden, ist weitaus weniger bekannt. Die Stimmung, die es verbreitet, kennt aber keine Steigerung. Immer am zweiten Adventswochenende geht der ganzen Stadt ein Licht auf. Der ganzen Stadt? Ja. Das ist nicht Asterix, sondern das Erzgebirge.

Schneeberg huldigt am 2. Advent seiner Bergmannstradition und erinnert daran, dass der lichtlose Winter den Menschen besonders aufs Gemüt schlägt: Morgens ist es dunkel, tagsüber wird es nicht richtig hell, und spätnachmittags dämmert schon die nächste Finsternis. So fühlt sich die Schattenseite des Lebens an. An diesem Zustand hatten die Bergleute zu knabbern: Tageslicht war nicht. Im Stollen schon gar nicht, nun, des Winters, auch weder vor Schichtantritt noch nach Feierabend. Brennende Kerzen im Fenster seines Zuhauses ersetzen dem Bergmann zwar keine Sonne. Aber sie stellten einen warmherzigen Empfang in Aussicht. Deshalb wurden im Advent die Stuben geschmückt. Als Kerzenhalter führten die Schneeberger zwei Typen Holzfiguren ein, Engel und Bergmann. Bald war es Brauch, dass für jede Tochter der Familie ein geschnitzter Engel Sinnbild stand, für jeden Sohn ein lichtspendender Bergmann auf der Fensterbank platziert wurde. Da Bergleute keine Ein-Kind-Familien hatten, bekamen die Schneeberger die Dunkelheit schnell in den Griff.

Die demografische Entwicklung des Erzgebirges sieht mittlerweile anders aus, die wirtschaftliche auch. Trotzdem gibt es das Lichtelfest, das den Schneebergern und ihren Nachbarn sehr ans Herz gewachsen ist. Die winterliche Dunkelheit kehrt schließlich alle Jahre wieder. Dann sind auch die Bergmänner zurück, wenngleich als inszenierte Parade am Nachmittag des 2. Adventssonntags, deren Teilnehmer nicht mehr auf dem Heimweg von der Schicht sind. So päpstlich darf man nicht sein, das gilt auch bei der Anzahl der Lichter im Haus. Nach ein paar Bechern Glühwein erübrigt sich Zählen sowieso. Aber das *Steigerlied* anstimmen sollten Sie noch können! Bei den restlichen Bergreihen, so nennt man die traditionellen Lieder des einfahrenden Volkes, muss sogar mancher Sachse passen. (Ein-) Heimischer geht's kaum.

76. GRUND

Weil hier die Herkunft der Schwarzen Löcher geklärt ist

Eine britische Band mit Namen Faithless – übersetzt: ungläubig – brachte es auf den Punkt: God is a DJ. Und die Welt ist seine Scheibe. In Sachsen scheint Gott gut aufgelegt, da duldet der Weltenschöpfer drei Schwarze Löcher neben sich. Allerdings haben die es mit ganz anderer Materie zu tun als der Physik, ihr Element ist solider Rock. Die Schwarzen Löcher sind eine sächsische Pfarrerband. Ihren Namen verdankt sie der Berufung ihrer Mitglieder und einem Song, der verkündet: »Ich hab ein Loch im Talar«.

Sachsen ist Diaspora. Trotzdem passiert es gelegentlich, dass wer zu spät kommt, stehen muss. Beim Konzert der Schwarzen Löcher sind die Kirchen voll. Eine Namen gemacht hat sich die Pfarrerband landesweit und spielte auf unterschiedlichsten Bühnen: Tagebau, Dorfkirche, Jugendknast. Zu jedem Auftritt ziehen die Musiker im Talar ein, den sie nach der ersten Nummer ablegen. Das Trio ließ erstmals 1997 einen Rock durch den Freistaat gehen. Neben musikalischer Vorbildung machte sich die Band zur Bedingung, dass alle ihre Mitglieder Pfarrer sein müssen. Check, check, check: Drummer Michael Leonhardi ist Krankenhausseelsorger am Dresdner

Universitätsklinikum und war zuvor als evangelischer Studentenpfarrer im Einsatz. Bassist Hans Rummel startete als Jugendpfarrer im Kirchenbezirk Leisnig-Oschatz und ist inzwischen Gemeindepfarrer in Plauen. Und der dritte Mann, Henning Olschowsky an der Gitarre und gleichzeitig Sänger der Schwarzen Löcher, hat seine Kanzel in Mutzschen. Dorthin verkrümeln sich die drei Gottesdiener zum Proben. Geplauscht wird auch, vorzugsweise über Gott und die Welt. Aber wie wir wissen: Am Anfang war das Wort. Deshalb greifen die Bandmitglieder nach einer halben Stunde Redezeit zu den Instrumenten.

Das Repertoire der Schwarzen Löcher reicht von rockig-lauten Stücken über Jazz bis zu Balladen mit souligem Charakter. *Eva* heißt beispielsweise ein Stück, das Hans Rummel für seine Frau schrieb – obwohl es Hennings bessere Hälfte ist, die so heißt. Pech für Adam. Ein Zitat von Else Lasker-Schüler oder ein Vers Rainer Maria Rilkes dienen bisweilen als Aufhänger, ansonsten interpretiert die Band eigene Texte, alle auf Deutsch. Stilistisch orientiert sich das Trio an U2, wobei Sänger Henning seine stimmliche Bandbreite weniger bei Bono ansiedelt als »zwischen Joe Cocker, Johnny Cash und Herbert Grönemeyer« variiert. Letzterer brachte es bei Sachsen zu seltener Ehre: Sie konvertierten seinen Hit *Männer* zu *Beamten*, und schauten dem Volk aufs Maul wie Martin Luther.

Konzertant einerseits, andächtig andererseits. Die Schwarzen Löcher pimpen auch die Liturgie ihrer Gottesdienste. Das Thema Glaube fließt in die Texte ihrer Songs ein, aber sie vertonen keine Predigten. Henning Olschowsky komponiert die Stücke, Michael Leonhardi und Hans Rummel texten. Den Bandnamen kann indes keiner der drei für sich beanspruchen, er war ein Zufallsprodukt des gesamtdeutschen Pfarrertages, wo das Trio kurz nach seiner Gründung auftrat. Ohne Namen, dafür mit dem Song *Ich hab ein Loch im Talar* präsentierten sich die Sachsen der Öffentlichkeit. Der Moderator reagierte spontan und verkündete den Auftritt der »Schwarzen Löcher«. Und es ward Licht.

Ihr Hobby müssen die Männer nicht nur mit dem Pfarrberuf, sondern auch mit ihren Familien abstimmen. Alle sind Väter und nahmen den Nachwuchs, als dieser noch klein war, kurzerhand mit zur Probe, um ihre Frauen gnädig zu stimmen. Nicht immer ging das gut: Eine Studioaufnahme des Bandprogramms wurde zur Geduldsprobe – kaum war der letzte Akkord verklungen, platzte das Töchterchen des Sängers fröhlich palavernd in die Stille. Das Ende vom Lied: Der Song musste erneut eingespielt werden. Die CD *Als wär' ich lebendig* mit 15 Stücken wurde dennoch fertig. Wie es sich gehört.

77. GRUND

Weil das Erzgebirge so viele Wintersportasse im Ärmel hat

An einem Sonntag war Freitag in Hochform. Mit dem Skispringer Richard Freitag stand am 4. Januar 2015 ein Sachse auf dem Siegertreppchen einer Vierschanzentournee-Etappe. Nach zwölf Jahren Wettbewerb ohne einen Tagessieg waren Freitags 132- und 133,5-Meter-Sprünge der Befreiungsschlag für das Team des Deutschen Skiverbands. Zuletzt hatte 2002 ein DSV-Adler bei der Vierschanzentournee erfolgreich Boden gut gemacht, Sven Hannawald. Wieder ein Sachse.

Die gute Quote hat ihren Ursprung im Erzgebirge. An den Hängen des 1.214 Meter hohen Fichtelbergs kann man perfekt auf die Piste gehen, rennrodeln oder von der Schanze springen. Oberwiesenthal ist Olympia-Stützpunkt. Die Dichte der Wintersportasse verbindet sich außerdem mit dem Klinikum Steinheidel-Erlabrunn, einem Ortsteil der Gemeinde Breitenbrunn. Das Krankenhaus war und ist das größte und renommierteste der gesamten Region. Und das einzige. Sven Hannawald kam in Erlabrunn zur Welt, verbrachte seine Kindheit aber in Johanngeorgenstadt. Von dort stammt auch der Nordische Kombinierer Björn Kircheisen, dessen Mutter zur Entbindung gleichfalls nach Erlabrunn ging. Dass Richard Freitag dort geboren und in der Gemeinde aufgewachsen ist, macht ihn mehr zur Ausnahme als zum Regelfall. Oder zum Traditionsfall, denn sein Vater kam ebenfalls im Klinikum Steinheidel-Erlabrunn zur Welt. Er war Skispringer. Wie der Vater, so der Sohn.

Ganz hoch hinaus schaffte es ein Erlabrunner Erdenbürger des Entbindungsjahrgangs 1964, Jens Weißflog. Mit dem Namen musste sich der Oberwiesenthaler fast zwangsläufig im Wintersport einen Namen machen. Tatsächlich aber wurde der sächsische Bub von der Sportwelt zunächst einmal als Weißfloh gehandelt, weil er ein Hänfling mit dem Bartwuchs eines pubertierenden Teenagers war. Ob Zweifler oder Witzbold, Weißflog überflügelte jeden, indem er alles gewann, wo Skispringen draufstand. Darunter auch die – komplette – Vierschanzentournee. Vier Mal. Diese Interpretation von Vier-Schanzentournee war es, die den Sachsen zum Ausspringeschild des DSV machte. Nach der Wende blieb der Floh nicht am Boden, sondern machte unter gesamtdeutscher Flagge einen Neuanlauf.

Wenn die Wintersport-Adler den Boden unter den Füßen verlieren, ist außerdem ein sächsisches Produkt im Spiel, das ihnen Beine macht: Sportschuhe des Herstellers Rass aus Schönheide. Vor 40 Jahren entwickelte der Familienbetrieb den ersten Skisprungschuh mit Spoiler, aus dem sich dann eine feste Bindung zum Ski entwickelte. Mittlerweile beziehen Skispringer weltweit ihre Schuhe aus dem Erzgebirge. Jedes Paar wird maßgefertigt und trägt etwa die selbstbewusste Bezeichnung »Eagle«, Adler. Als wüsste die Welt nicht schon, dass es die Sachsen weit bringen. Am weitesten flog Jens Weißflog mit 201 Metern Schanzenrekord, in Schuhen aus Schönheide. 1996 beendete der Vielflieger seine aktive Karriere und landete im Hotelfach. Der Sohn zog nach: Weißflog junior ist Koch.

KAPITEL 7

BOY MEETS GIRL

SOZIALES NETZWERKEN IN SACHSEN

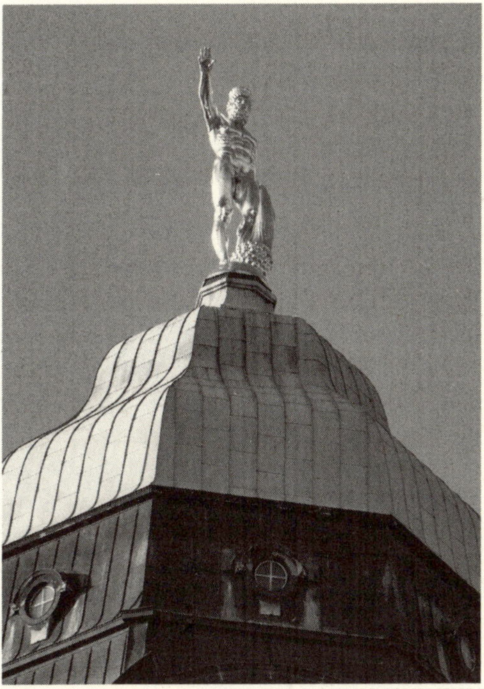

78. GRUND

Weil Eva hier weiß, wo Adam herkommt

Ein Team internationaler Forscher widmet sich in Sachsen unseren Vorfahren. Damit sind nicht Oma und Opa gemeint, sondern die Stammesväter und -mütter des Homo sapiens sapiens. Das Leipziger Max-Planck-Institut für Evolutionäre Anthropologie hat die ehrgeizige Mission, die Geburtsstunde des modernen Menschen möglichst genau darzustellen. Adam mag zuerst da gewesen sein, doch Eva weiß, wo er herkommt. »Eva« lautet die Abkürzung des Instituts, überblickt drei Millionen Jahre Menschheitsgeschichte.

Um mal tiefzustapeln, unter anderem sind die Wissenschaftler dabei, das Genom des Neandertalers zu entschlüsseln. Dazu piken sie die alten Knochen an. Nicht immer liegen allerdings fossile Kiefer und Schädel auf den Schreibtischen der Leipziger. Sie stützen ihre Arbeit auch auf Modelle, die der Computer erzeugt. Die Microcomputertomografie puzzelt weiter, wenn Funde nicht komplett erhalten sind, und liefert möglicherweise die entscheidende Perspektive auf den Urmenschen. Der bekommt dadurch eine Gestalt, die Rückschlüsse auf seine Lebensweise zulässt. Das Team des Eva vermutet, dass vor drei Millionen Jahren das Gehirn der Gattung Homo entscheidend zu wachsen begann und unser Vorfahr dadurch zum sapiens sapiens werden konnte. Mehrere Familien existierten parallel, durchgesetzt hat sich nur diese Art. Auffällig: Hirn hatten alle, aber ihre Kiefer variierten stark.

Thema am Eva ist nicht nur Adams Herkunft, sondern auch sein Erbe. Gehirnforschung, Sozialverhalten und Sprachentwicklung sind Leipziger Disziplinen. Durchaus möglich, dass aus einem der Büros in dem architektonisch eindrucksvollen Max-Planck-Komplex aus Gebäudekuben am Wasser, die durch Brücken verbunden sind, ein indigener sibirischer Gesang dringt. Alles menschlich. Aber nicht nur: Primatenforschung macht das Institut auch.

Weil hier der Pantoffel liegt, unter dem Martin Luther stand

Er liebt sie, er liebt sie nicht, er liebt sie. Er konnte nicht anders. Er hat sie geliebt. Jedoch sind die Aussagen über die Ehe von Martin Luther und Katharina von Bora widersprüchlich und breit gefasst. Erst will er sie mit einem Professor der Universität Wittenberg verheiraten und selbst gar nicht in den Ehestand treten, dann doch – aber nicht mit ihr. Als Nächstes will sie nicht ihn, sondern eine gute Partie aus Nürnberg. Daraus wird ebenfalls nichts. Schließlich finden Luther und Katharina zueinander, heiraten, und bald darauf adressiert Martin Briefe an seine Frau zärtlich mit »Meinem Herrn Käthe« oder »Morgenstern zu Wittenberg«. Was beweist: Katharina war ein Pfundskerl.

Das Kreismuseum Grimma bewahrt einen Schuh auf, den die 24-Jährige bei ihrer Flucht aus dem Kloster vor den Toren der Stadt verloren haben soll. Ob er wirklich der jungen Nonne gehörte oder da jemand Aschenputtel und Reformation werbewirksam zusammenbrachte? Dafür spricht, dass der Pantoffel lange in der Klosterschenke präsentiert wurde. Grimma machte jedenfalls etwas daraus.

Auch Katharina war der Typ Sächsin, die ihr Ding machte. Mit ihr stand Martin Luther gut da, besser denn je. Ihr gelang es, seine geringschätzigen Aussagen über die Rolle der Frau in Wertschätzung zu wandeln. Ohne Liebe ging das nicht. Dass er unter ihrem Pantoffel stand, war kein Nachteil für ihn. Seine Gattin war ehrgeizig, zielstrebig und mit Menschenkenntnis gesegnet. Während er dem Volk aufs Maul schaute, hatte sie es schon verstanden.

Sieben Jahre lang lebte sie als Nonne. Nachdem Katharinas Vater Witwer geworden war, brachte er sein Kind 1509 ins Kloster, um Katharina gut ausgebildet zu wissen. Kloster-Oberin in Nimbschen bei Grimma war ihre Tante. Die mochte ihre zehnjährige Nichte. Und Katharina mochte sie. Entsprechend bereitwillig lernte sie, entsprechend intensiv förderte man das Mädchen. Die Bora war als jüngste Braumeisterin wenige Jahre nach ihrem Gelübde 1515 eine einflussreiche Frau in Nimbschen, die sich beständig weiterbildete und viel las. So kam es, dass Katharina Luthers Schriften in die Hände bekam, was auch immer die im Kloster zu suchen hatten. Die Kritik des Autors am geheuchelt frommen Ordensleben konnte die Katharina nachvollziehen. Sie fand sich plötzlich deplatziert. Statt im stillen Gebet über ihre Zukunft zu reflektieren, trommelte sie elf weitere Nonnen aus Nimbschen zusammen und setzte einen Brief an den Reformator auf. Zusammengefasst enthielt er die Bitte: Holt uns hier raus! P.S.: Sonst kommen wir.

Die Flucht wurde medienwirksam inszeniert, nur gab es 1523 noch niemanden, der darüber berichtete. Zum Glück für alle Beteiligten, denn Nonnenentführung war kein Kavaliersdelikt im katholisch dominierten Leipziger Land. Ob Luther selbst den Ratsherrn Leonard Koppe aus dem protestantischen Torgau beauftragte, die abtrünnigen Nonnen sicher über die Konfessionsgrenze nach Wittenberg zu bringen, oder Koppe sein Handeln Luther andichtete, bleibt offen. Ostern jenes Jahres jedenfalls rückte ein Fuhrwerk voller Heringsfässer an, die Klosterpforte ging auf, elf junge Frauen rannten um ihr Leben. In einigen Darstellungen schlüpfte jede in eine Bütt. Das war unauffällig, denn Karfreitag gab es Fisch, niemand hätte die Ladung als verdächtig eingestuft. Anderen Quellen zufolge hockten die Frauen hinter den Fässern. Neun gelangten nach Wittenberg. Die übrigen drei waren unterwegs ausgestiegen und bei Verwandten untergekommen. Eine von ihnen, Magdalena von Staupitz, gründete 1529 Grimmas erste Mädchenschule. In deren Gebäude befindet sich heute das Kreismuseum mit dem Pantoffel der Bora. Sie und die verbliebenen acht Nonnen der Gruppe brachte Martin Luther in Wittenberger Gastfamilien unter, bis sie verheiratet waren.

Katharina von Bora und der 15 Jahre ältere Reformator heirateten 1525. Sie setzte Maßstäbe. Sie managte den großen Lutherhaushalt, empfing Gäste, verwaltete die Finanzen, war Unternehmerin und Mutter. Der privilegierte Martin revanchierte sich durch Vertrauen und, man muss es so sagen, Gehorsam. Pantoffel und so. Dafür konnte er sich auf das konzentrieren, was ihm lag: Glauben, Reden, Schreiben.

Was der First Lady des Protestantismus nachhängt ist, dass es keine attraktiven Bilder von ihr gibt. Käthe kennt man so, wie Lucas Cranach der Ältere sie malte. Streng, mit hoher Stirn und nicht dem Hauch eines Lächelns. Dabei war sie zum damaligen Zeitpunkt erst 26 Jahre alt. Dass der Künstler so gar kein bisschen Liebreiz vorfand, ist schwer zu glauben.

80. GRUND

Weil hier Diamanten wirklich die besten Freunde des Mädchens sind

Der Edelstein-Song war nur ein Vorwand, tatsächlich drehte sich der Film zum Titel darum, dass Männer Blondinen bevorzugen. *Gentlemen Prefer Blondes.* Mit Marilyn Monroe interpretierte eine solche das Stück dann auch. Auf *Diamonds Are a Girl's Best Friend* beruht die Überzeugung, dass sich Frauen nur dann für Steine interessieren, wenn sie geschliffen, gefasst und möglichst teuer sind. Ausnahmen bestätigen die Regel: Eine Sächsin besitzt eine der größten Mineraliensammlungen weltweit und hortet sie nicht etwa im heimischen Schmuckkästchen, sondern stiftete ihr 2008 ein Museum. Nebenbei rettete sie auch noch das Schloss, in welchem die Schau *terra mineralia* nun präsentiert wird.

Eine Platinblondine wie Marilyn ist Erika Pohl-Ströher nicht, allerdings trägt die eher publikumsscheue Mäzenin auf den wenigen Fotos, die es von ihr gibt, wechselnde Haarfarben. Das mag damit zusammenhängen, dass sie Erbin des Wella-Konzerns ist, den ihr Großvater gründete und ihr Vater ausbaute. Frisuren waren ein zentrales Thema im Hause Ströher, aber nicht das einzige. Außer um Köpfe ging es um Kunst. Karl Ströher begründete mit seiner Sammlung moderner Malerei das Museum für Moderne Kunst in Frankfurt am Main. Nach Hessen war die sächsische Familie samt ihrer Hausmarke Wella nach dem Krieg übersiedelt. Erika Pohl-Ströher erbte neben dem Vermögen ihres Vaters auch dessen Sammelleidenschaft. Bei ihr bezog die sich aber nicht auf Bilder, sondern auf Steine und deren kristallines Innenleben: die Minerale.

Die 3.500 Stücke in der ständigen Sammlung des Freiberger Museums *terra mineralia* sind nur ein Bruchteil des Ströherschen Fundus. Weitere 18.000 Kostbarkeiten lagern im Depot. Sie sind nur Wissenschaftlern und Geologen zugänglich. Dass die Sachsen bei Erika Pohl-Ströher einen Stein im Brett haben und ihre Sammlung als Dauerleihgabe zeigen dürfen, ergab sich mehr zufällig. Die größeren Chancen rechnete sich die Universität Fribourg aus, denn die Seniorin lebt mittlerweile in der Schweiz. Bis die Freiberger anrückten und um die in Sachsen verwurzelte Mäzenin warben. Erika Pohl-Ströher ist in Wurzen geboren. Noch ein Argument führten die Sachsen ins Feld, das die Wella-Erbin überzeugte: Freiberg ist Standort der ältesten montanwissenschaftlichen Hochschule der Welt. An der TU Bergakademie werden die Spuren – und Spurenelemente – der Steine seit 1765 erforscht. Friedrich Mohs, der die Härteskala von Mineralien entwickelte, hat in Freiberg studiert. Er bestimmte den Diamanten zum härtesten Material der Welt, was seinem Wert enorm zuträglich war. Ohne Mohs müssten Gentlemen für die Steine ihrer Mädchen vermutlich weniger Moos aufwenden. Der Elite deutscher Mineralogen der vergangenen 250 Jahre verdankt die Bergakademie ihre exzellente wissenschaftliche Mineraliensammlung. Auf diesen bestehenden Schatz wies der Rektor der Freiberger Hochschule Erika Pohl-Ströher hin. Zwischen den Zeilen machte er deutlich, ihre Sammlung wäre im Zentrum des deutschen Mineralien-Know-hows perfekt positioniert. Der Deal kam zustande.

Die *terra mineralia* bezog das Renaissanceschloss Freudenstein in Freibergs Stadtzentrum, das zuvor ein kümmerliches Dasein als Sanierungsfall gefristet hatte und das viele Freiberger abgeschrieben hatten. Dabei war seine Geschichte bereits vor dem Einzug der Mineraliensammlung ziemlich hochkarätig. Erbauen ließ es Sachsens Kurfürst Mitte des 16. Jahrhunderts, als Freiberg aufgrund seiner wirtschaftlichen Bedeutung Zentrum des Landes war. Dresdens Glanzzeit sollte erst noch kommen und das Erzgebirge finanziell maßgeblich am Aufbau der Residenz beteiligt sein. 80 Prozent allen sächsischen Erzes wurde in Freiberg gefördert. Mit dem Umzug der Fürstenfamilie verlor Schloss Freudenstein seine Funktion. Ausgenommen während der napoleonischen Kriege, wo es als Lazarett genutzt wurde, diente der Bau bis ins 20. Jahrhundert als Speicher. Markierungen an den Dachbalken der Museumsräume zeigen noch die Füllhöhe des eingelagerten Getreides an.

2005 begann die Rekonstruktion des Schlosses. Die edlen Steine bekamen drei Jahre später einen schmucken Ort vermacht, sieht man vom Eingangsgebäude der Mineralienausstellung ab, das als hässlicher Betonpfropf den halben Schlosshof einnimmt. Allerdings nicht ohne Grund: Die Architektur verweist auf die Art, wie Erze jahrhundertelang angebaut wurden, indem sich eine künstliche Struktur in bestehendes Gestein fraß.

Sehenswerteste Mineralien der Schau sind ein tansanischer Rubin, der die Form einer Wassermelone hat, eine Schwarzlicht-Kammer mit fluoreszierenden Mineralien und eine Reihe australischer Opale, deren Farbschimmer keine Wünsche offenlässt. Neben Australien und dem Ural zählt Sachsen zu den weltweit interessanten Revieren für Mineraliensammler. Erika Pohl-Ströhers bevorzugte Ecke der Welt war Namibia. Sie sammelte ihre Stücke nach ästhetischer Wirkung. Das Kriterium törnt manchen Wissenschaftler ab, aber letztlich sind Freibergs edle Steine die besten Freunde eines Mädchens.

Die Sachsen sind derweil damit befasst, Diamanten als härtestes Material der Welt zu übertrumpfen. Im Forschungsbergwerk Reiche Zeche experimentieren Mineralogen der TU Bergakademie mit Kohlenstoffverbindungen, die der Struktur von Diamanten ähnlich sind und künstlich erzeugt werden können. Dadurch kämen sie günstiger. Na dann, Glück auf!

81. GRUND

Weil sich in Dresden Lieblingsplätze anbahnen

Die Ansagen in Dresdner Straßenbahnen sorgen für Schmetterlinge im Bauch. Sie prickeln genauso schön, vorausgesetzt die Tram steuert auf eine Haltestelle zu, die irgendwas mit »Platz« heißt. Pirnaischer Platz, Münchener Platz, Theaterplatz, Albertplatz, Bischofsplatz, Carolaplatz, Straßburger Platz, Lennéplatz, Schillerplatz, Wasaplatz, Merianplatz, Strehlener Platz, Fetscherplatz, Pohlandplatz, Alaunplatz, Trinitatisplatz, Postplatz, Nürnberger Platz. Dass Dresden lauter Lieblingsplätze hat, bahnt sich an: Eine samtig-weiche Stimme vom Band lässt Fahrgäste in der Tram dann wissen, sie erreichen in Kürze den »Albertplatzzzzzz«. Oder den »Fetscherplatzzzzz«. Oder den »Lennéplatzzzz«. Die Ansage klingt weder wie kurz vorm Einschlafen, noch als sei eine Schlange abgezischt. Sondern schlichtweg charmant und verheißungsvoll. Mit dem Effekt, dass Premieren-Reisende die Hälse recken und schmunzeln. Wegen der Schmetterlinge im Bauch. Oder ihre Haltestelle verpassen. Wegen der Schmetterlinge im Bauch. Oder aussteigen, obwohl sie noch gar nicht am Ziel sind. Fühlt sich trotzdem schon an, als sei man angekommen. Wegen – genau.

Die digitale Ansage ist immer freundlich, egal wie frustrierend der Tag bis dato war. Man muss nicht auch auf die Linie achten. Ein Platzzz ist früher oder später überall im Dresdner Netz vorhanden. Damit haben die Verkehrslenker Führungsqualität bewiesen.

Mitte der 1990er-Jahre bekamen Dresdens Straßenbahnen ihre heutige Stimme. Sie gehört Conny Grotsch, Schauspielerin am Mittelsächsischen Theater Freiberg-Döbeln. Ihr Ruf ist ihr quer durch Sachsen vorausgeeilt, mittlerweile spricht sie die Haltestellen in den öffentlichen Verkehrsmitteln nahezu aller sächsischen Großstädte. Aber nirgends klingen sie so schön wie in Dresden. Eigenartig, dass die Stadt noch nicht alle Haltestellen in irgendwas mit »Platz« umbenannt hat.

Und das ist nicht die einzige Verbindung auf Schienen, die den Sachsen am Herzen liegt. Die Dichte historischer Kleinbahnen im Freistaat sucht ihresgleichen. Von den Toren Dresdens fährt die Museumsbahn Sächsische Semmeringbahn von Freital nach Possendorf. Einst transportierte sie Steinkohle, heutzutage sind es Passagiere. Die Zittauer Schmalspurbahn nach Oybin gilt als die langsamste Verbindung im Freistaat. Prominenteste Trasse ist die des »Lößnitzdackels« von Radebeul über Moritzburg nach Radeburg. Zwischen Oschatz und Mügeln in Mittelsachsen dampft die Döllnitzbahn. Die landschaftlich reizvollste Strecke ist die der Kirnitzschtalbahn, die Fahrgäste mitten in der Sächsischen Schweiz absetzt. Nicht zu vergessen: die Parkeisenbahnen. Davon hat jede größere sächsische Stadt eine. Auf die Plätze, fertig, nächste Haltestelle!

Und wenn Sie in Dresden aus der Tram aussteigen, verweilen Sie noch einen Moment auf dem Bahnsteig, sonst verpassen Sie das launige Abfahrtssignal. Die Tonfolge ist ein helles perlendes Dumdudidudidum. Auf die Schmetterlinge im Bauch folgt so ein 38 Grad warmes Sprudelbad.

Weil Sachsen das höchste Sixpack des Ostens hat

Die Figur auf der Kuppel des Neuen Dresdner Rathauses heißt zwar Herkules, ist aber kein originaler Zeussohn. Dessen sportlich-kräftiger Silhouette kam der Meißner Ringer Ewald Redam anno 1908 am nächsten, weshalb Bildhauer Richard Guhr Redams Sixpack in Gips verewigte und nur den Kopf aus einem griechisch-antiken Bildband ergänzte. Etwas verschlafen und ziemlich korkenzieherlockig ist das Ergebnis geworden, während Herkules' Vorbild eher den Kurzhaarschnitt Typ Brüder Klitschko trug. Aber wer schaut der Statue schon ins Gesicht.

Mit den Proportionen hat Guhr ganze Arbeit geleistet, inklusive Rückansicht. Die echte Dresdnerin wird pseudo-schamhaft vom »nackschen Mann« stammeln und dann hingerissen dessen Body-Mass-Index erstellen. Eigentlich schade, dass man den Rathausmann selten aus der Nähe betrachtet. Der fünf Meter hohe Koloss »krönt« die Kuppel des Neuen Rathauses zu einem weiteren halbrunden Wahrzeichen Dresdens neben dem Dach der Frauenkirche, der ehemaligen Tabakfabrik Yenidze am Bahnhof Mitte und der »Zitronenpresse«, wie die Kuppel des Kunstmuseums Albertinum bei den Sachsen heißt. In den Sommermonaten können Besucher auf den Rathausturm steigen und aus 68 Metern Höhe über die Stadt blicken. Fast unter Herkules' Zehen stehen sie dann.

Ewald Redam, geboren in der Oberlausitz und dann in Meißen ansässig geworden, war sächsischer Meister im Schwergewicht und Varietékünstler. Einer dieser starken Männer, die vor 100 Jahren in Revuen, im Zirkus oder auf Wanderbühnen die Muskeln spielen ließen. Weil Redam das fahrende Volk nicht so lag, blieb er in Dresden und besserte seine Kasse als Aktmodell auf. Mit seinem Sixpack stand er sowohl Studierenden der Kunstgewerbeschule Modell als auch professionellen Bildhauern. Neben dem Rathausmann trägt auch der Ballwerfer vor dem Dresdner Hygienemuseum die Züge Ewald Redams.

Herkules wurde metallverkleidet und vergoldet. Mit einem Arm weist die Statue auf die Stadt, mit dem anderen gießt sie ein Füllhorn über ihr aus, Ausdruck für die Reichtümer und die schöpferische Kraft, die von Dresden ausgingen. Nachdem die Figur auf dem Rathaus montiert worden war, versenkten Zimmerleute im Kopf des Riesen eine Kassette mit Zeitungen und alten Münzen. Danach stand der bärtige Schutzpatron über den Dächern Dresdens, er behielt sogar während des Krieges seinen Platz. Erst im August 2004 wurde er heruntergenommen und restauriert. Der Rathausturm blieb fast zwei Jahre lang – genau, naksch.

Als Herkules von der Kuppel zu den Dresdnern hinabstieg, war die ganze Stadt auf den Beinen und sah zu. Die Kassette, die 1908 in seinem Kopf eingelassen wurde, haben die Sachsen auch gleich mit Euros und Tageszeitungen aufgefüllt. 2004 gab es schließlich einiges zu berichten und zu feiern: An der rekonstruierten Frauenkirche fielen die Gerüstvorhänge, und das Dresdner Elbtal bekam den UNESCO-Welterbestatus verliehen. Beides hatte der Rathausmann von seinem Logenplatz verfolgt. Im Osten Deutschlands reicht kein anderer Herkules an ihn heran. In Niedersachsen ist ihm der Namensvetter im Bergpark Wilhelmshöhe um zwei Meter überlegen. Dafür hat er keine knackige Goldhaut.

83. GRUND

Weil hier über die Liebe alles gesagt ist

Hiermit sind wir beim Thema Nummer eins angelangt: Boy meets girl. Bis sie ein Paar werden, vergehen ein paar Jahre, die Zeit dazwischen überbrückt ein munterer Briefwechsel, über dem nun wir schwelgen dürfen: Robert Schumann und Clara Wieck. Tatsächlich war das eine rein sächsische Beziehungsweise: Er stammte aus Zwickau, sie war Leipzigerin. Der Komponist und die Pianistin, deren Sprache nicht nur die Musik war. Schumanns inoffizieller Partnerschaftsratgeber ist der beste, der je geschrieben wurde. Zu jeder emotionalen Verfassung findet sich in den Briefen des Paares eine Aussage nebst Anleitung für eine Liebeserklärung und Konfliktmanagement bei Meinungsverschiedenheiten. Eigentlich gibt es dem nichts hinzuzufügen.

Das Sprüchlein »Gleich und gleich gesellt sich gern« traf voll ins Schwarze. Bestimmung war es kaum, Robert und Clara mussten einander begegnen, weil ihr musikalischer Mikrokosmos derselbe war und ihre sächsische Heimat auch. Claras Vater Friedrich Wieck, ein spät berufener Musiker, der als Theologe gestartet war, wurde kurzzeitig Schumanns Lehrer in Leipzig. Dem talentierten jungen Mann schwebte zu Beginn der 1830er-Jahre eine Karriere als Konzertpianist vor. Infolge einer Sehnenscheidenentzündung, die nie ausheilte, wählte er Komponieren als Broterwerb. Schumann war mehr Frosch als Prinz, reich war er nicht, doch das Wesen des 20-Jährigen faszinierte die neun Jahre jüngere Clara sofort. »Klick« machte es 1835, Clara war 16, Robert 25 Jahre alt – und Vater Wieck auf 180. Seiner Tochter würde er zu einer besseren Partie verhelfen! Robert war von der hitzigen Reaktion Wiecks zunächst eingeschüchtert, Clara umso entschlossener, den Frosch zu küssen. Das Liebespaar verlagerte sich aufs Briefeschreiben und zog sich in seine Fantasien zurück.

Mit dem Inhalt der Schumann-Briefe dürften sämtliche Glückwunschkarten zu Hochzeiten oder Valentinstagen geritzt sein, für jeden Anlass findet sich darin eine passende Aussage. Noch leichter fallen Liebeserklärungen, weil man(n) auf Roberts beispielgebende Sprachlosigkeit zurückgreifen kann und dazu noch romantisch rüberkommt: »Meine geliebte Clara. Sonst konnte ich alles zierlich in Worte fassen, wie stark ich jemandem zugetan. Jetzt kann ich's nicht mehr. Und wüsstest du's nicht, so würde ich es dir nicht sagen können.« Die Zeilen lesen sich so schön und zeitlos, dass jeder Single seinen Status überdenken wird!

»Mein Verstand geht hier zunichte und mit dem Gefühl ist ja vollends nichts anzufangen bei Ihrem Vater. Was denn nun, was denn nun?« Robert hatte es schlimm erwischt. So schlimm, dass er einer anderen Frau den Laufpass gab. Zwei Jahre lang irrten die Anreden in seinen Briefen zwischen »du« und »Sie« hin und her, ehe er Clara durchgängig duzte. Was sie ihm schrieb, kam klarer rüber: »Mein Herz ist voll, so voll dass ich nichts weiter sagen kann als – Ihre Clara.« Sie war schwärmerisch, aber zielgerichtet: »Schreibe nur an mich und Vater, ganz ungeniert und recht oft als Freund. Sind wir uns doch beide einander mehr und das ist genug.« Noch deutlicher: »Mich kann nur Liebe beglücken. Nur für dich lebe ich, alles will ich dir geben.« Und zuletzt: »Nun gute Nacht, das Zimmer wird immer kälter, ich aber immer heißer.« Robert fühlte sich dadurch »tot und selig zugleich, müde zum Umsinken und fast jeder Tropfen Blutes eine Fieberwelle«. Worauf ihn die Liebste charmant anwies: »Lass dir acht Tage Zeit, dann kannst du viel und deutlich schreiben.« Von wegen, schwaches Geschlecht. Die Braut war taff und würde auch in der 16 Jahre währenden Ehe die Ansagen machen. Die Schumanns heirateten 1840. An die Stelle des Briefwechsels trat ein Ehetagebuch, das größere und kleinere Kriegserklärungen unterhaltsam und sehr wahr protokollierte: Es enthielt Claras Äußerungen, die von Robert bei aller Klarheit nicht verstanden wurden, ebenso wie ihre hitzige Reaktion auf seine Nicht-Reaktion. Lesen Sie die Zeilen doch einmal mit Ihrem Partner in verteilten Rollen, Sie werden Tränen lachen und Bauklötze staunen. Robert und Clara sind überall, nicht nur in Sachsen.

Clara Schumann begleitete Robert Schumann durch seine Schaffens- und Sinnkrisen, auch durch seine Nervenkrankheit. Sie zerstreute Zweifel und füllte nebenbei die bisweilen schmale Familienbörse, weil sie mit Konzertreisen mehr verdiente, als Roberts Kompositionen einbrachten. Die wirtschaftliche Situation hatte sich beiden vor der Heirat angedeutet. Clara hatte trotzdem nachgehakt, Liebe durfte blind, aber nicht mittellos machen: »Ich brauche viel und sehe ein, dass zu einem anständigen Leben viel gehört. Also Robert, prüfe dich ob du im Stande bist, mich in eine sorgenfreie Lage zu versetzen.« Schumann reagierte prompt, beflissen und ein wenig verstimmt: »Liebe Clara, die letzte Seite deines Briefes hat mich recht auf die Erde versetzt und ich möchte alle Spießbürger umarmen. Du hättest es aber auch romantischer ausdrücken können. Kommt keine Hand aus den Wolken, so wüsste ich nicht wie sich mein Einkommen in kurzer Zeit so steigern könnte, so ich es deinetwegen wünschte. Du kennst die Art meiner Arbeiten, du weißt, dass sie nur geistiger Natur sind, dass sie sich nicht wie Handwerksarbeiten zu jeder Tageszeit machen lassen. Du weißt was ich habe. Ich brauche es für mich zur Hälfte. Reicht die andere Hälfte für dich nicht aus, so wirst du dir ja auch einiges erwerben. Tue dir das selbst, wenn du mich liebst.«

Die Theorie einer gleichberechtigten modernen Ehe war in ihrer Umsetzung etwas holprig. Geduld brauchten beide Schumanns und brachten sie auf. An guten Tagen zollte Robert seiner Frau überdurchschnittlich viel Respekt, an schlechten war er neidisch und bemitleidete sich selbst. Beide Gefühle waren nachvollziehbar, denn Clara machte etwas aus sich, übte auch als Ehefrau und Mutter ihren Beruf aus und ließ bei aller Liebe zu Robert keinen Zweifel daran, dass er gut war als Komponist. Aber sie besser als Pianistin. Tatsachen. Die Schumanns hatten sich lange ihren romantischen Vorstellungen hingegeben. Der Ehealltag fiel anders aus als erwartet. Beruhigend für uns: Missverständnisse sind normal. Das geschriebene Wort ersetzt kein Gespräch. Das nächste Mal daher nicht per SMS Schluss machen, sondern reden. Auch wenn über die Liebe alles gesagt ist.[4]

Weil Sachsens schöne Mädchen eben nicht auf Bäumen wachsen

Vermutlich war es ein Handwerksgeselle auf der Walz, der vor 200 Jahren dichtete: »Darauf so bin ich gegangen nach Sachsen, wo die schönen Mägdlein auf den Bäumen wachsen. Hätte ich daran gedacht, so hätte ich mir eins davon mitgebracht.« Der Vers zählt inzwischen so sehr zur Allgemeinbildung und wird so gebetsmühlenartig wiederholt, dass ihn jede gebürtige Sächsin schon einmal gehört hat. Mindestens. Worüber keiner spricht: Mal überlegt, lieber junger Geselle, warum du keine schöne Sächsin auf der Walz angetroffen hast und dir die Verheißung deshalb entfallen war? Richtig, weil Sächsinnen eben nicht in Baumwipfeln hocken und auf Prinzen in schwarzen Cordsamt-Schlaghosen warten. Dazu sind die Mädels viel zu beschäftigt. Behält man die romantische Brille auf, ändert das nichts, wie folgende Beispiele zeigen. TV-Fans von *Dschungelcamp* und *Bachelor* mögen verzeihen, dass die gebürtige Oschatzerin Melanie Müller im Kanon der schönen Sächsinnen unberücksichtigt bleibt. Eine Dschungelkönigin könnte ja doch auf dem Baum wachsen.

Meistgenannt unter den umtriebigen Damen des Freistaats sind zwei, die nicht unbedingt eine Miss-Wahl gewonnen hätten, die Sachsen aber auf ihre Art vorangebracht haben: Clara Josephine Zetkin aus Wiederau bei Rochlitz und Helene Wagner alias Lene Voigt aus Leipzig. Die eine machte Politik, die andere den sächsischen Dialekt salonfähig, indem sie in Mundart dichtete. Weil beide Frauen ohne dieses Kapitel gut im Geschäft sind, kommen statt ihrer Zeitgenossinnen zum Zug, deren Verdienste weitaus weniger in Sachsen präsent sind oder über Sachsen hinaus gewürdigt werden. Generell gilt: Sächsische Frauen mischen mit. Damit gleicht ihr Wesen eher einem dynamisch schießenden Salatkopf als einer zaghaft sprießenden Knopse.

Louise Otto ist keine Verkehrung von Rainer Maria, obwohl die junge Dame aus Meißen ihren Familiennamen bisweilen als Pseudonym verwendete. Otto war Schriftstellerin und stand ihren Mann, als Mitte des 19. Jahrhundert die Frauenrechtsfrage gestellt wurde. Unter anderem von ihr, denn wir haben es mit Sachsens Alice Schwarzer zu tun, die eine ziemlich steile Karriereleiter nahm. Die Schilderung ihrer Backfischjahre könnte jedoch von Jane Austen stammen. Louise hatte drei Schwestern, ein liberal-bürgerliches Elternhaus, las Friedrich Schiller und rebellierte, als man sie 16-jährig vom Besuch einer weiterführenden Bildungsanstalt ausschloss. Weil sie ein Mädchen war. Damit war ihr Lebensweg theoretisch vorgegeben durch Heirat, Ehe, Familie. Praktisch kam es anders. Die 22-Jährige schrieb und reiste. Ihre Texte waren politisch, befassten sich mit der Armut der Bevölkerung in der Lausitz und im Erzgebirge. Daraus erwuchs Louises Berufung. Ehe jemand in Sachsen das Wort »Emanzipation« ausgesprochen hatte, existierte sie bereits.

Nach ihrer Heirat 1864 führte Louise Otto-Peters einen Doppelnamen, weil »Otto« Teil ihrer Marke war. Im Jahr darauf gründete die unverwechselbare Publizistin gemeinsam mit den Pädagoginnen Henriette Goldschmidt und Auguste Schmidt den Allgemeinen Deutschen Frauenverein in Leipzig. Ob beabsichtigt oder nicht, die Gründungsversammlung fand zeitgleich zu den Gedenkfeiern der Völkerschlacht von 1813 statt. Mit der gewichtigen Kulisse ließen die Damen zumindest keinen Zweifel daran, wie wichtig und wegweisend sie ihr Projekt verstanden. Die Eröffnung der ersten deutschen Hochschule für Frauen in Leipzig 1911 erlebte Louise Otto-Peters nicht mehr. Sie hat viel geschrieben und doch wenig von sich selbst preisgegeben. Auf Porträts wirkt sie weder liebreizend noch energisch – und war vielleicht doch beides.

Ähnlich fleißig an der Feder präsentierte sich eine junge Frau aus Görlitz. Hübsch war sie noch dazu, die Hilde. Hildegard Freund, Jahrgang 1883, hatte ein vergleichbar aufgeklärt-bürgerliches

Elternhaus wie die Meißnerin Louise Otto und trainierte bereits als Dreijährige freie Rede, indem sie vor ihren Puppen dozierte. Mode und Schmuck ließen den Teenager wiederum eher kalt, Hilde las lieber, schrieb Tagebuch oder naschte Schokolade. Als Studentin in Zürich war ihr eine ausgefallene Fächerkombination gerade gut genug: Gotisch, Isländisch, Alt- und Mittelhochdeutsch. 1908 machte sie ihren Doktor, heiratete, zog mit ihrem Ehemann Alexander Burjan zunächst nach Berlin, dann nach Wien, wo das Paar eine Tochter bekam. Sack zu, Vorhang auf. Ihre Elternzeit vertrieb sich Hildegard Burjan nämlich mit dem Kurs »Soziale Arbeit« an der Wiener Universität. Einmal Feuer gefangen, gründete sie mit einigen Mitstreiterinnen einen Besuchsdienst für benachteiligte Familien in Wiens Arbeitervierteln. Hilde erreichte, dass sich die Frauen dort zusammenschlossen und dadurch eine bessere Auftragslage bekamen. Sie erwirkte bei den Arbeitgebern sogar einen Mindestlohn. Was zeigt, wie forsch die 29 Jahre junge Sächsin aufgetreten sein dürfte. Die Wegbereiterin der Sozialarbeit gründete unter anderem die österreichische Bahnhofsmission sowie die noch immer tätige Schwesternschaft Caritas Socialis. Ihre Oberlausitzer Heimat sah Hilde nicht mehr, nicht zuletzt deshalb, weil man ihr dort als Halbjüdin zwischenzeitlich keineswegs mehr wohlgesinnt war. Sie starb 1933. Ehemann Alexander gelang die Ausreise nach Brasilien, Tochter Elisabeth, eine Dolmetscherin, ging über England in die USA. Eine Gedenktafel am Haus Elisabethstraße 36 in der Görlitzer Altstadt erinnert an Hildegard Burjan, die dort zur Welt kam.

Von der Oberlausitz geht es ins Vogtland. Als Kuckuckskind war Friederike Caroline Weißenborn ihrem Vater angedichtet worden. Der Jurist wäre mit Mitte 40 ein später Vater gewesen, ungewöhnlich für das 18. Jahrhundert. Seine junge Ehefrau, munkelte man in Reichenbach, sei dem Charme des adeligen Landesherrn erlegen, dem die uneheliche Tochter verdächtig ähnelte. Der Mann, den Friederike Vater nannte, behandelte sie schlecht, vielleicht genau deshalb. Sie blieb Einzelkind. 1716 brannte sie, 19-jährig, mit dem Sohn eines Gutsherren aus dem Nachbarort durch. Beide verband die Liebe zum Theater und bald auch zueinander. Neun Jahre lang waren Friederike und Johann Neuber Mitglieder eines Dresdner Ensembles. 1727, zwei Wochen vor Friederikes 30. Geburtstag, gründeten sie eine eigene Schauspieltruppe, bereit, die Bühnenkultur mit neuen Inhalten zu füllen. Friederike war Deutschlands erste künstlerische Leiterin eines Theaters, die dessen Gründung selbst initiierte. Offiziell trat allerdings ihr Mann als Boss auf, so wollten es Rechtslage und Gesellschaftsordnung.

Die Neuberin war temperamentvoll, schön, talentiert, redegewandt und ein wenig schlitzohrig. Sie stand auf der Bühne – als Frau brach sie damit ein Tabu, geschauspielert hatten zuvor nur die Männer – sie schrieb Stücke und managte die Finanzen ihres Ensembles, das von Leipzig aus Gastspiel-Kreise zog. Friederike Neubers Inszenierungen hatten etwas, was vergleichbare Komödiantenbühnen nicht kannten: Handlung. Und Moral. Einer der ersten im Publikum, die ihr dafür Respekt zollten und eine Zusammenarbeit anregten, war Johann Christoph Gottsched. Später zog Gotthold Ephraim Lessing nach. Sachsens Kurfürst August der Starke erteilte der Bühne die Diensterlaubnis und damit die Daseinsberechtigung von höchster Stelle. Seinem Zeremonienmeister, einem ausgewiesenen Theaterfan, schmierte Friederike Neuber so geschickt Honig ums Maul und ließ ihn ein Stück bearbeiten, dass er ihr gratis die Kostüme dafür aus dem begehbaren Kleiderschrank des Dresdner Hofes lieferte. Klar, dass die Inszenierung ein Erfolg wurde. Schnell war die Leipziger Truppe im gesamten Land ein Begriff.

Gemein, dass es zwei Jahrzehnte später ausgerechnet ehemalige Schauspieler waren, die der Grande Dame des sächsischen Theaters die Bühne wegnahmen, um sie in Eigenregie weiterzuführen. Pech auch, dass sämtliche Herrschaftshäuser von Braunschweig bis St. Petersburg, deren Regenten theaterliebend waren, zu früh starben, um Friederike Caroline Neubers Vision eines deutschen Nationaltheaters umzusetzen. Sie war ihrer Zeit voraus und deshalb zu früh dran. Ihr Lebenslauf ginge auch als Stoff für eine TV-Vorabendserie durch, Erfolg und Intrige kommen nie aus der Mode. Dazu eine schöne Frau in der Titelrolle, fertig.

Last but not least, eine kurze Hauptrolle spielte eine Dresdner Wirtstochter im Leben und Schreiben Friedrich Schillers, der zwischen 1785 und 1787 immer wieder besuchsweise an der Elbe weilte. Johanne Segedin bediente dort im Schankgarten Blasewitz. Schiller wohnte schräg gegenüber und warf bald ein Auge auf die rassige Tochter des Hauses. Johanne hatte einen türkischen, abweichenden Quellen zufolge einen ungarischen Vater. Obwohl sie einen Brief Schillers zusammen mit gepressten Blumen bis an ihr Lebensende aufbewahrte, wurde aus den beiden nichts. Warum, ist Spekulation. Johanne Segedin stellte sich für ihr Leben vielleicht etwas anderes vor als den schwäbischen Bohemien. Sie ging nie weg aus Dresden. Eine Figur an der Fassade des Blasewitzer Rathauses symbolisiert die schöne »Gustl«, wie sie aufgrund ihres zweiten Vornamens Justine genannt wurde. Ihr Grab kann man auf dem Eliasfriedhof besichtigen, von Dresdens Innenstadt Richtung Blasewitz liegt er am Weg und lohnt den Abstecher. Zur Erfrischung sei danach der Blasewitzer Biergarten empfohlen, der nun Schillergarten heißt. Zehn Jahre nach seinem letzten Dresden-Aufenthalt würdigte Friedrich Schiller die Bekanntschaft mit Johanne Segedin in seinem Drama *Wallensteins Lager*. Darin sagt einer der Jäger über eine Marketenderin: »Was? Der Blitz! Das ist die Gustl von Blasewitz!« Muss eine zackige Erscheinung gewesen sein, die Dame.

Um das 20. Jahrhundert in diesem Kapitel nicht zu unterschlagen und Sportfans gerecht zu werden, die schon fingertrommelnd auf die Erwähnung *der* deutsch-deutschen Eisprinzessin Kati Witt warten: Die schöne Kati stammt aus dem heutigen Brandenburg. Bitter für Sachsen, aber so ist es.

Ähnlich verhielt es sich mit Gret Palucca, die sich lange vor Kati mit ausdrucksstarkem Tanz einen Namen machte und mehr Power im Bühnentanz zuließ. Margarethe Paluka, die wie die Gustl von Blasewitz einen türkischen Vater hatte, war Münchnerin und wurde von den Eltern erst einige Jahre nach San Francisco verpflanzt, ehe sie in Dresden Wurzeln schlug.[5]

85. GRUND

Weil Leipzig den Hof macht

Was jetzt kommt, ist an für sich schwer zu beschreiben. Da muss man durch. Gemessen an seiner Größe besitzt Leipzigs Innenstadt nämlich neben Paris und Mailand die größte Dichte an Höfen und Passagen. 30 Stück. Das älteste dieser Gebäude ist das Städtische Kaufhaus. Womit alles gesagt ist: Die Höfe waren Ausdruck der Messemetropole, die Ende des 19. Jahrhunderts von Warenmesse auf Mustermesse umstellte. Hieß: Was der Kunde wollte, bestellte er. Das war neu, zuvor hatte es alles auf Lager gegeben. In den Höfen arbeitete man nach dem Prinzip Schaufensterbummel. Die Leipziger machten ihren Besuchern nicht grundlos den Hof, das Passagensystem zwang die Gäste freundlich-bestimmt, keine Verkaufsfläche auszulassen. Umgekehrt fühlten sich die Einheimischen ihrer Messe verbunden, weil sie im Herzen der Stadt passierte.

Das hat sich bis heute nicht wesentlich geändert, obwohl Leipzigs Messe 1920 ihr erstes Messegelände südwestlich der City ausgebreitet bekam. Seit 1996 gibt es die Neue Messe in Neuwiederitzsch. Insbesondere die Leipziger Buchmesse hat die Glashalle als Ortsmarke des Geländes etabliert. Die Leipziger Mustermesse fand zweimal jährlich statt, im Frühjahr und im Herbst. Für die Sachsen war der Besuch der vielen internationalen Gäste ein Höhepunkt. Etliche boten Privatquartiere an, natürlich nicht ganz uneigennützig. Die

Aussteller zahlten gut und kamen wiederholt auf das Zimmer mit Familienanschluss zurück.

Die Mustermessen sorgten für eine größere Warenvielfalt, weil ab sofort das Auftragsbuch des Herstellers genügt. Das schuf Platz für neue Branchen: Textil, Keramik, Glas, Spielwaren. Auch der Versandkatalog war eine Leipziger Erfindung. 1903 fand sich ein Prototyp des Teddybären der schwäbischen Firma Steiff auf der Leipziger Frühjahrsmesse ein. Das Plüschtier entpuppte sich als Kassenschlager, 3.000 Bären-Bestellungen nahmen die Vertreter des Herstellers entgegen.

Während der messefreien Monate wurden die Gewerbehöfe vermietet. Mittlerweile hat sich daraus eine lebendige Mischung kleiner Läden ergeben, von der Luxusboutique bis zur Buchhandlung ist alles vertreten. Die Messehäuser haben teilweise blumige Namen: Blauer Hecht, Goldener Stern, Drei Könige, Strohsack. Dass einige mit dem Namen Jürgen Schneider in Verbindung stehen, der die prominentesten Bauten aufwendig sanieren ließ, lassen die Leipziger stehen. Wer weiß, wie die Höfe aussähen, wäre der später Konkurs gegangene Baumagnat nicht seinem Faible für repräsentative Architektur gefolgt.

Jeder Leipziger kann das Höfe-Labyrinth im Schlaf bewältigen und auf römisch anmutende Reliefs, geflieste Fassaden im Bauhaus-Stil oder Europas größte Bodenuhr verweisen. Von niemandem zu übersehen ist der zur Theaterpassage gehörende Glockenturm am Augustusplatz, das Krochhochhaus. Leipzigs erstes Hochhaus ist dem Glockenturm von St. Marco in Venedig nachempfunden, inklusive Turmuhr, Glockenspiel und Löwenrelief. Leicht zu übersehen war indes das Untergrund-Messehaus, das 1925 unter dem Markt gebaut worden war, um die wachsende Zahl von Ausstellern aufzunehmen, die in den Messehöfen keinen Platz mehr fanden, aber auch nicht fernab des Handelsgeschehens untergebracht sein wollten. Den Behelfsbau auf dem Marktplatz monierten die Leipziger als hässlich, kurzerhand folgten die Architekten dem Pariser

Vorbild von Les Halles und verlegten die Ausstellungsflächen eine Etage tiefer. Mit dem Baustart des Leipziger Citytunnels war die Leipziger U-Messehalle Geschichte.

86. GRUND

Weil hier der späte Vogel den Wurm fängt

Die Kakadu-Bar im Keller des 100-jährigen Parkhotels Weißer Hirsch war jahrzehntelang Dresdens erste Adresse für Nachteulen. Dort fing kein früher, sondern der späte Vogel den Wurm, hatte er glücklich die Einlasskontrolle passiert. Wer im Kakadu gesehen wurde, hatte es bereits zu etwas gebracht oder stand kurz davor. Vor allem aber war der Besuch des Clubs ein Statement: Rock 'n' Roll ist meine Religion. Umso erstaunlicher, dass Dresden nirgendwo mehr Elbflorenz ist als in diesem von Villen geprägten Stadtteil – und damit eher leise als laut.

Der Höhenflug des Kakadus begann 1952. Die Erinnerung daran zaubert älteren Dresdnern bis heute ein seliges Lächeln aufs Gesicht. Es gilt weniger der stilvollen Einrichtung im Geist der 1920er-Jahre mit Samtsofas und Telefontischchen. Es gilt denen, die damals oder dann in den 1960ern jung waren und die Unterwelt des noblen Parkhotels als Gegenentwurf zur elterlichen Spießigkeit feierten. Der einzig geduldete Muff war die rauchschwangere Luft in der Kellerbar. Daneben wurde improvisiert und geschummelt, was das Zeug hielt, Cocktails gepanscht und Nietenhosen gepimpt. Billige Kleidung ging nur, wenn sie nicht billig aussah. Statt mit Pomade brachten die Jungs ihre Haartollen mit Zuckerwasser in Form. Und ohne Budapester ging gar nichts.

Die Tanzbar war Dresdens trendigster Umschlagplatz für junge Leute, Talentschmiede und Partnerbörse gleichermaßen, ein begehbares Hochglanzmagazin mit Live-Soundtrack. Gespielt wurde er vorzugsweise von der Theo-Schumann-Combo. Die Vorgabe, 40 Prozent Westmusik zu spielen und 60 Prozent DDR-Schlager, ignorierte die Kapelle geflissentlich. Ansonsten hätte ihr auch keiner wirklich zugehört. Die Adresse Bautzener Landstraße 7 war in Wahrheit eine Straße der Jugend. Und sie führte nach Westen. Von dort kamen auch Gäste, Touristen, die mitunter an den Türstehern scheiterten.

Rot dürfte der Kakadu nicht nur in Anspielung auf die Farbgebung der Bar und deren Beleuchtung gewesen sein. Unkonventionell, eigensinnig und vor allem gegen das Establishment verhielt sich auch das Publikum. Nicht zuletzt deshalb war die Stasi buchstäblich nicht weit, deren Quartier lag wenige Hundert Meter Luftlinie entfernt, ebenfalls an der Bautzner. Das Clubleben war eine Gratwanderung für beide Seiten. Der Kakadu hat Biografien beflügelt und zerstört. Die Gäste kamen, um die Widersprüchlichkeiten des Systems ein paar Stunden lang auszublenden oder sie demonstrativ zu kritisieren.

Mit der Wende wurde der Kakadu-Keller dichtgemacht. 2006 verhalf eine Verfilmung der Bar zur Renaissance, allerdings ohne deren Geschichte zu dokumentieren. Der Spielfilm bildete vielmehr die Guckkastenbühne der Dresdner Gesellschaft einige Monate vorm Mauerbau 1961. Das haben Kakadu-Zeitzeugen kritisiert. Echte Dresdner Beteiligung vermissten sie auch. Die Schauspieler stammen nahezu alle aus Berlin. Das Interesse des Films war ein anderes, gleichwohl orientierte sich die Ausstattung nahe am Original und belebte die Atmosphäre dermaßen, dass die Bar im Jahr darauf wiedereröffnete. Mittlerweile ist sie nostalgisch-schick, wirkt aber auch ein bisschen inszeniert. Wer drin ist, hat nichts zu befürchten, aber auch nichts zu verbergen.

Apropos verbergen: Eine andere Institution des Parkhotels, die sich genau darauf verlegt und in kürzester Zeit – seit Mitte der 1990er-Jahre – Kultstatus erreicht hat, ist der Dresdner Hutball. Karten dafür kriegt man ungefähr so häufig wie eine Audienz beim Papst. Mit dem Fasching am Weißen Hirsch lebt noch eine Tradition weiter, die der »Gauklerfeste«. Die Hutbälle sind unpolitischer als ihre Vorgänger, die das notwendigerweise waren. Ein Statement sind sie trotzdem noch. Jedes Jahr Ende März offenbart sich ein Dresden, das auf die Semperoper pfeift und behütet elbhangaufwärts pilgert. Der Ball findet im großen Saal des Parkhotels statt, aber in die Kakadu-Bar dürfen die Besucher auch.

87. GRUND

Weil der Sachse was daraus macht, wenn er einen Vogel hat

Den Namen Erwin Stresemanns (1889–1972) findet man eher in einem Tierlexikon als im Brockhaus. Dorthin passt er auch besser, denn der sächsische Stresemann – nicht zu verwechseln mit Berliner Politiker Gustav Stresemann – war Zoologe und Vogelkundler. Er gilt als ein Wegbereiter der modernen Ornithologie. Statt Vögel nur systematisch äußerlich zu beschreiben, bemühte Stresemann die gesamte Evolution. Er berücksichtigte Klima- und Umwelteinflüsse, Lebensraum, Verhalten, bis hin zum Skelettbau der gefiederten Freunde. Eines seiner Bücher bringt es auf den Punkt: *Die Entwicklung der Ornithologie von Aristoteles bis zur Gegenwart*. Drunter machte es Stresemann nicht.

Sein Verhalten als Junge erinnert an die Kindheitsbiografie eines anderen berühmten Vogelforschers, des »Gänsevaters« Konrad Lorenz. Den faszinierten Eulen, weil die nachts lange aufbleiben durften. Später hielt er Enten im elterlichen Garten. Bei Erwin Stresemann war es ähnlich, er nannte eine große Voliere sein Eigen und studierte deren Bewohner ausgiebig. Beide Vogelkundler lernten sich im Erwachsenenalter kennen. Worüber Lorenz und Stresemann sprachen, dürfte leicht zu erraten sein. Lorenz mag der Austausch im Glauben an die universale Wissenschaft bestärkt haben:

1973, ein Jahr nach Stresemanns Tod, erhielt er den Medizin-Nobelpreis. Damit kam die Ornithologie endgültig ganz groß raus, oder: Gans groß.

Zurück nach Sachsen, genauer nach Dresden-Strehlen, wo Erwin aufwuchs. Finanziell ging es der Familie gut, ihr gehörte die Mohren-Apotheke im Stadtzentrum. Sie stand am Pirnaischen Platz ungefähr dort, wo heute die Straßenbahn hält. Das Haus wurde im Zweiten Weltkrieg zerstört. Stresemanns Schule, das Vitzthum-Gymnasium, existiert indes noch. Das naturkundliche Interesse des Schülers blieb seinen Lehrern dort nicht verborgen. Sie erteilten dem späteren Museumskurator seinen ersten Auftrag: Erwin durfte die Sammlung ausgestopfter Vögel sortieren und katalogisieren. Vielleicht fand er die damals schon unvollständig.

Weil es dem Apothekersohn nicht gut zu Gesicht stand, einen Vogel zu haben, schrieb sich der Student Erwin Stresemann 18-jährig für Medizin und Naturwissenschaften ein. Dann aber traf ihn ein Erweckungserlebnis im Land, wo der Pfeffer wächst. Der junge Dresdner hörte von einer Freiburger Naturkunde-Expedition nach Indonesien und bewarb sich völlig zusammenhanglos, sogar ein wenig aufdringlich, um die Teilnahme. Mut und Frechheit siegten, die Crew nahm ihn mit. Knappe zwei Jahre später war der Weltenbummler wieder da und hatte 1.200 Piepmätze mitgebracht, deren Arten er daraufhin systematisierte. Charles Darwin ließ grüßen. Der Eid des Hippokrates blieb ungeschworen, Erwin Stresemann praktizierte als Ornithologe.

Herumgesprochen hatte sich der Einsatz des Sachsen schnell. Den Studienabschluss noch nicht in der Tasche, wurde der junge Mann bereits verpflichtet, den Vogelband für das Handbuch der Zoologie zu verfassen. Er nahm an. Die Arbeit am Manuskript zog sich, denn 32-jährig bekam der Dresdner einen festen Job am Berliner Naturkundemuseum. Man berief ihn als Leiter der ornithologischen Sammlung. Das kam Stresemann gelegen, war er doch bestrebt, die Vogelkunde in der Zoologie fest zu verankern.

Mission possible! Obwohl »Pechvogel« der Disziplin des Forschers mehr entsprochen hätte als »Glückspilz«, war Stresemann eindeutig Letzterer: Die moderne Vogelkunde wurde sein Lebenswerk und war früh genug etabliert, dass er zwei Drittel seines Lebens davon und dafür leben konnte.

1922, Stresemann war Generalsekretär der Deutschen Ornithologischen Gesellschaft, zog er endgültig nach Berlin. Der Heimat hinterließ er als Mitbegründer des Vereins sächsischer Ornithologen einen Gruß. Die Gruppe, in Dresden gegründet, hat ihre Geschäftsstelle mittlerweile in Hohenstein-Ernstthal. Stresemanns Studienstadt München ging leer aus, den Freiburgern nahm er sogar noch etwas fort, eine Ehefrau.

Selten genug, dass alle profitieren, wenn einer einen Vogel hat. Bei Erwin Stresemann war es so. Er reiste viel, forschte und schrieb über die Vögel in aller Welt und vor der Haustür. Der universale Forscher hatte nicht nur Inhalte parat, er war obendrein ein guter Lehrer und Motivator. Zog er sich ins Büro zurück, um Bücher zu schreiben, blieb die Tür offen. Jeder durfte rein, Studierende, Kollegen, Hobby-Vogelkundler. Stresemann machte keinen Unterschied zwischen Amateur und Profi. Er hatte kapiert, dass Autodidakten für die Ornithologie wichtig waren. Sie saßen dann noch auf ihren Beobachtungsposten, wenn die Doktoren wieder abgerückt waren.

Als Forscher hat Erwin Stresemann die gesamte gefiederte Welt überblickt. Was ihm nicht gelang, war, mit seiner Disziplin ein einendes Band um Ost- und Westberlin zu ziehen: Nach 1945 war die Stadt geteilt. Der Ornithologe lebte im Westteil und arbeitete im Ostteil. Bewusst behielt er das bei, um ein Zeichen zu setzen. Interessierte aber niemanden: Mit dem Mauerbau wurde Stresemann pensioniert. Nur noch besuchsweise durfte er, da Rentner mit Passierschein, in sein Museum gehen. Wer bitte hatte denn hier die Meise?

Weil das jüngste Dorf Deutschlands in Sachsen liegt

Dreiskau-Muckern ist Sachsens Phönix aus der Asche. Angeblich konnten die Bauern früher aus zehn Kilometern Entfernung die Windrichtung bestimmen, weil Schneisen ihrer Felder schwarz waren vor Asche. Das Dorf lag am Rande des nun stillgelegten Kohletagebaus Espenhain, südöstlich von Leipzig. Ohne die politische Wende wäre Dreiskau-Muckern 1992 weggebaggert worden. Die meisten seiner 600 Einwohner waren bereits umgesiedelt, die Bevölkerung auf ein Grüppchen von weniger als 50 Personen geschmolzen. Doch statt zu verschwinden, wurde Dreiskau-Muckern wiedergeboren: Junge Paare und Familien kauften und sanierten die maroden Dreiseithöfe. Kinder und Enkel der Einheimischen zogen in die Häuser ihrer Ahnen. Künstler eröffneten Kneipen und Ateliers im Ort. Dreiskau-Muckern ist noch nicht das Worpswede Sachsens, aber der Weg führt in diese Richtung. Mit einem Durchschnittsalter von 32 Jahren ist es außerdem jüngstes Dorf Deutschlands.

Wie sich das Espenhainer Revier ausdehnen würde, war bis ins Jahr 2025 vorausberechnet. Zwischen 1995 und 2000 sollte die Mondlandschaft Dreiskau-Muckern erreichen und mit Kratern überziehen. Der Tagebau war die treibende Kraft der Region, der den Menschen die Lebensgrundlage an einem Tag gab und am folgenden wieder entzog. Mehr als ein Dorf wurde plattgemacht. In den späten 1980er-Jahren siedelten auch die ersten Dreiskau-Muckerner um. Ihren Ort sollten die Bagger als Nächstes fressen.

1993 waren die Revierpläne nichtig. Dreiskau-Muckern blieb, wo es war. Zum Millennium präsentierte es sich als Expo-Dorf. Im Jahr der Weltausstellung in Hannover prämierten Bund und Länder zwölf Gemeinden, die sich nachhaltig entwickelten. Dreiskau-Muckern formulierte seine Mission als »Ein Dorf sucht seine Bevölkerung. Erneuern statt abbaggern«.

Etwas mehr als 400 Menschen haben mittlerweile ihren Wohnsitz in Dreiskau-Muckern. Beruflich pendeln viele in die Stadt, nach Leipzig. Ihre Work-Life-Balance pendeln sie auf dem Land aus. Das Dorf liegt nur einen Steinwurf entfernt vom Störmthaler See. Der kaschiert das Tagebauloch. Erzählungen der Dorfbewohner aus der Zeit, als die Warnsignale der großen Förderbrücke Tag und Nacht in der Ferne schrillten, wirken fast weltfremd angesichts des grünen Idylls, durch das sich das Bächlein Gösel schlängelt. Zaghaft touristisch präsentiert sich die Gegend im Sommer, wenn Künstler ihre Ateliers mit dem Hinweisschild »Offener Hof« bestücken und der Wirt des Dorfgasthofs Stühle und Tische rausstellt. Bisher hat kein Regisseur Dreiskau-Muckerns historische Dorfstruktur mit seinen Fachwerkbauten als Filmkulisse entdeckt.

Im alten Rittergutshof im Dorfkern sind eine Kita und ein Landschulheim untergebracht. In der Mehrzweckhalle daneben wechseln sich die Teams des Sportvereins SV Dreiskau-Muckern ab. Ihn gibt es seit 1997. Im selben Jahr wurde die große Förderbrücke gesprengt, ein Jahr zuvor war Espenhain stillgelegt worden. Wenige Kilometer Luftlinie von Dreiskau-Muckern dokumentiert ein Freilichtmuseum die Geschichte des Tagebaus in der Region, der Bergbau-Technik-Park Großpösna. So heißt die Amtsgemeinde, zu der auch Deutschlands jüngstes Dorf gehört. Ein Verein Ehrenamtlicher, darunter ehemalige Espenhainer Kumpel, pflegt und veröffentlicht das Gelände. Dass die Technik Rost angesetzt hat, schmälert den Eindruck des sächsischen Industriekulturerbes nicht. Die riesige Bandwurfmaschine, fachsprachlich Absetzer, dürfen Besucher während der Führung sogar erklimmen und sich von oben sowohl vorstellen, wie die Landschaft mit und ohne den Tagebau ausgesehen hätte, als auch welche Orte mit ihm verschwanden. Beinahe stünde der Name Dreiskau-Muckerns auf einer der Stelen im Bergbau-Park, die an diese verschwundenen Dörfer erinnern.

Weil Sachsen Seegang hat, ohne am Meer zu liegen

In Radebeul kann man im ältesten Wellenbad der Welt abtauchen. Das Bilzbad wurde 1905 als Freibad eröffnet und ist ein Kind der Naturheilkundebewegung. Gründer Friedrich Bilz war bekennender Frischluftfanatiker, Sanatoriumsbetreiber und Trendsetter. Als er 1911 auf der sächsischen Hygieneausstellung die Urform des Whirlpools entdeckte, gab es für den aus Penig stammenden Unternehmer kein Halten mehr. Er kaufte die Wellenmaschine und ließ das Gerät in sein Freibad in der Oberlößnitz einbauen. 1912 schrillte zum ersten Mal die Glocke, die einmal pro Stunde den Wellengang ankündigte. Die historische Apparatur ist noch immer in Betrieb und lässt die Wogen im nunmehr über 100-jährigen Freibad hoch schlagen. Womit bewiesen wäre: Seegang braucht gar kein Meer.

Ruhiger lassen es die Pulsnitzer angehen, ihr Walkmühlenbad ist eine Oase der Ruhe und eines der günstigsten Bäder des gesamten Freistaats. Es ist auch das grünste, lauter schöne alte Bäume säumen das Becken und die Liegewiese des Freibads. Warmduschern sei empfohlen, Kleingeld einzustecken: Heiße Duschen gibt es nur gegen Bares. Was auch schon wieder Vergangenheits-Charme hat – und heutzutage von ökologischem Bewusstsein zeugt.

Die Tagebau-Nachfolgeseen im Süden Leipzigs samt des Markkleeberger Kanuparks mit seiner Rafting-Anlage machen Mittelsachsen zum XL-Naherholungsgebiet und einem reißenden Absatzmarkt für Weddingplanner. Rafting zum Junggesellenabschied ist beliebt. Wer seine Bachelors in Dresden um sich schart, findet am Stausee Niederwartha eine reizvolle Alternative, zumindest ein Schlauchboot zu Wasser zu lassen.

Falls das nasse Element mal als Regen von oben kommt und die Outdoor-Schwimmlust dämpft, ist das Chemnitzer Stadtbad eine der ersten Adressen, doch noch die Badehose auszupacken. 1935 als Vorzeigekomplex im Bauhausstil eröffnet, war es lange Zeit das größte und modernste Bad Europas. Auch nach mehreren Sanierungswellen hat das Hallenbad nichts von diesem Retro-Charme eingebüßt. Besonderer Hingucker: Die Tierkreiszeichen-Uhr an der Stirnseite der Schwimmhalle.

Das Dresdner Nordbad ist nicht unbedingt Hotspot der Bahnenschwimmer, dafür ist das Becken zu klein, aber die Schwimmhalle in der Neustadt hat als einziges unter den alten Dresdner Volksbädern überlebt und ihren aristokratischen Gründerzeitcharakter behalten. Im Jahrzehnt zwischen 1982 und 1992 war das Nordbad geschlossen worden, weil sich die Halle vor lauter Baufälligkeit kaum mehr auf ihren stählernen Stützpfeilern halten konnte. Ein weiteres Bauwerk, dem die Wende ein zweites – saniertes – Leben bescherte, denn eine Neustadt ohne Nordbad ist mittlerweile undenkbar.

Ganz auf dem falschen Dampfer ist man als Wasserratte beim Tauchscher. Das verbindet sich nicht mit Baden, zu sehen gibt es trotzdem genug. Der Tauchscher ist das Stadtfest in Taucha, ein Mix aus Jahrmarkt mit Festumzug sowie Open-Air-Festival. Es findet jedes Jahr Ende August statt. Wenn Sie in der Gegend sind, tauchen Sie doch dort mal auf.

90. GRUND

Weil Dresden die BRN hat

Sachsens Landeshauptstadt tickt barock, und ihre Stadtteilfeste sind auch eher gemächlich-unaufgeregte Veranstaltungen. In der Äußeren Neustadt wird dieses Image jedoch gegen den Strich gebürstet, sobald die Bunte Republik Neustadt vom Viertel zwischen Alaunpark, Bautzner und Prießnitzstraße Besitz ergreift. Passiert jedes Jahr Mitte Juni. Dann entsteht ein Becken für Subkultur, in das auch gemütlichere Naturen eintauchen.

Insider sprechen von der BRN. Tatsächlich gilt das längst nicht mehr nur für Dresdner, das Stadtteilfest zieht überregionales Publikum an, gerüchtehalber kommt ein Drittel der Gäste aus Preußen und schnappt verblüfften Rucksacktouristen die Betten weg. Für die Bewohner der Äußeren Neustadt verwandelt sich der tägliche Weg an die Uni, ins Büro oder zur Kita der Sprösslinge – Dresden-Neustadt ist demografisch einer der jüngsten Stadtteile – zum Hindernislauf zwischen Straßensperren, im Aufbau begriffenen Pavillons, Bühnen und Bierwagen. Spannend wird es bereits Tage vor dem Fest, wenn Autos von der Partymeile verbannt werden. Zur BRN herrscht Parkverbot. Seit die Neustadt vor etwa zehn Jahren Parkraumbewirtschaftungszone wurde, klappt es besser mit dem Wegparken. Zuvor blieb jeder stehen bis zum Gehtnichtmehr. Und darüber hinaus.

Dass die BRN vor 25 Jahren politisch ambitioniert begann, ist ihrem Namen noch abzulesen: Bunte Republik Neustadt. In den Wendemonaten bestimmten deren Urheber, Neustädter Anwohner, ihr Viertel zur freien Republik, druckten sogar eigene Pässe und eigenes Geld: Neustadtmark. Flagge zeigte die BRN mit einer Mickey Maus im Ährenkranz. Das Motiv ist nach wie vor das Logo des Stadtteilfests.

Die Ur-BRN hatte einen ernsten Hintergrund: Dresden-Neustadt war ein Kiez, nach dem 1990 zahlungskräftige Investoren zu schielen begannen. Die meisten Häuser waren Sanierungsfälle und damit alles andere als bunt, weil in der DDR funktionale Neubauten mehr galten als aristokratisch verwitternde Altbauten mit Außenklo und Stuckdecken. Dafür lebte man in Letzteren günstig. Das würde sich mit einem Schlag ändern, sobald die Eigentumsverhältnisse der Immobilien geklärt waren. Das ahnten die Neustädter. Mit weißer Farbe malten sie eine Grenze vor ihr Viertel, postierten selbst gemalte Schilder, die Eindringlingen ankündigten »Sie betreten jetzt die BRN«, und schützten ideologisch die Hausbesetzer vor den Hausbesitzern. Anarchie versus Identitätsfindung. Nach vier Jahren reihte sich das Viertel dann in die neue Dresdner Bürgerlichkeit ein, gemächlich aber mitnichten unaufgeregt. Einmal im Jahr trug das Stadtteilfest BRN das Herz der Neustadt auf der Zunge. Mit etwas Fantasie und Fingerspitzengefühl kann man den Herzschlag der Neustadt auch die übrige Zeit des Jahres spüren, sobald man auf die Alaun- oder Louisenstraße einbiegt. Es ist, als hebe sich ein Vorhang. Der sich konsequenterweise wieder senkt, nachdem die Pforte durchschritten ist.

Mit dem durchgestylten Gesicht der BRN heutzutage hatte das erste Straßenfest gar nichts gemein. Dafür ist das dreitägige Festival mit Musik, Markt und Kinderprogramm organisierter und hält die Besuchermassen auf Kurs. 100.000 Gäste pilgern während des BRN-Wochenendes schon mal durch die inzwischen sehr viel bunter gewordene Neustadt. Dafür ergreifen einige Anwohner, die zuvor ihre Autos wegparken mussten, die Gelegenheit zur Flucht. Bis die Bierflaschen, der Wulst Caipi-Limetten und die Kartonschiffchen mit Restketchup von der mobilen Currybude wieder von der Türschwelle weggekratzt sind. Die Zahl der Neustädter, die dableiben und sich mit ihrem eigenen Stand bei der Feier einbringen, Bowle mixen oder Buletten grillen, ist merklich geschrumpft. Die städtischen Auflagen sind gestiegen. Trotzdem ist die BRN ein unverwechselbares Stück Dresden und eine Seite der Stadt, die man nicht unbedingt erwartet. Von den Anfängen des Fests berichtet seit 2010 das Museum der Bunten Republik im Neustädter Stadtteilhaus in der Prießnitzstraße. Familiärer gestaltet sich die kleine Ausgabe der BRN, das Hechtfest Ende August im Hechtviertel. So heißt der Teil der Äußeren Neustadt hinter der Bahnlinie und rund um die Ruine St.-Pauli-Kirche.

Weil es in Bautzen flotte Dreier aus ganz Deutschland zu sehen gibt

Bautzener sind gewohnt, überall ihren Senf dazuzugeben. Mitunter ist das Ergebnis schärfer formuliert, als es gemeint ist. Manche Berliner Schnauze kann von der Stadt an der Spree (sic!) noch etwas lernen. Oder ihr etwas zurückgeben. Wie wäre es zum Beispiel mit einer Dreiermenage? Diese Sets waren lange ein gesetztes Aussteuergeschenk, bestehend aus Salz- und Pfefferstreuer sowie Senftopf, den viele Familien aus Unkenntnis als Zuckerdose zweckentfremdeten. Im Bautzener Senfmuseum in der Hohengasse sind eine Menge dieser flotten Dreier ihrer Bestimmung entsprechend ausgestellt. Der Aha-Effekt ist garantiert!

Die Tischmenagen wurden dem Museum gestiftet, wie Kärtchen oder kleine Hinweisschilder daneben verraten: Von der Urgroßmutter, die sie zur Hochzeit 1857 erhalten hatte. Von Tante Hedwig. Von Mama Inge. Alte Sets aus Kristall oder Porzellan in Gestalt einer Vogelfamilie, die moderne spülmaschinenfeste Stahlvariante sowie halbkugelige DDR-Plastiktrios in schrillen Farben – inklusive Senfgelb – säumen die Vitrinen. Neben den Dreiermenagen versammelt das Museum zwei Dutzend Senfpötte, von denen der größte einen Küchentisch zu Kleinholz machen dürfte: Der Pott ist zwei Meter hoch, wurde wie alle übrigen Exemplare außer Dienst gestellt und hochglanzpoliert. Alt im Sinne von historisch ist auch das Mobiliar des Museums, das sich in den vorderen Räumen als Senfladen tarnt. Am besten macht man es auf Bautzener Art und durchquert resoluten Schrittes den Verkaufsbereich. Möglichst ohne an der Senfsorten-Probentheke hängen zu bleiben, obwohl Löffel und Backoblaten verheißungsvoll aufstrichbereit liegen. Selbstbedienung versteht das Personal als Todsünde. Aber in Bautzen folgt einem scharfen Ausdruck oft ein milderer Abgang.

Bautzner Senf ist der Spitzenreiter in den neuen Bundesländern: Zwei von drei Bundesbürgern dort greifen zu den kleinen Kunststoffbechern mit dem blauen Deckel. Über die fehlenden Dritten im Bunde schweigt die Statistik, vermutlich sind es Thüringer, denen nichts über Born-Senf geht. Den sächsischen Würzstoff »erfand« die Spirituosenfirma Britze in den 1930er-Jahren. Das Betriebsgelände in der Äußeren Lauenstraße, südlich der Altstadt gelegen, verströmte essigsäuerlichen Duft, wenn der gelbe Brei produziert wurde. Dann wusste die Stadt, was Sache war.

Ab 1953 etablierte sich Bautz'ner Senf mit Apostroph im Namen als feste Marke der VEB Lebensmittelbetriebe Bautzen. Mittlerweile gehört der Scharfmacher zur Develey-Gruppe und wird in Kleinwelka bei Bautzen produziert. 24 Millionen Becher à 200 Gramm Inhalt bringt die Firma jährlich an den Mann. Bautz'ner Senf gibt es aber auch in Zehn-Kilogramm-Eimern. Einer davon dient der Touristeninformation am Markt als Briefkasten. Leerung: täglich.

92. GRUND

Weil es nirgends mehr Studentenclubs gibt

Kreuzberger Nächte sind lang. Dresdner und Leipziger Nächte sind länger. Beim Bundesvision Song Contest 2012 traten vier flotte Berliner Damen namens *Laing* für Sachsen an – und bekannten: »Ich bin morgens immer müde. Aber abends bin ich wach.« Dafür wurden sie mit dem zweiten Platz bedacht. Den ersten Platz unter Nachtschwärmern hatte Sachsen nämlich schon. Nirgendwo in Deutschland gibt es so viele Studentenclubs. Sie sind 50 Jahre alt, vielgestaltig und vor allem selbstverwaltet. Studis im Freistaat haben gute Gründe, abends lange wach zu bleiben und alle Clubs zu besuchen. Denn jeder ist anders. Beispiele gefällig?

»Fahrzeug schenkt aus.« Natürlich wurde da bewusst der Buchstabe »w« vergessen, im Schriftzug auf dem Bus des Dresdner Bärenzwingers. Neben der beweglichen Adresse ist der Club in einem historischen Gemäuer untergebracht, auf das der Spruch »Feste feiern« perfekt passt. Der Bärenzwinger ist Teil der alten Festung in Dresdens historischer Altstadt. Nach dem Krieg waren die Räume eine Bruchbude. Studenten der Architekturfakultät der Technischen Universität haben das Gewölbe 1968 aufgemöbelt. Seit 1990 steht der Club allen offen, ein Verein stemmt das Programm. Legendär ist das Weihnachtsmannsackhüpfen, das jedes Jahr im Advent auf dem Bärenzwinger-Gelände stattfindet. Danach wird ebenfalls ausgeschenkt.

Ältester Studentenclub Dresdens ist der Gutzkowclub, benannt nach dem Wohnheim in der Gutzkowstraße, unter dessen Dach er am 13. Oktober 1964 von Studenten der Verkehrswissenschaftlichen Fakultät gegründet wurde. Damals gab es im Wohnheim nur Gemeinschaftsduschen, deshalb mussten die Bewohner mit Handtuch und Seife in den Keller wandern. Der Weg führte am Club vorbei. Leider hat niemand Buch geführt, wer tatsächlich zum Duschen kam und wer sich bereitwillig in der Tür irrte und sich erst mal von innen benetzte.

Die Geschichte des »Gutz« ist beispielhaft für die gesamtsächsische Club-Evolution. Ursprünglich waren die Wohnheime einer oder zwei Fakultäten vorbehalten, und noch ursprünglicher teilten sich zwei oder mehr Studenten eine Bude. Um wenigstens abends unter Menschen zu sein, die man sich aussuchen konnte, kam die Club-Idee auf. Sie bewährte sich schnell. Die Clubs wurden zur Marke: Den Kellerclub »GAG18« der Dresdner Chemie- und Physikstudenten fanden Gäste im Wohnheim Juri-Gagarin-Straße 18 (heute: Fritz-Löffler-Straße). Dessen hochprozentiges Kultgetränk »Dracula« wird nach wie vor aus Reagenzgläsern gereicht.

150 Cocktails und junge Kunst gibt es im »Club Aquarium«, gegründet 1983 von Studenten der Dresdner Fakultät für Wasserwirtschaft. Tragisch: Mit dem Elbehochwasser im August 2002 machte

der Club seinem Namen alle Ehre und soff ab. Erst ein Jahr zuvor war das Aquarium von seinem ursprünglichen Standort auf dem Dach des Wohnheims in der Petersburger Straße in den Keller gezogen. Ein halbes Jahr lang mussten die Studis die Ärmel hochkrempeln, dann war ihr Club wieder nutzbar. Das Team der »bit-boutique«, des legendären Studentenclubs der TU Chemnitz, muss da mehr Geduld aufbringen. Mit der Sanierung des Wohnheims in der Chemnitzer Vetterstraße wurde der Club dichtgemacht. Eine Fortsetzung für die angeblich schnellste Service-Mannschaft in ganz Sachsen folgt hoffentlich bald. Gäste können derweil im FMP-Club zwei Häuser weiter einkehren. Dessen Name leitet sich ab von den Gründern, Studenten der Fakultät für »Fertigungsmittel und -prozess«.

40 Studentenclubs gibt es in Sachsen. 14 Clubs und ein Clubkino bietet Dresden, das ist die höchste Dichte studentischer Subkultur im Land. Mitte der 1990er-Jahre waren es sogar mal 20 Adressen, ein Viertel davon ging ein. Die neue Selbstverwaltung klappte nicht überall, obwohl fast jeder Club eine engagierte Vereinsgründung vollzog, nachdem sich die FDJ als Vorwendeträger verabschiedet hatte. Parallel dazu wurde das Publikum wählerischer – oder verwöhnter –, weil das Angebot privatwirtschaftlich geführter Bars schnell stieg. Die Kellerclubs in den Wohnheimen kamen trotz ihrer guten Nischenprogramme oft nicht nach.

Freiberg traf das ziemlich hart, dort entging nur ein knappes Drittel dem Clubsterben. Chemie-Studenten der Bergakademie hatten vor 30 Jahren im Keller ihres Wohnheims den ersten Freiberger Studentenclub gegründet. Den Zugang gestalteten sie als Bergwerksstollen. Mittlerweile hat sich der Club hochgearbeitet und Räume in der Neuen Mensa bezogen. Seit der Club-Fusion von Chemikern und Geologen rangiert der »Club der Erd-Alchemisten« hoch in der Gunst der Freiberger. Wenn vom EAC die Rede ist, ist alles gesagt. Dann heißt es: hingehen. Weite Wege muss in Freiberg niemand zurücklegen. Im Gewölbe nebenan, unter der Räumen der Alten Mensa, sitzt der Studentenclub »Zum Teufel«, geführt vom Verein Alte Mensa e.V. Der Skulptur eines Bergmanns an der Pforte haben die Mitglieder Hörner aufgesetzt.

Chemnitz hat fünf Studentenclubs, Leipzig acht, Zwickau drei. Der bekannteste Leipziger Club ist die Moritzbastei, inzwischen privat geführt. Den schrägsten Namen hat der TV-Club. Fernsehen Fehlanzeige, der Name steht für »Tierproduktion und Veterinärmedizin«. Gegründet haben den Club Studenten dieser beiden Fakultäten 1970. Als einer der wenigen Studi-Treffs war der TV-Club nicht in einem Wohnheim angesiedelt, sondern behauptete sich bis 1999 in einem Uni-Gebäude, dann erst fand ein Ortswechsel statt, weil die Hochschule die Räume umbaute und umwidmete. Seinen Traditionsnamen hat der Club behalten, logiert nun aber jenseits des Campus. Die Leipziger finden trotzdem noch ihren Weg dorthin.

Zum Schluss der Verweis auf den Studentenclub C4. Studenten der Leipziger Bau-Fakultät gründeten ihn 1981 im Haus 7 des Studentenwohnheims Johannes-R.-Becher-Straße, die auch heute noch so heißt. Haus 7 hatte einen Clubraum 4, dort kam der Club rein. Als einziger Studentenclub Sachsen war der C4 seit seiner Gründung von der FDJ unabhängig. Traditionell wird dort Leipzigs bester Studentenfasching gefeiert. In Dresden besucht man dazu den Club »Borsi 34« im Keller des Wohnheims in der Borsbergstraße.

Studentenclubs haben keine Siebentagewoche, das gibt das ehrenamtliche Engagement nicht her. Warten lohnt sich. Etwa auf einen der Singer-Songwriter-Abende in der »Maus«. Görlitz' einziger Studentenclub im Vogtshof wird vom Trägerverein »Die Türmer« betrieben, dessen Name an den ursprünglichen Sitz des Clubs seit seiner Gründung 1974 erinnert: im Dicken Turm. 1999 mussten die Studenten wegen Brandschutzbestimmungen ausziehen. Wer nach dem Clubleben in Dresden, Leipzig, Chemnitz, Zwickau und Freiberg auf den Geschmack gekommen ist – oder: noch kann –, dem seien die kleinen Hochschulstandorte Görlitz, Tharandt und Mittweida für eine Tour ans Herz gelegt. Subkultur ist sachsenweit Hochkultur. Oder: Hochschulkultur.

KAPITEL 8

ZUGEZOGEN ODER AUSGEWANDERT

WAS AUS BEUTESACHSEN UND EX-PATS WURDE

Weil der Capitano ein Sachse ist

Michael Ballack war der erste gesamtdeutsche Kapitän der Fußballnationalmannschaft. Obwohl die Medien gerne gebetsmühlenartig wiederholen, dass er nie einen Welt- oder Europameistertitel gewonnen hat, brachte er ganz Deutschland hinter sich. Ohne die Tormaschine aus Sachsen hätten wir die Teilnahme an der Weltmeisterschaft 2002 verpasst. Ballack knöpfte sich in der Relegation das ukrainische Tor vor. Und traf. Im Halbfinale schoss er auf das südkoreanische. Und, genau: Er traf. Im Finale gegen Brasilien – saß er gelbgesperrt auf der Tribüne. Bei Jürgen Klinsmann war Ballack der Capitano. Oh Käpt'n, mein Käpt'n.

Michael Ballack ist nicht der einzige Fußballer mit sächsischen Wurzeln, aber der erste, der die Generation der Wendekicker Sammer und Kirsten hinter sich lassen konnte. Noch bevor sein Stern ganz aufging, war die DDR schon untergegangen. René Adler und Ingo Hertzsch kamen nach ihm, aber nie so weit wie er. Als Ballack im Mai 2010, vier Wochen vor Beginn der WM in Südafrika, von Kevin Prince Boateng krankenhausreif gefoult wurde, lief im Ersten Deutschen Fernsehen dazu ein *Brennpunkt*. Die Katastrophe war eingetreten.

Ballack war der Typ zielorientierter Macher. Dazu passte Fußball, da spielte man nach vorne. Der Junge wollte gefordert sein. Kam die Ansage des Trainers nicht sofort, machte er sie selbst. Die Rückennummer 13 wählte er bei Bayer Leverkusen, weil Rudi Völler sie dort einst hatte. Und stellte klar, drunter würde er's nicht machen.

Dieses Selbstbewusstsein erschütterte den DFB. Wo nahm er's nur her, der Ossi? Sportreporter haben sich an ihm abgearbeitet und den Hartplatz im Chemnitzer Plattenbauviertel vermessen, auf dem der kleine Micha gekickt hatte. Von Görlitz war die Familie nach Karl-Marx-Stadt gezogen, da war der Sohn kein Jahr alt. Sechs Jahre später kickte er in der Betriebsgemeinschaft des Maschinenbaukombinats Motor Fritz Heckert, dann beim FCK. Das war zunächst der FC Karl-Marx-Stadt. Dann kam die Wende, dann wieder ein FCK, der von Kaiserslautern. Michael Ballack stieg die normale Karriereleiter eines Profis hinauf, der Ehrgeiz hat und darüber redet. Die Kulisse grauer Wohnblöcke war in Köln-Bergheim, wo Lukas Poldolski aufwuchs, nicht anders. Der kickte auch auf einem Hartplatz und hat etwas aus sich gemacht, ohne dass jeder eine Erklärung forderte.

Michael Ballack traf Fußballdeutschland unvorbereitet. Zum ersten Mal kam einer von drüben und nahm den direkten Weg nach oben. Die Kapitänsbinde erschien ihm folgerichtig, genauso die Berechtigung als Stammspieler und das Etikett, torgefährlichster Mittelfeldmann des deutschen Fußballs zu sein. So wenig demütig hatten die Funktionäre bis dato nicht einmal junge Spieler des FC Bayern erlebt. Ballack griff künftigen Fußball-Profis vor. Ganz ohne Facebook-Posts und Selfies machte er sich zum meist»geliken« Promi der Bundesliga. Günter Netzer feuerte fast nonstop auf den ihm mal zu eitlen, mal zu arrogant auftretenden, mal zu plaudrigen Sachsen. Michael Ballack genoss es, jung und erfolgreich zu sein. Er arbeitete dafür. Hätte er zu viel gegrübelt, wäre er vielleicht vom Kurs abgekommen. Passierte aber nicht. Stattdessen äußerte er Unverständnis darüber, warum er wegen seiner Herkunft die Bälle anders spielen sollte, als es ihm passte. Ein Generationenkonflikt, der die älteren Bundesliga- und Bundestrainer mit ihrem Star hadern ließ und den erst Rudi Völler und Jürgen Klinsmann lösten. Indem sie Ballack nicht fortlaufend ins Kollektiv drückten, aus dem er angeblich gekommen war, sondern ihn leitwolfen ließen. Der Kahn, der aus dem Osten kam. Prompt machte sich »dorr Mischa« lang für sein Team.

Als DFB-Kapitän war Ballack der, der voranging. Der erste Spielumkrempler seiner Art, seit Franz Beckenbauer den Libero neu erfunden hatte. Ballack ließ die Gegner genauso stehen. Dass mit einem neuen Bundestrainer ein neues System Einzug hielt, in dem Führungsspieler kein Singular mehr war, sondern Plural, ging dem Capitano zu spät auf. Da hatte er schon die rote Laterne kassiert. Kevin Prince Boateng machte diesem Abgang unfreiwillig Beine. Sein Abschiedsspiel in Leipzig im Juni 2013 hat Michael Ballack selbst organisiert. Die Karten waren nach einem Tag weg.

94. GRUND

Weil ein Sachse mit Migrationshintergrund schon vor 200 Jahren Karriere machte

Völkerrechtlich ist diese Episode fragwürdig, aber im 19. Jahrhundert hätte das niemand zugegeben – oder überhaupt erst bemängelt. Prinz Albrecht von Preußen, der jüngste Sohn König Friedrich Wilhelms III., war ein Filou, aber besaß auch zum richtigen Zeitpunkt Anstand. Der zeigte sich, indem Albrecht zeitlebens für einen kleinen farbigen Jungen sorgte, der ihm anvertraut wurde. Dessen Integration in die Gesellschaft geschah lange vor der Erfindung des Begriffs »Multikulti« und spielte sich auch in Sachsen ab. Aber der Reihe nach.

Albrecht weilte von Februar bis April des Jahres 1843 in Ägypten, besuchte dessen damaligen Herrscher Mehmed Ali und kreuzte anschließend nilaufwärts bis Assuan. Mehmed Ali legte Wert auf gute Kontakte nach Europa, heute würde man ihm prima Netzwerken bescheinigen, und je digitaler die Zeiten werden, desto mehr Respekt hat man vor den analogen Netzwerkern. Dass die sprichwörtlichen kleinen Geschenke Freundschaft stiften, hatte Mehmed Ali auch schon kapiert. Ein solches Geschenk machte der arabische Herrscher dem 43-jährigen Hohenzollernprinzen: Anfang März 1843 übergab er Albrecht einen siebenjährigen nubischen Jungen.

Er dürfte nicht der einzige Mensch aus der sudanesischen Provinz Ägyptens gewesen sein, der unfreiwillig von seiner Familie getrennt wurde.

Albrecht, zuvor als dreifacher Vater gleichgültig und ehegelangweilt – nicht zuletzt deshalb war er nach Afrika gegangen –, nahm seine Verantwortung diesmal überraschend ernst. Er gab dem Kind den Namen August Albrecht Sabac el Cher. Der »Familienname« entsprach dem arabischen Gruß »Guten Morgen«, den der Prinz aufgeschnappt hatte. Der Junge reiste im Hofstaat Albrechts mit, der allen die klare Ansage machte, »den Mohren« freundlich zu behandeln. August revanchierte sich und arbeitete fleißig. Hätte ihm der Prinz ein Praktikumszeugnis ausstellen müssen, sicher wäre die Formulierung, »dass er alle ihm übertragenen Aufgaben zur vollsten Zufriedenheit seines Dienstherrn erfüllt« habe, darin enthalten gewesen. Und: August wurde übernommen. Albrecht brachte den nubischen Jungen nach Preußen, ließ ihn taufen, schickte ihn zur Schule und stellte ihn danach ein. Als der Prinz 1849 von Berlin nach Dresden zog, ging er nicht ohne August.

Albrecht war zu diesem Zeitpunkt von seiner ersten Frau geschieden worden und hatte eine über Jahre geführte Affäre offiziell gemacht. Mit einem Mädchen, das deutlich unter seinem Stand war. Weil der König ihn und sich selbst aus dem Fadenkreuz der Klatschpresse wissen wollte – auch der Ärger mit Hollands König, dem geprellten Schwiegervater, dürfte ihm unangenehm gewesen sein –, schickte er Albrecht nach Sachsen, was diesen nicht besonders gestört haben dürfte. Er ließ Schloss Albrechtsberg am Weißen Hirsch bauen, so heißt die Loschwitzer Anhöhe mit malerischem Blick auf die Elbe, und richtete sich und seiner alsbald zweiten Frau dort ein Zuhause ein, in dem auch August Albrecht Sabac el Cher heimisch wurde. Der Teenager stand bereits sechs Jahre im Dienste Seiner Majestät, sein halbes Leben lang. Tatsächlich hat er die meiste Zeit seines Lebens als prinzlicher Kammerdiener und »königlicher Silberverwalter« verbracht. August begleitete Albrecht auf allen Dienstreisen, zweimal auch ins Feld während der deutschen Einigungskriege.

Die Malereien im Gartensaal von Schloss Albrechtsberg erzählen von der Ägyptenreise des Prinzen. Auch ein kleiner Mohr ist dort abgebildet. August Albrecht Sabac el Cher pendelte lange zwischen Preußen und Sachsen, heiratete und gründete eine Familie, aber letztlich in Berlin. Ein Mitglied der Sabac el Chers ist auf einem Gemälde in der Kunstsammlung des Deutschen Historischen Museums verewigt, es heißt *Preußisches Liebesglück* und zeigt einen farbigen Militärmusiker in Uniform mit seiner Liebsten beim Tanz: Gustav Sabac el Cher war Augusts Sohn. Einer, der die Geschichte der Familie, die auch eine zunächst erzwungene, dann gelungene Integration dokumentiert, sorgfältig nachvollzogen hat, ist der wissenschaftliche Leiter des Militärhistorischen Museums in Dresden. So schließt sich der Kreis. August Albrecht Sabac el Cher bekam 1882 die deutsche Staatsbürgerschaft. Ein kleiner Wermutstropfen: Seine Herkunftsheimat Nubien hat er nie wieder gesehen.[6]

95. GRUND

Weil Europa hier unter einem Dach haust

Die Oberlausitz war jahrhundertelang eine Wegkreuzung wichtiger Handelsrouten von West- nach Osteuropa, etwa der Via Regia vom Rhein Richtung Schlesien. Vor 300 Jahren, als geografische Grenzen noch anders festgelegt waren als heute, bildeten Schlesier, Böhmen und Sachsen den Typ Oberlausitzer und gaben sich in der Region die Klinken in die Hand. Die zugehörigen Häuser stehen noch. Auf den ersten Blick sehen sie aus wie Fachwerkhäuser: weißes Mauerwerk, dunkel gebeizte Holzbalken oder eine schindelverkleidete Fassade oberhalb des Türstocks. In diesen Umgebindehäusern verbirgt sich aber noch mehr.

Nicht weniger als halb Europa steckt unter ihren Dächern. Und das kam so: Schlesische Weberfamilien, die zwischen Löbau und Zittau Wohnsitz nahmen, errichteten ihr Zuhause nach dem Vorbild osteuropäischer Blockhäuser aus Holz. Als Nächstes kamen die Siedler aus Thüringen und Franken, die sich im Fachwerkbau auskannten. Den Nachbarn entging die holzsparende Bauweise nicht. Man tat sich zusammen, kombinierte beides und setzte noch einen dritten, steinernen Gebäudeteil in jedes neue Haus ein. Die Massivbauweise guckten die Oberlausitzer den Spaniern ab, die dadurch im Sommer Lebensmittel kühl lagern konnten sowie ihrem Vieh ein hitzebeständiges, feuchtigkeitsresistentes Dach überm Kopf mauerten.

Das schöne, vielversprechende Baukastenprinzip bekam jedoch einen Dämpfer: Die Blockhausstube im Erdgeschoss ächzte irgendwann unter der Last der Fachwerketage nebst Dachstuhl. Holz arbeitet, im senkrechten Fachwerk langsamer als im Blockhaus, dessen Balken waagrecht aufeinanderliegen und den Druck dadurch auf größerer Fläche abfedern müssen. Folge: Das Holz zog sich schneller zusammen. Die Stube schrumpfte, der Überbau sackte nach. Bis einer der Bauherren die Idee hatte, den Fachwerkanteil des Eigenheims auf Stelzen zu stellen. Das Blockhaus bekam einen Überbau, der mit der Stube verschmolz wie bei einer Umarmung. Fertig war das europäisch inspirierte Umgebindehaus.

Ganze Straßenzüge in den Dörfern der sächsischen Oberlausitz bestehen aus Umgebindehäusern, insbesondere Neugersdorf sowie die Amtsgemeinde Kottmar mit den Ortsteilen Eibau und Obercunnersdorf werben mit den denkmalgeschützten Bauten. In Obercunnersdorf stammt das älteste Umgebindehaus aus dem Jahr 1730 und ist mittlerweile ein sorgfältig hergerichtetes Museum, erwacht aus einem Dornröschenschlaf wie etliche seiner Nachbarn. Wieder interessanter waren die Umgebindehäuser erst nach der Wende geworden. Zuvor hatten junge Familien einen pflegeleichten

Neubau dem Altbau vorgezogen. Entsprechend gehören 90 Prozent der Oberlausitzer Umgebindehäuser der Generation 70 plus, die das Eigenheim rüstig pflegt und es alljährlich am letzten Maiwochenende zum »Tag des offenen Umgebindehauses« veröffentlicht. Was nichts am Problem ändert, dass das ländliche Sachsen demografisch herausgefordert ist und es an jüngeren Nachmietern fehlt. Das Dorf-Idyll bietet ihnen keine Jobperspektive. Eine Handvoll Umgebindehäuser ist das ganze Jahr über zum Kauf ausgeschrieben. Eins von ihnen erfuhr 2014 eine besondere Art der Rettung: Einem fränkischen Urlauber war das verfallende Haus während eines Sachsen-Trips aufgefallen. Er kaufte es und nahm es mit. Richtig gelesen, er ließ das Umgebindehaus abbauen, an seinen Wohnsitz in Brandenburg transportieren, dort wieder aufbauen und sanieren, was nötig war. Stein auf Stein, Balken für Balken. Die Sachsen knirschten, nickten das Vorhaben jedoch ab. Mit dieser Ausnahme sind Umgebindehäuser sonst ihr Ding. Aber wer nicht vor der Haustür grenzübergreifend denkt, kommt nie in Europa an.

96. GRUND

Weil ein Kapitel Ελλάς zu Sachsen gehört

Ein bisschen Mogeln muss an dieser Stelle erlaubt sein. Das Festival des Griechischen Liedes ist nämlich keine rein sächsische Angelegenheit sondern verbindet Görlitz und Zgorzelec. Der polnische Stadtteil hat sogar die Nase vorn, in Zgorzelec bilden die Griechen eine erkennbare ethnische Minderheit. Die gab es beiderseits der Neiße, ehe Görlitz geteilt wurde. Die hellenische Enklave entstand jedoch aus einem traurigen Anlass.

Sieben Grabsteine auf dem Görlitzer Städtischen Friedhof erinnern an sieben griechische Offiziere, die dort bestattet wurden. Auf dem Gräberfeld nebenan sind weitere griechische Soldaten bestattet. Eine komplette Einheit der griechischen Armee war während des Ersten Weltkriegs in Görlitz gelandet, offiziell als Kriegsgefangene des Kaiserreichs. Inoffiziell stand den Sachsen nicht der Sinn nach Strafe und Maßregelung der Hellenen. Die waren vom Krieg überrollt worden, hatten sich zuvor neutral verhalten und gerieten dann zwischen die Fronten. Als ihr viertes Armeekorps von Deutschen, Franzosen und Briten eingekesselt wurde, warfen die Griechen schnell die Flinte ins Korn und ließen sich nach Deutschland evakuieren. Sicherer als in Görlitz waren sie nirgends.

Willkommener auch nicht. An der Neiße erwartete die Neuankömmlinge ein herzlicher Empfang. Um 6.500 Männer, Frauen und Kinder schoss die Einwohnerzahl Görlitz' mit einem Mal nach oben. Zum griechischen Viertel erkoren wurde eine Kaserne am rechten Ufer der Neiße, im heutigen Zgorzelec, inklusive eigenem Krankenhaus. Die Offiziere bezogen weiterhin ihren Sold, die Soldaten erhielten 20 Pfennige Lohn pro Tag. Zu wenig, um davon leben zu können, das war den Menschen in Görlitz schnell klar. Deshalb unterstützten sie »ihre« Griechen dabei, zivile Berufe im Handwerk und in der Gastronomie zu ergreifen. Um ein Dutzend griechischer Geschäfte wurde die Stadt reicher. Die Görlitzer mit südeuropäischem Migrationshintergrund integrierten sich rasch und belebten die sächsisch-schlesische Kultur mit Musik und Folklore. Wahrscheinlich auch mit Ouzo. Das Völkergemisch wirkte sich zudem zwischenmenschlich aus, 40 bis 50 Görlitzer Familien haben heutzutage einen griechischen Großvater im Stammbaum. Ihre Enkel oder Urenkel sind vermutlich die, deren Autokennzeichen GR-EC lautet.

Interniert wurde niemand. Gekämpft hat auch keiner. Die griechischen Soldaten, die man auf dem Städtischen Friedhof beerdigte, raffte die Spanische Grippe dahin. Nach dem Krieg war das Gros der Gastarbeiter nach Griechenland zurückgekehrt. Ein paar tauschten das Ruhrgebiet gegen die Oberlausitz. 200 Griechen blieben in Görlitz. Die Hellenen mit Wohnsitz im polnischen Zgorzelec samt eigener Kirche an der Ulica Lubanska sind Nachkommen von Exilanten, die in den 1950er- und 1960er-Jahren dort hängen blieben. Zgorzelec hat auch eine griechische Partnerstadt. Die fehlt den Sachsen noch. Dafür ist das Festival des Griechischen Liedes an beiden Ufern der Neiße eine Institution. 2014 wurde es 15 Jahre alt. Costa Cordalis war auch schon dort.

97. GRUND

Weil Dresden einst ganz Amerika auf Eis legte

Dresden in Maine ist nach Dresden in Sachsen benannt. Mitte des 18. Jahrhunderts siedelten sächsische Auswanderer am Kennebec-Fluss im heutigen nordöstlichsten US-Bundesstaat und benannten ihr neues Zuhause in Amerika nach der alten Heimat. Maine, vor 250 Jahren noch englische Kolonie, der Unabhängigkeitskrieg wird erst 25 Jahre darauf ausbrechen, hatten sie zuvor auf Umwegen erreicht.

Ausgerechnet an den Kennebec hatte es die Siedler verschlagen. Berühmtheit erlangte der erst zu Amtszeiten George W. Bushs, weil das Ferienhaus der Familie dort stand und Maine sich demonstrativ demokratisch gab, aber Bush war eben schon dort. Genauso verhielt es sich drei Jahrhunderte zuvor und anderthalb Autostunden nordwestlich mit Dresden und den Dresdnern. Was sie antrieb, ist reine Spekulation. Fast. Denn Doris Souviney hat eine Vermutung – und ein Dokument, das die alte Dame in ihrem Sekretär aufbewahrt. Zuhause! So tickt Amerika. Allerdings ist der kleine Ort Dresden mit seinen 700 Einwohnern weit davon entfernt, ein Stadtarchiv für solche Schätze aufbieten zu können. Insofern hat Doris recht, dann lieber den Stammbaum unverpflanzt lassen. Damit die Kanten des Papiers nicht noch brüchiger werden, hat sie es in eine Schutzhülle eingeschlagen. Die Urkunde berechtigt ihren Vorfahren, Georg

Mayer, zum Erwerb »einiger Parzellen Land in Dresden«. Dem Dresden in Maine. »Mein Ahnherr befand sich auf einem Auswandererschiff, das 1752 die amerikanische Ostküste erreichte«, erklärt die US-Dresdnerin. Sie rätselte, weshalb in der Geschichte ihres Heimatortes für den damaligen Zeitraum nur französische hugenottische Flüchtlinge vermerkt waren, etwa bei ihrer Ankunft 1752 in Dresden. »Warum sollten sie dem Ort einen deutschen Namen geben?«, fragte sich Doris und gelangte zur Annahme, dass ihre deutschen Vorfahren mit an Bord waren. »Sie hielten sich erst in Frankreich auf und wanderten von dort aus.« Ob es tatsächlich Georg Mayer war, der aus dem Land am Kennebec-Fluss Dresden in Maine machte, bleibt ein Geheimnis. Doris Souviney weiß, dass er Sachse war. Aber Sachse ist nicht gleich Dresdner, auch wenn das die Dresdner vielfach anders sehen. Und wieso sollten nicht weitere deutsche Auswandererfamilien anno 1752 die Passage auf dem Hugenottenschiff als Chance auf ein neues Leben begriffen und genutzt haben.

Sicher ist: Es bedurfte einer weiteren Generation nach Georg Mayer, bis der Name Dresdens 1794 offiziell wurde. Doris Souviney hat alle 88 Lebensjahre in Dresden, Maine verbracht. »In den 1930er Jahren besaß Dresden fünf Postämter, Zentrum, Süd und West, Dresdner Mühle und Dresden-Zedernwald. Meine Familie wohnte im Zentrum, wo ich zur Schule ging und später selbst unterrichtete.« Das Haus beherbergt heute das Bürgermeisteramt. Doris' Vater arbeitete im Ortsteil Zedernwald, wo seit dem 19. Jahrhunderts Eishäuser die Straße säumten. Das frostige Geschäft verdankte der Ortsteil mit dem märchenhaften Namen dem ausgezeichneten Quellwasser des Kennebec. Die Dresdner bauten es im Winter als Eis ab und lagerten es für den Versand ein. »Kennebec-Eis aus Maine war in aller Munde, es gelangte über Boston, New York und Philadelphia ins ganze Land«, erzählt Doris Souviney. »Was nicht sofort verschifft wurde, lagerte man in einem der Eishäuser. Jedes von ihnen fasste 80.000 Tonnen Gefrorenes.« Längst sind sie Geschichte.

Der Fluss war nicht immer Freund der Dresdner, kurz vor ihrer Heirat erlebte Doris eine Flut, die dem Ort schwer zusetzte und zwei Brücken fortriss. Das Schicksal des deutschen Dresdens, das im August 2002 von Elbe und Weißeritz unter Wasser gesetzt wurde, hat die alte Dame deshalb sehr bewegt.

98. GRUND

Weil es ohne Sachsen kein Oktoberfest gäbe

Prinzessin Therese von Sachsen-Hildburghausen wäre aus heutiger Sicht Thüringerin. Zu ihren Lebzeiten vor rund 200 Jahren war ihre Heimat ernestinisches Herzogtum. Die spätere Königin Bayerns gehörte damit einer Nebenlinie der Wettiner an. Eine Sächsin hatte sich Kronprinz Ludwig als Braut ausgeguckt – und München stand vor Freude kopf, immerhin hatte die Residenzstadt seit fast 100 Jahren keine adlige Vermählung mehr mitgemacht und der Wittelsbacher Hof die Imagekampagne dringend nötig. Entsprechend sah das Programm aus: fünf Tage Sause. Gefeiert wurde in der ganzen Stadt und auf einer Freifläche, die Bayern zu Ehren der Braut Theresienwiese taufte, allerdings erst nach Vollzug der Ehe. Die Geehrte handelte weitsichtig, indem sie im weißblauen Kleid vor das Volk trat.

Gegenwärtig rutscht die Wiesn in die zweite Septemberhälfte hinein. Ihr Ursprung wurde dem Namen Oktoberfest gerechter. Die Kronprinzenhochzeit wurde am 12. Oktober 1810 gehalten, dem Namenstag des Königs. Die Feier schloss sich im Zeitraum von 13. bis 17. Oktober an, praktischerweise fiel auch der Namenstag der sächsischen Schwiegertochter am 15. Oktober in diese Woche. Das Ur-Fest fand seinen Höhepunkt in einem Umzug mit anschließendem Pferderennen auf der Theresienwiese. Dem Kronprinzenpaar wurde dort ein Pavillon aufgebaut, an dem zuerst Kinder vorbeizogen, dann Bürger und Bauern in den Trachten der neun bayerischen Regierungsbezirke Braut und Bräutigam huldigten.

Der Zweck heiligte die Mittel: Hochzeit, sportliches Großereignis und folkloristische Leistungsschau der Wittelsbacher Territorien, die erst fünf Jahre zuvor durch Napoleons Europapolitik zu einem neuen, größeren Königreich Bayern zusammengefasst worden waren, bildeten ein Nationalfest, auf dem sich auch noch eine Sächsin zu den Landesfarben bekannte. Das bayerische Bewusstsein ficht seitdem so leicht nichts an. Daran änderte auch die Vorverlegung des Oktoberfests Anfang des 20. Jahrhunderts nichts. Der Maximilianstag geriet in Vergessenheit, das Volksfest wurde von Jahr zu Jahr beliebter.

Nicht wenigen München-Besuchern sagt die sächsische Namensgeberin der Wiesn-Wiese gar nichts, oder sie sehen in der Bronzeskulptur der Bavaria ein allegorisches Abbild Thereses. Tatsächlich waren die Damen Zeitgenossinnen und kamen durch König Ludwig I. in Amt und Würden, das war es aber an Gemeinsamkeiten.

Die Enthüllung der Bavaria 1850 war ein weiteres Huldigungsfest für das Königspaar. Therese war eine Königin der Herzen, beim Volk beliebt und geachtet, was in Bayern nicht jeder Zugereiste schafft. Durchgesetzt hatte sie ihren eigenen Glauben, die Königin blieb evangelisch und praktizierte damit erfolgreich Ökumene bei Hofe und im Land: Für viele Schwaben und Franken dürfte sie eine besondere Identifikations- und Integrationsfigur gewesen sein. Dass aber auch die katholischen Bayern ihre First Lady mochten, davon zeugen drei Dutzend Namensgebungen im Land. Schulen, Parks, eine Brücke, sogar ein ganzer Ort in Niederbayern heißen wie die Königin mit den sächsischen Wurzeln. Zum Glück für den weißblauen Freistaat, denn hätte Therese von Sachsen-Hildburghausen wie geplant Napoleon geheiratet und wäre Kronprinz Ludwig dem nicht spontan zuvorgekommen, gäbe es womöglich gar keine Wiesn.

Weil die Sachsen zuerst nach Adam Riese rechneten

Folgendes Kapitel lässt sich in Dreisätzen zusammenfassen: Der Rechenmeister Adam Riese, der tatsächlich Ries hieß, war kein Sachse. Er verbrachte aber über die Hälfte seines Lebens in Sachsen und revolutionierte dort das Rechnen. Indem er die vier Grundrechenarten allen Bevölkerungsschichten zugänglich machte.

Adam Ries (1492–1559) war ein Kind seiner Zeit, der Reformation. Luthers Lehre lag ihm, deshalb eiferte er dem Vorbild des Theologen auf seine Weise nach: Ries verstand es, dem Volk aufs Maul zu schauen. In seinen Rechenbüchern wählte er Beispiele aus dem Alltag des Handwerkers oder Bergmanns. Die formulierte er erstens so, dass die Menschen den Inhalt kapierten, und zweitens so, dass sie eine gestellte Aufgabe lesen konnten. Auf Deutsch statt auf Latein. Adam Ries gab den Mathe-Reformator, schrieb arabische Zahlen und machte die Ergebnisse unter anderem per Rechenschieber bildlich nachprüfbar. Nach Adam Ries(e) machte das – Sinn. Für Menschen, die Summen oder Differenzen zuvor an ihren Fingern abgezählt oder ins Kerbholz geritzt hatten, auch. Ihre Welt wurde ein Stück verlässlicher.

Adam Ries' erster Sachsen-Aufenthalt galt Zwickau, wohin er seinen jüngeren Bruder auf die Lateinschule begleitete, damit er ein Bücherwurm werde wie er. Ries, gebürtiger Franke, lebte eine Zeit lang im Erzgebirge, zog dann weiter nach Erfurt, weil er als Rechenmeister dort kapitale Jobaussichten hatte: Die Kaufleute des späten Mittelalters rissen sich um seinesgleichen, weil die Rechenmeister ein Verhältnis von Waren und Wert bestimmten, das galt. Eine Praxis, die sich kurze Zeit später in den sächsischen Erzgruben etablierte, ging es darum, Erträge anteilig auszurechnen. Aus diesem Grund kehrte Adam Ries 30-jährig zurück nach Annaberg. Er kaufte ein Haus, gründete eine Familie und kreierte ein Familienwappen mit stilisierter Neunerprobe. Was das noch gleich war: Ein Kreuz, vier Felder, eine Möglichkeit, das Ergebnis von Addition, Subtraktion oder Multiplikation zweier Zahlen zu prüfen, indem man ihre Quersummen bildet und die Zahl Neun davon abzieht, so oft es geht. Die Sachsen haben zuerst nach Adam Ries(e) gerechnet. Außer bei Divisionen, da ging die Neunerprobe nicht auf.

Dass der einfachen Bevölkerung geholfen war, wenn sie ihre Löhne selbst nachrechnete und Lebensmittelpreise vergleichen konnte, merkte Ries rasch. Umgekehrt erschienen ihm gerechte Handelspartner vertrauenswürdiger. Er investierte in beide, fing jedoch oben an und unterrichtete zuerst den Spross des Annaberger Bergherrn. Entsprechend hatte der Rechenmeister dessen Vertrauen, als er auf Algebra für die kleinen Leute umstieg. Dazu gehörte, dass Adam Ries in Annaberg (1533), Zwickau (1539) und grenzübergreifend im fränkischen Hof (1544) eine Brotordnung aufsetzte, die das Verhältnis von Mehlpreis, Brotmenge und Brotpreis verbindlich regelte. Womit auch bewiesen wäre, brotlose Kunst war die Mathematik keine. Ries' Rechenbücher hält heute der Adam-Ries-Bund Annaberg in Ehren. Die Theorie erklärt ein Museum in der Bergstadt, die Praxis die angrenzende Rechenschule. Oder man misst sich im Landeswettbewerb Mathematik.

100. GRUND

Weil Heinz Rühmann hier Haare gelassen hat

Kottmarsdorf ist schwer zu finden. Wo Straßenschilder fehlen, holt das Navi den Ortsteil der Amtsgemeinde Kottmar aber zuverlässig auf den Schirm. Das Dorf haarscharf zu verfehlen, wäre schade. Denn Kottmarsdorf bringt es auf ein sehenswertes Beispiel sächsischer Umtriebigkeit. Im Jahr 2000 eröffnete ein Privatmann dort das sächsische Friseurmuseum, dessen Herzstück Dresdens exklusivster Friseur-Rentner zur Verfügung stellte. Die Kottmarsdorfer bekamen die Originaleinrichtung seines Salons aus dem Dresdner Nobelviertel Weißer Hirsch, wo sogar Heinz Rühmann Haare gelassen hatte.

UFA-Stars, die ihre Dresden-Aufenthalte mit einem Besuch im Salon Harand verbanden, bildeten aber nur einen Teil der werten Kundschaft. Die Klientel aus der Nachbarschaft kam auch. Rund 200 Köpfe brachten der sächsische Udo Walz, Werner Harand, und sein Team an betriebsamen Tagen in Form. Die Geschäftszeiten dürfte das in die Länge gezogen haben. 1995 dankte der Figaro ab und vermachte das Inventar des Salons dem Friseurdevotionalien-Sammler Ulrich Lück. Die 30er-Jahre-Reklametafeln hängen inzwischen am Eingang des Friseurmuseums.

Ein ganzes Jahrhundert Sammlerglück verteilt sich auf vier Räume im Erdgeschoss des 200 Jahre alten Umgebindehauses in der Kottmarsdorfer Dorfstraße. Ulrick Lück, gelernter Kosmetiker – und seines Zeichens einziger männlicher Vertreter dieses Berufs in der DDR – hatte damit begonnen, von Flohmarkt zu Flohmarkt und von Tür zu Tür zu ziehen, wo er sich nach Adressen ehemaliger Friseure erkundigte. Die wurden ihm genannt oder die historischen Utensilien direkt in die Hand gedrückt. In den Vitrinen liegen Bartbinden, mit denen die Herren früher ihre Schnauzer über Nacht in Form hielten, Barttassen mit Einsatz, auf denen der Oberlippenwuchs zum Trinken aufliegen konnte und so trocken davonkam, sowie Rasierklingenschärfer in Gestalt eines Mini-Grammofons. Der Friseur war schließlich auch Barbier. Die historischen Haarwaschbecken des Museums haben alle Wasseranschluss, und unter den Trockenhauben könnte frau ihre Dauerwelle genauso in Form bringen wie mit nostalgischen Brennscheren.

Dass Ulrich Lück seine 6.000 Stücke fassende Schau öffentlich machen und Sachsens Museumslandschaft damit ordentlich gegen den Strich bürsten würde, ergab sich daraus, dass seine Familie die wachsende Sammlung irgendwann des Hauses verwies. So geschehen 1998. Geschäftig entschied sich Vatern daraufhin zur Gründung des Friseurmuseums.

Ein Museums-Hotspot ist Kottmarsdorf keiner. In der Landeshauptstadt Dresden, in Görlitz oder im nahen Löbau wäre die kleine Schau publikumswirksamer platziert gewesen, das war dem Museumsgründer klar. Er ahnte aber, dass der Trägerverein die Mieten dort nicht aus der Portokasse würde zahlen können. Stattdessen bewies Ulrich Lück Mut zum dezentralen Standort und legte die Eröffnung des Hauses selbstbewusst auf den 11.11. um 11.11 Uhr. Begründung: damit Faschingsmuffel eine gute Ausrede hätten, dem karnevalesken Treiben fernzubleiben. Und stattdessen ins Museum zu gehen. Die kamen dann auch in Scharen gepilgert. Wenn schon gegen den Strich gebürstet, dann richtig.

Hin und wieder verpflichtet Museumsgründer Lück seinen Sohn, einen Friseurmeister, zum Schaufrisieren in der Sammlung, wo sämtliche Geräte funktionstüchtig und einsatzbereit sind. Kinder ziehen das große Los, sie dürfen auf dem historischen Friseurstuhl mit Schaukelpferdkopf und echten Zügeln Platz nehmen. Der Senior hat sich derweil bescheiden die Abstellkammer des Museums mit Erinnerungsstücken aus seiner aktiven Berufszeit als Kosmetiker eingerichtet, inklusive Meisterbrief, Fußwaschbecken und – wer zartbesaitet ist, bitte beim Absatz unten weiterlesen – eindrucksvollen Exemplaren abgeschnittener Fußnägel.

Ein Geheimnis des Friseurmuseums Kottmarsdorf wird erst gelüftet werden, wenn der Museumschef das Zeitliche gesegnet hat. Ulrich Lück verfügte selbst, dass eine wertvolle gläserne Shampooflasche aus den 1930er-Jahren, die bis zum heutigen Tag originalversiegelt ist, erst nach seinem Tod entkorkt und geöffnet werden darf. Dann soll sich jemand die Haare damit waschen und das Ergebnis, Afro oder Glatze, für das sächsische Friseurmuseum dokumentieren.

Weil es in Chemnitz an die Wäsche geht

Das erste vollsynthetische Feinwaschmittel, abgekürzt Fewa, war ein Produkt der Firma Böhme aus Chemnitz. Dass die Chemie stimmte, dafür sorgte mit Heinrich Gottlob Bertsch allerdings ein Schwabe, den es beruflich nach Sachsen verschlagen hatte. Wo er sich als Problemlöser hervortat.

Denn feine, empfindliche Fasern waren das Sorgenkind jeder Hausfrau, die sich um die Wäsche kümmerte. Sie nahmen beim Bad in der Lauge früher oder später Schaden. Heinrich Bertsch befasste sich seit 1924 damit, auf gewebeschonende Art an die Wäsche zu gehen. Weil Schwaben ähnlich umtriebig wirtschaften wie Sachsen, kam er in Chemnitz gut vom Fleck und revolutionierte mit seiner Erfindung die Welt des Waschens. Fewa wurde 1932 publik und bescherte dem Unternehmen Umsatzrekorde. Das synthetische Waschpulver funktionierte ohne Zusatz von Seife und erleichterte das Reinigen empfindlicher Textilien. Es wurde in kürzester Zeit so unentbehrlich, dass die Konkurrenz aus Düsseldorf, die den Marktführer Persil produzierte, die Firma Böhme drei Jahre später aufkaufte. Den Standort behielt sie. Fewa blieb ein sächsisches Erzeugnis.

Ein Sachse war es auch – der Chemnitzer Zeichner Horst Geil –, der die Johanna gestaltete, die als Markenbotschafterin des Pulvers das ursprünglich eingesetzte, wurstartige Wollmännchen ablöste. Johanna besaß mehr Identifikationspotenzial. Fiel schmutzige Wäsche an, schälte sie sich wie eine bezaubernde Jeannie flaschengeistartig aus der Fewa-Packung und brachte alles ins Reine. Sobald Johanna auf der Bildfläche erschien, bekam die Hausfrau ihr Fett weg. Fünf Jahrzehnte lang war die gezeichnete Figur das Gesicht der Waschmittelmarke und stand dafür, dass fewagereinigte Kleidung in Form blieb und ihre Farbe behielt. Johanna gab in ihrem taillierten Blüschen ein leuchtendes Beispiel.

Die personifizierte Sauberfrau Sachsens blieb Single. Das wissend lächelnde Fräulein, das die roten Haare zum Dutt gesteckt trug, absolvierte Mitte der 1930er-Jahre seinen ersten Auftritt. Trotz deutscher Teilung behauptete sich die Fewa-Fee und behielt ihr Aussehen, während die Verpackung des Pulvers von West zu Ost variierte. Bis sie Mitte der 1970er-Jahre ganz verschwand. Den Job mit der sauberen Wäsche übernahm dann eine andere. Die Dresdnerin Johanna König aka Klementine, die in Latzhose und Schiebermütze für Waschpulver von Ariel warb. Noch eine Sächsin, die als gesamtdeutsche Werbeikone vom Fleck weg engagiert wurde.

Waschpulver von Fewa gibt es nicht mehr. Anfang der 1990er-Jahre wurde die Produktion eingestellt. Johanna fand im Sächsischen Industriemuseum in der Nachbarschaft des alten Böhme-Firmengeländes an der Chemnitzer Neefestraße eine neue Bleibe.

Bleibt noch zu sagen, dass auch die erste in Deutschland gebaute Ganzmetallwaschmaschine ein sächsisches Produkt war. Der Schwarzenberger Fabrikant Karl Louis Krauss hatte 1902 als Erster das Prinzip der rotierenden Wäschetrommel verwirklicht. Bis die mechanische Haushaltshilfe elektrifiziert wurde und preislich erschwinglich, war ein weiteres halbes Jahrhundert Handwaschen angesagt.

102. GRUND

Weil James Bonds bester Bösewicht Sachse war

Niemand trat gemeiner auf als Auric Goldfinger. Dass der dritte James-Bond-Film von 1964 als 007s bester Fall gilt, dazu hat maßgeblich Gert Fröbe beigetragen. So glänzend präsentierte sich seitdem kaum ein Schurke. Fröbe musste nur das Gesicht verziehen, um Gänsehaut auszulösen. Goldfingers Grimassen hatte niemand in der Maske jokermäßig hingeschminkt, den Fiesling in sich konnte der Schauspieler einfach anknipsen und die Welt das Fürchten lehren. Gert Fröbe war auch der Einzige aus der Besetzung, der sich in der deutschen Fassung des Films selbst sprechen konnte. Dafür musste er im englischen Original synchronisiert werden. Gemütliches Sächsisch spricht eben nur, wer ein Herz aus Gold hat. Also kein Goldfinger.

So bösewichtig wie Fröbe bei James Bond oder zuvor als Mörder in der beeindruckenden Verfilmung von Friedrich Dürrenmatts *Das Versprechen* rüberkam, war der gebürtige Zwickauer gar nicht. Das komische Fach lag ihm sogar mehr, aber wandlungsfähig wie er war, konnte er beides. Oder: alles.

Für seine Eltern war der kleine Karl Gerhart, geboren 1913, der ersehnte Stammhalter. Seine ältere Schwester registrierte erleichtert, dass das Brüderchen wie sie rothaarig war und ihr auf dem Schulhof beistehen würde. Tatsächlich wurden beide Kinder wegen ihres roten Schopfs gemobbt. Als Gert in seinem Heimatdorf Oberplanitz, heute nach Zwickau eingemeindet, erste Bühnenerfolge feiert, lassen die Sticheleien nach: Der Bub denkt sich Kasperstücke aus und spielt sie im Hof des Elternhauses vor.

Die Bühne schließt er früh ins Herz, obwohl er auch musikalisch und zeichnerisch begabt ist. In Dresden beginnt er nach der Schule eine Ausbildung als Bühnenmaler. Sein Taschengeld bessert er mit selbst gemalten Postkarten auf, sie zeigen Motive aus dem Erzgebirge. Obwohl er Dresden liebt, hängt er an seinem Zuhause. Als 20-Jähriger gelingt Gert Fröbe dann der Sprung aus den Kulissen auf die Bühne. Die großen Gagen lassen noch Jahre auf sich warten, was auch den politisch unruhigen Verhältnissen, dem Zweiten Weltkrieg und der Zeit danach geschuldet ist. Aber Fröbe wäre kein Erzgebirgler, wenn er nicht die Zähne zusammengebissen hätte. Geld ist nicht alles. Das unterscheidet ihn von Auric Goldfinger.

Als ihm Bonds Produzenten den Part des Schurken antragen, ist Gert Fröbe entsetzt von der Gewalt der Episode. Die Macher des

Films irritiert derweil sein sächsisch eingefärbtes Englisch. Beide Seiten haben sich zusammengerauft. Das Ergebnis spricht für sich. Dem muss auch James Bond nichts hinzufügen. »Erwarten Sie von mir, dass ich rede?«, fragt er Goldfinger in einer Szene des Films. »Nein, Mister Bond. Ich erwarte, dass Sie sterben«, antwortet Fröbe. Ausnahmsweise toppt er damit sein diabolisches Grinsen.

Wenn man vom Teufel spricht: Die Rolle des Mephisto hatte Gert Fröbe ganz am Beginn seiner Karriere vorgesprochen. Schon damals wurde ihm das Sächsisch angekreidet, es klang zu wenig fies.[7]

103. GRUND

Weil Sachsen am besten losmachen

Zwei Sätze, die Sie garantiert im Freistaat hören werden, sind: »Ich mach' los« und »ich mach heme«. Beide fassen den Tag kurz und gut zusammen, ausgenommen »losmachen« bezieht sich auf eine abendliche Unternehmung, die ansteht, nachdem man schon heme gemacht hatte, sprich: nach Hause ging. Der Feierabend-Ausdruck ist einer der gebräuchlichsten, zu Hause ist es doch am schönsten. Bei aller Gemütlichkeit weiß der Sachse aber, wann Zeit ist, sich zu bewegen. Sich und andere.

Die Verwendung des Verbs »machen« im Sächsischen spricht für den Freistaat. »Wir machen jetzt los« klingt auch dann noch nett, wenn nachdrücklich gefordert wird, dass der Gegenüber in die Pötte kommt. Einmal unterwegs, macht ein Sachse dann aber überall hin, sogar rüber, was ihm lange verwehrt geblieben war. Rübermachen hieß zu Ostzeiten in den Westen abhauen. Mittlerweile hat sich die Sprengkraft des Ausdrucks abgeschliffen, entsprechend seltener kommt er einem zu Ohren. Noch so eine Hör-Rarität ist: »Ich mach jetzt ins Bett«, deshalb wenig geäußert, weil jedem Sachsen die Doppeldeutigkeit seiner Worte bewusst sein dürfte. Und weil Gäste, insbesondere Nicht-Sachsen, in der Regel heme machen müssen, wenn Schlafenszeit ist.

Das bewegte Wesen der Menschen im Freistaat macht auch vor den Gebäuden dort nicht halt. Um einen Beweis zu sehen, müssen Sie zunächst losmachen. Genauer: hoch auf die Dachterrasse des Leipziger City-Hochhauses alias »steiler Zahn« oder »Weisheitszahn«. Ein Fahrstuhl erspart das Treppensteigen in den 31. Stock, ausgenommen auf den letzten Metern. Aber die sind gut zu bewältigen und die Entdeckungsreise von höchster Stelle aus lohnt sich. Südöstlich der Altstadt fällt eine Freifläche auf, aus deren Mitte ein helles Gebäude blitzt. Das ist das Eingangsportal des Bayerischen Bahnhofs, dem bis 2001 betriebenen ältesten Kopfbahnhof Europas. Mehr ist davon nicht erhalten geblieben, noch dazu musste der Koloss für die Dauer von drei Jahren 30 Meter in den Osten (!) rübermachen, weil unter seinem Stammplatz ein Bahntunnel entstand und der dingfest gemacht wurde. Im Anschluss rückte das historische Portal wieder auf seine ursprüngliche Position. Wer »auf den Bahnhof« macht, fährt seit der Eröffnung des Citytunnels 2013 in Wahrheit abwärts.

Die Strecke Leipzig–Zwickau–Hof, deren Züge sich vom Bayerischen Bahnhof aus in Bewegung setzten, spielte auch beim Kirchtransport von Heuersdorf nach Borna 2007 eine tragende Rolle. Der XXL-Tieflader mit dem Kirchlein huckepack überquerte an einer Stelle die Bahnschienen, die zuvor nach allen Regeln der Kunst abgedämpft worden waren. Notwendig gemacht hatte den Umzug der Braunkohle-Tagebau in der Region. Die Gemeinde Heuersdorf im Süden Leipzigs musste dem Revier weichen und umsiedeln. Ein trauriges Losmachen, hieß es doch, dass kein Hememachen mehr folgen würde. Theoretisch betraf das auch die Kirche. Praktisch verständigten sich die Heuersdorfer mit der Mitteldeutschen Braunkohlegesellschaft darauf, das Gotteshaus umzuziehen. Eine Woche dauerte der Umzug ins zwölf Kilometer entfernte Borna und kostete knappe drei Millionen Euro. Menschenmassen säumten die Strecke wie sonst nur bei der Tour de France. Einen so großen Bahnhof hatte die Kirche in den 750 Jahren ihrer Existenz vermutlich noch nicht erlebt. Ihre neue Anschrift lautet Martin-Luther-Platz, Borna.

Aus Heuersdorf wurde übrigens noch ein Gebäude wegbewegt und damit vor den Baggern bewahrt, eine 200 Jahre alte Fachwerkscheune. Sie hat jedoch nicht am Stück rübergemacht – nach Zwenkau –, sondern wurde in zerlegtem Zustand transportiert und wieder aufgebaut. Seit 2009 steht die Heuersdorfer Scheune auf dem Gelände des denkmalgeschützten Zwenkauer Sattelhofes, Sitz des Kulturvereins.

Bereits 2002 bewegten findige Ingenieure bei Chemnitz eine 140 Jahre alte Brücke so elegant, dass die sechsspurige Autobahn A4 drunter durchpasste. Das denkmalgeschützte Bahrebachmühlenviadukt erwies sich für gegenwärtige Verkehrsströme als zu schmal gebaut. Deshalb wurde die Fahrbahn der A4 tiefergelegt und drei Brückenpfeiler auf einen stabilen Betontisch gesetzt, um den der Verkehr seitdem einen Bogen macht. Achten Sie mal darauf, wenn Sie auf der A4 die Ausfahrten mit den Nummern 69 und 70 passieren!

104. GRUND

Weil sogar die echten Preußen Sachsen sind

Zu Berlins Sehenswürdigkeiten zählen Heinrich Zilles Milieustudien, die Spree, das Brandenburger Tor, der Reichstag. Typisch für die Hauptstadt ist, dass echt Berlin draufsteht und zugezogen drin ist. Oder: zugeflossen. Die echtesten aller Berliner sind Sachsen. Ohne sächsische Unterstützung wären die Aushängeschilder der Hauptstadt gar keine.

Die Spree entspringt in der Oberlausitz, kurz vor der Grenze Sachsens zu Tschechien. Warum der Fluss drei Quellen benötigt, um zu sprudeln, begründet die sorbische Sage vom Riesen Sprejnik. Zwischen Ebersbach, Neugersdorf und Eibau am Berg Kottmar trieb er drei Pfeile so tief in die Erde, dass Wasser daraus hervorschoss. Einer weiteren Überlieferung zufolge war ein Zwerg namens Gerbold derjenige, dem der große Wurf gelang. Dort wo er seinen Speer im Erdreich versenkte, sprudelte die Neugersdorfer Spreequelle. Egal wer ihr Urheber war, die Ströme vereinigten sich zu einem Fluss, der den Namen Spree erhielt und nach kurzem Aufenthalt in Sachsen durch Brandenburg gen Berlin plätscherte. Ebersbach und Neugersdorf bilden heutzutage eine Gemeinde. Passenderweise vereinigen sich ihre Spreequellen zügig.

Die Königshainer Berge erheben sich 40 Kilometer nordöstlich von Ebersbach-Neugersdorf und sind berühmt für ihren Granit, der die Landschaft je nach Lichteinfall bläulich schimmern lässt. So wie im Kinderlied von den blauen Bergen. Königshainer Granit wurde 150 Jahre lang in den Königshainer Bergen abgebaut und für witterungsresistente Trutzbauten verwendet. Berlins Reichstag nahm damit Gestalt an. Das Brandenburger Tor wurde mit Blöcken aus Elbsandstein gebaut und bot der Hauptstadt damit ein weiteres sächsisches Rückgrat. Sogar als 1995 das New Yorker Künstlerpaar Christo und Jeanne-Claude den Reichstag verhüllte, war Sachsen beteiligt. Eine Tauchaer Firma vernähte die Stoffbahnen, die als Verpackung zum Einsatz kamen.

Heinrich Zille, geboren in Radeburg nördlich von Dresden, kam als 14-Jähriger nach Berlin, ohne dass man über die Spree verschiffen musste. Die Familie emigrierte sogar sehr freiwillig Richtung Preußen, weil ihr in Sachsen ein kapitaler Trupp Gerichtsvollzieher im Nacken saß, um Vater Zilles Schulden einzutreiben. In Berlin angekommen, erwies sich die Sicherheit als trügerisch. Denn im Gegensatz zur Annahme, die Familie sei sicher, wurde Zille senior eben dort eingebuchtet. Mutter und Sohn lebten von Sozialhilfe. Vor 150 Jahren bedeutete das Armenspeisung. Berlin war damals bereits »arm, aber sexy«, um den Spruch vorwegzunehmen, mit dem Klaus

Wowereit, Regierender Bürgermeister von 2001 bis 2014, auf die Kacke haute. Heinrich Zille hielt es mit der weniger widersprüchlichen Beobachtung Berlins als arm und unsexy. So hat der begabte Maler die Stadt gezeichnet – und sein Publikum fasziniert. Berlin war Zilles »Miljöh«. Dass er Sachse war, hatte niemand mehr abgespeichert. Mit Bildern unproportionaler Menschen, die teilweise wenig bis gar nichts anhatten und in spelunkigen Berliner Eckkneipen abhingen, erlangte »Pinselheinrich« preußische Berühmtheit. Wetten, dass jeder echte Berliner den Satz: »Noch'n Schluck aus der Destille?« mit einem schlagfertigen »Sprach Heinrich Zille« vollendet? Wer mit »Klar, een Klaren« antwortet, ist genauso zugereist wie alle anderen.

Abgesehen von den Mogelpreußen haben auch die Bayern einen Promi in ihrer Mitte, der aus Sachsen rübergemacht hatte. Und das bereits 1576. Damals ließen die Sachsen die Gebeine des Meißner Bischofs Benno – des einzigen sächsischen Heiligen – nach München überführen. Weil Sachsen Reformationsland war, bekamen die Reliquien in der katholischen bayerischen Residenz eine neue Bleibe. 1580 wurde Benno zum Schutzheiligen Bayerns und zum Stadtpatron Münchens erklärt. Posthum eine steile Karriere.

105. GRUND

Weil Erich Kästner Sachse war

Sein Geburtshaus steht noch, es hat sogar eine Gedenktafel. An der Chronik einer heilen Familie schrieb er selbst mit. Zwischen Erich Kästner und seine Eltern, vor allem die Mutter, passte kein Blatt Papier. Als Familienmensch war er so gesehen ganz schön sächsisch. Vater, Mutter, Kind. Alle seine Kinderbücher warben für eine intakte Familie. Wenn es der Krieg nicht zuließ, dass Väter nach Hause kamen, wenn Eltern wenig Zeit für den Nachwuchs hatten oder Mutter und Vater getrennte Wege einschlugen, sorgte der Autor Kästner für ein gutes Ende oder zumindest für einen hoffnungsvollen Kompromiss. Das vertrug sich nicht unbedingt immer mit seiner Künstlervita, einerseits Spree-Bohème, später Schwabinger Intellektueller, andererseits wertekonservativer Sohn, als Vater noch wertekonservativer. Die Spannung hielt er mal aus, mal nicht. Dass der Dresdner Kästner angeblich unehelich gezeugt wurde und sein Vater gar nicht sein Vater war, durfte erst nach seinem Tod 1974 öffentlich gemacht werden. Bewiesen wurde es nie. Den Geschichtenschatz, den Erich Kästner hinterlassen hat, so viel ist bewiesen, schmälert das in seinem Wert nicht. Weil er auf seine Wurzeln verweist. Kästner hatte viel von Dresden.

Dresden blieb von ihm relativ wenig. Der berühmte Stadtsohn bekommt erst allmählich eine Lobby. Neu-Dresdner und Gäste reagieren 15 Jahre nach der Eröffnung des Erich-Kästner-Museums mit überraschtem Hälserecken, wenn die Stimme vom Band in der Straßenbahn den Stopp Albertplatz ansagt: »Nächste Haltestelle: Albertplatz. Erich-Kästner-Museum«. Ein erkennbarer Monumentalbau, ein fliegendes Klassenzimmer oder drei Männer im Schnee tauchen aber nirgends auf. Zwei wilhelminische Brunnen plätschern links und rechts der Haltestelle. In der Bahn wird spekuliert, was Kästner mit Dresden zu tun hatte. Oder mit Albert. Oder mit beiden. Die Antworten sind: Erich Kästner wurde 1899 in Dresden geboren, allerdings nicht am Albertplatz, sondern einige Hundert Meter nördlich, im Haus Königsbrücker Straße 66.

Viel Zeit verbrachte er als Junge auf dem nach König Albert von Sachsen benannten Platz damit, Straßenbahnen zu beobachten. Am Albertplatz saß das Fuhrunternehmen seines Onkels Franz Augustin. Dessen sanierte Villa duckt sich hinter Sträuchern und einer Mauer. Seit dem Jahr 2000 sitzt dort das Erich-Kästner-Museum, hinein kommt man von der Antonstraße. Initiiert hatte es ein Ire. Auf der Mauer lümmelt der kleine Erich in Bronze, lässt die Beine aber auf die Grundstücksseite baumeln. So verfolgt er noch immer, wie die Züge ihre Bahnen ziehen – und Autos um sie herum Haken schlagen. Der Albertplatz war und ist der Blutkreislauf der Dresdner Neustadt. Er pumpt den Verkehr von oben nach unten und von links nach rechts. Dort kreuzen sich fünf Straßenbahnlinien, die Bundesstraßen 6 und 97 führen in die Altstadt, zum Flughafen, zur Autobahn Richtung Prag oder hinauf auf den Weißen Hirsch, nach Loschwitz.

Der fließende Verkehr drängt Kästner ein wenig ab. Man muss zielgerichtet hingucken und das auch denjenigen sagen, die überm Stadtplan rätseln oder das Museum an der Stirnseite des Platzes suchen, zwischen dem bis 1998 von den Verkehrsbetrieben genutzten Hochhaus und dem Nudelturm, der bis 2007 ein ostalgisches Dresdner Restaurant beherbergte. Heute ist eine Bar drin. Der Platte zu Füßen steht wie ein mahnend erhobener Zeigefinger mit Finger-Hut das Erich-Kästner-Denkmal. 168 Zentimeter hoch ist es, so groß wie der Schriftsteller war. Größer gemacht haben ihn die Dresdner nicht. Der Finger entpuppt sich als Bücherstapel. Richtiger stünde das Denkmal an der gegenüberliegenden Ecke, wo die Königsbrücker Straße einmündet.

Noch ohne Autos, aber mit Straßenbahnen und reichlich Pferdefuhrwerken erlebte Erich Kästner das Dresden seiner Kindheit. Weil er die Liebeserklärung an seine Stadt erst formulierte, als er erwachsen und über Berlin nach München weitergezogen war, blieb Dresden lange Randerscheinung im Werk des Autors. Wie der Bronze-Erich auf der Mauer. Seine Kindheitserinnerungen *Als ich ein kleiner Junge war* erschienen 1957 in einem Hamburger Verlag. Im selben Jahr wurde Erich Kästner Vater eines Sohnes und verlor seinen Vater, die Rollen waren neu verteilt worden. Dresden spielt von da an nur noch eine geringe Rolle. Die Dresdner wagten sich erst zum 100. Geburtstag des Dichters 1999 aus der Deckung. Dafür haben sie keine Deadline: »Ich selber bin, was ich sonst auch wurde, eines immer geblieben: ein Kind der Königsbrücker Straße«, bestimmte Erich Kästner seine Heimatanschrift.

Davon gibt es tatsächlich sogar zwei in der Königsbrücker Straße: In der Nummer 66 wurde der kleine Junge geboren, in der 48 ist er aufgewachsen. Die Königsbrücker teilt heute den Szenekiez der Äußeren Neustadt und das Hechtviertel, in dem noch mehr gewohnt und weniger gefeiert wird. St. Pauli, die Kirche des Hechtviertels, ist seit dem Krieg eine Ruine geblieben und wird als Theaterspielstätte genutzt. Auf dem angrenzenden Friedhof sind die Gräber der Kästner-Eltern, Ida und Emil. Namen, die man auf den Spielplätzen der Umgebung wieder hören kann. Erich Kästner blieb Einzelkind. Noch ein paar Häuser weiter Richtung Albertplatz und Stadtzentrum, in der Königsbrücker Straße 38, befand sich das Friseurgeschäft von Mutter Kästner. Der Vater, gelernter Sattler, war in einer Dresdner Kofferfabrik angestellt. Der Sohn ging als 20-Jähriger weg aus Dresden, erst nach Leipzig, dann nach Berlin. Zwei Jahrzehnte haben der Stadt gereicht, ihm Wurzeln mitzugeben und seinen Sinn für Ästhetik zu entwickeln. Ähnlich intensiv gelang das weder dem umtriebigen Berlin noch dem mondänen München.

Kästner hielt sich im Sächsischsein zurück, der Dialekt war nicht sein Stilmittel. Aber er behielt das angenehme Wesen des Sachsen, eher leise und subtil als laut und poltrig. Er ging unter die Leute. Er schrieb Texte in Cafés und beobachtete die Welt um sich herum. Er war bodenständig und ein wenig beratungsresistent, wenn seine Meinung auf eine gegenteilige traf. Als im Nationalsozialismus seine Werke verbrannt wurden. Als man ihm die Emigration nahelegte, zumal er mit einem Bein schon in Tirol stand und nur noch einen Koffer in Berlin hatte. In seinem Buch *Notabene 45* begründet er, warum er zurückkam: »Ich bin ein Deutscher aus Dresden in Sachsen, mich lässt die Heimat nicht fort. Ich bin wie ein Baum, der, in Deutschland gewachsen, wenn's sein muss in Deutschland verdorrt.« Überschrieben ist der Text mit »notwendige Antworten auf überflüssige Fragen«.

So hält es auch das Erich-Kästner-Museum. Die Schau erzählt, was notwendig ist, um den Stadtsohn zu verstehen. Die Stationen seines Lebens sind wie Straßenbahnhaltestellen verpackt in 13 bewegliche Stelen, die sich zu einem Quader gruppieren lassen. Als Präsentationsform gut, inhaltlich mager, Kästner mobil, aber in Schubladen. Lange ist er fortgewesen. Geblieben ist das Pflaster seiner Kindheit und Dresdens Neustadt um eine Sehenswürdigkeit reicher. Wenn man sie denn mal bemerkt hat.

106. GRUND

Weil Audi eine sächsische Marke ist

In der bayerischen Zeitrechnung beginnt die Geschichte des hübschen Automobils mit den vier Ringen am Kühler 1949. Das deckt sich im Wesentlichen mit der gesamtdeutschen Zeitrechnung. Audi stammt aus Ingolstadt, seit die Ingenieure mitsamt der Produktion rübermachten. Aus Sachsen.

Mit dem Thema Wiedergeburt seines Automobils war Firmengründer August Horch (1868–1951) vertraut, er hatte bereits einmal das Rad neu erfinden müssen, 1910. Damals zwangen ihn allerdings nicht die politischen Umstände dazu, sondern sein eigenes Wirtschaften.

Die Person Horchs ist nicht wirklich ein Grund, Sachsen zu lieben. Zu egozentrisch. Der Ingenieur war zudem kein gebürtiger Sachse, sondern eingewanderter Pfälzer, der deshalb in Zwickau sesshaft wurde, weil die Sachsen an ihn glaubten. Horchs Firma, deren erste Adresse ein ehemaliger Stall in Köln-Ehrenfeld gewesen war, ging anno 1900 pleite. Seine Autos waren Luxusprodukte, ihre Produktion zu teuer. Das sahen die Sachsen genauso. Ihnen entging jedoch nicht, dass der damals 32-jährige Tüftler gute Fahrzeuge konstruierte und sein Unternehmen auch deshalb in den Ruin getrieben hatte, weil er unverhältnismäßig hohe Gehälter zahlte. Zeitgleich flossen zu wenige Einnahmen auf das Horch-Konto. Doch ein Unternehmer, der seine Mitarbeiter gut behandelte, gefiel den sächsischen Gesellschaftern. In den Folgejahren griffen sie ihm unter die Arme, um seine Horch-Aktiengesellschaft aufzubauen, erst am Standort Reichenbach im Vogtland, ab 1904 in Zwickau. August Horch ging dankbar darauf ein, denn seine Berufung zum Autobauer ging ihm über alles. Äußerst fraglich ist, ob er sich mit der Sanierung der Firma eingestand, dass er kaufmännisch nichts taugte. Vermutlich nicht.

Auf neue Füße gestellt, boomte die Horch AG. Die Fahrzeuge fanden ihr Publikum auch dadurch, dass sie öffentlichkeitswirksam bei den seinerzeit beliebten Autorennen eingesetzt wurden – und ihre Fahrer fast immer auf dem Siegertreppchen standen. August Horch selbst saß nie am Steuer, zeitlebens war er für seinen gewagten Fahrstil bekannt und räumte ihn sogar in seiner Autobiografie ein.

Den Erfolg als Konstrukteur vermasselte ihm 1909 der Aufsichtsrat der eigenen Firma, dem Horchs Egotrips gegen den Strich gingen. Zusammengefasst: Der Namensgeber der Horch AG musste seinen Hut nehmen. Weil ihm aber treue Mitarbeiter die Stange hielten, gelang Horch schon im Jahr darauf die Neugründung seiner Firma: Audi. Der Name ist die lateinische Übersetzung seines Familiennamens Horch. Dessen deutsche Version durfte das Konkurrenzunternehmen nicht mehr führen, das war August sogar gerichtlich verboten worden.

Schnell ging es aufwärts mit dem neuen Mittel- und Oberklasse-Audimobil. Der Erste Weltkrieg schickte das Unternehmen aber wieder auf Talfahrt. In den Goldenen Zwanzigern erholte es sich, in der Weltwirtschaftskrise kriselte Audi ein weiteres Mal. Die Unternehmerpersönlichkeit August Horchs zeichnete aus, dass sie durchhielt. Der harte Hund. 1929 gab Horch der Zusammenschluss der vier sächsischen Autohersteller neue Impulse: Audi, Horch, die Motorenwerke Zschopau (DKW) und die Wanderer-Werke Chemnitz wurden zur Auto-Union. Ihr Symbol sind die vier Ringe an den Audischnauzen.

Am 23. August 1932, mehr als zwei Jahrzehnte nach seinem Rauswurf bei der Horch AG, stand August Horch wieder in seinem ehemaligen Büro. Ein emotionaler Moment für den zu diesem Zeitpunkt 53-jährigen Konstrukteur. Vielleicht ahnte er da, dass technischer Sachverstand nicht alles war, denn fortan verlegte sich August aufs Netzwerken, trat als Dozent und Kfz-Gutachter in Erscheinung. Für das Deutsche Museum München konzipierte er die Abteilung historischer Fahrzeuge und begann damit, seine Autobiografie zu schreiben.

Der Zweite Weltkrieg bremste Audi noch einmal aus. Der anschließende Neuanfang geschah mit der Wiedergeburt der Auto-Union in Ingolstadt. Seinen ersten Audi hat August Horch 19 Jahre lang gefahren und den Wagen dann dem Deutschen Museum geschenkt. In Zwickau trägt das Automuseum August Horchs Namen, zeigt aber alles, was made in Zwickau war, vier Räder und einen Motor hatte. Bewirkt hat der Pfälzer Import Horch doch eine Menge. Auch ohne Audi bleibt Zwickau Autostadt, im Ortsteil Mosel laufen heutzutage Volkswagen vom Band. Zum Geltungsbedürfnis eines August Horch passt eher die Dresdner VW-Produktionsstätte Gläserne Manufaktur, auf deren Werkstattbühne das Modell Phaeton produziert wird. 150.000 Besucher pro Jahr schauen dabei zu.[8]

107. GRUND

Weil Karl mag's in Chemnitz

Chemnitz hat kein Imageproblem, sondern zwei. Dresden und Leipzig. Wenn Elbflorenz der stadtgewordenen Fabrik des Freistaats nicht den Rang abläuft, macht das die Messemetropole. Für die Millenniums-Ausgabe der einstigen industriellen Hauptschlagader Sachsens bleibt nur ein Bruchteil Aufmerksamkeit. Das ist unfair. Chemnitz verdient Rückendeckung, immerhin hat die Stadt über Jahrhunderte für Sachsen gebuckelt und fleißig das Geld erwirtschaftet, das in Leipzig gehandelt und vermehrt wurde und die Dresdner dann ausgaben. Ohne Chemnitz kein Sachsen. Auch Karl mag's, trug die Stadt doch 37 Jahre lang seinen Namen.

Betreten hatte Karl Marx das spätere Karl-Marx-Stadt nie. Die Ehrung erfolgte posthum. Die Platzierung auch. Der Standort seines Monuments am Rande des Stadtzentrums in der Brückenstraße ist kein Sahnestück, seinen Gesichtsausdruck verbucht man entsprechend auch nicht als erste Sahne. Bislang kam nur niemand auf die Idee, Karl Marx mittels Pop-Art oder Kunstkollektiv einen Neuanstrich zu geben, wenigstens auf Postern, die für die sehenswerten Chemnitzer Kunstsammlungen werben könnten. Karl würde sein Haupt gut zu Markte tragen, Ideologie hin oder her. Karl ist mehr als ein geduldeter Großkopf im Stadtbild. Der bronzene Marx wäre sonst kaum nach der Wende stehen geblieben. Die Einheimischen tauften das Standbild »Nischel«, was erzgebirgisch »Kopf« heißt und familiär wirkte.

An der Fassade in Marx' Rücken appelliert eine haushohe Bronzetafel an das Proletariat aller Länder, sich zu vereinigen. Die SED-Bezirksleitung hatte sich das *Kommunistische Manifest* einst viersprachig an ihr Domizil klatschen lassen. Keine Einheit, aber eine profitable Zweidrittelmehrheit der Bevölkerung stimmte 1990 dafür, Karl-Marx-Stadt wieder seinen ursprünglichen Namen zu geben, Chemnitz. Benannt nach dem Fluss, an dem es liegt. Die Chemnitzer fahren seitdem mit einem »C« auf dem Nummernschild Auto und damit besser als ihre Landsleute in der Landeshauptstadt, die auf ein Doppel-D ausweichen mussten, nachdem das Single-D bereits an Düsseldorf vergeben war. Den Bundesbürgern fehlte eben noch eine Großstadt mit »C«. Sie bekamen sie. Im Gegenzug bekamen die Chemnitzer kaum Bundesbürger. Die guckten sich Dresden und Leipzig an, brausten an Sachsens drittgrößter Stadt aber vorbei.

Die Liebenswürdigkeit der Chemnitzer drängt sich eben auch weitaus weniger auf als bei Dresdnern oder Leipzigern. Chemnitzer warten, bis sie gefragt werden. Tritt das ein, antworten sie freundlich und verweisen bescheiden darauf, dass in ihrer Stadt so manches anders ist als in – knirsch – Dresden oder Leipzig. Der ständige Vergleich wurmt sie. Unvoreingenommenheit kommt besser an. Dass überhaupt jemand ankommt. Und bleibt.

Nähert man sich der Chemnitzer Jugendherberge am Getreidemarkt von der Altstadt aus, gleicht das Gebäude einem Schiff, das den schneeweißen Bug hochreckt, fünf Etagen mit Bullaugen hoch. Flagge zeigt das Haus für die klassische Moderne, denn es ist ein rundum sanierter Altbau, auf Kurs gebracht vom städtischen Energieversorger und Deutschlands jüngster Herbergsmutti. Denise Mönnich ist Jahrgang 1982, stammt aus der Region und hatte das seltene Glück, einen Job vor der Haustür zu finden. Den macht sie gut. Sogar eine Hymne verschaffte sie dem Haus, interpretiert vom Dresdner Rany Dabbagh, einem Rapper mit sächsisch-syrischen Wurzeln. Den Namenszusatz eins trägt die Jugendherberge Chemnitz, weil sie der gleichnamige Energiedienstleister saniert hat. Nach Fußballstadions-Prinzip. In ihrem vorherigen Leben war die Herberge ein Umformwerk, das Strom für die Chemnitzer Straßenbahnen lieferte und sein endgültiges Aussehen 1928 bekam. Daraus wurde 2012 Sachsens modernste Jugendherberge, nachdem das Gebäude 20 Jahre lang leer gestanden hatte. Die Industriearchitektur ist keineswegs gewichen, zwölf Meter über den Köpfen der Gäste verläuft noch immer die Stahlschiene der Laufkatze.

Die Zahl historischer Bürgerhäuser ist in Chemnitz geringer, aber es gibt sie im Kaßbergviertel. Chemnitz hat ein Schloss, das mal ein Kloster war, und einen Stadtteil, der seinen Namen trägt: Schlosschemnitz. Und Chemnitz hat Siegmar, den Kiez mit dem kultigsten DDR-Clubkino. Siegmars 1970er-Jahre-Charme erliegen sie alle.

Schwieriger verhält es sich mit der Liebenswürdigkeit der Innenstadt. Davon hatte der Zweite Weltkrieg wenig übriggelassen, ehe die Regierung der DDR den heiteren Entschluss fasste, Chemnitz zur sozialistischen Musterstadt aus- und umzubauen.

Die Zeichen dieser Zeit stehen noch, sind aber nicht ausschließlich Zehngeschosser. Die Stadthalle, deren Saal wirkt wie mit einer betonierten Sammlung venezianischer Masken verkleidet, fällt ins Auge. Die Relikte des sozialistischen Nonplusultra Karl-Marx-Stadt bilden gemeinsam mit dem historischen Rathaus, dem alten Theater, 1930er-Jahre-Bauhaus-Fassaden sowie der Beton-Stahl-Glas-Architektur der 1990er ein Wagnis. Und eine Überraschung. Warum das Sanierungsprinzip durchkomponierte Altstadt nicht mal sabotieren und Parkhäuser aus Glas zwischen die Einkaufstempel setzen, die der City ein futuristisches Gesicht geben. Bei Ausbruch einer neuen Eiszeit müsste Chemnitz nur noch rasch verglaste Brücken zwischen die Bauten setzen, Rolltreppenröhren anbringen oder Tunnel graben, um das Herz der Stadt am Schlagen zu halten. Wobei Chemnitzer eher die Sorte unverfrorene Sachsen sind. In Chemnitz trainieren nicht umsonst die Weltmeister im Eiskunstlauf.

Die Frage, ob sich die Vielzahl der Galerien und Einkaufstempel lohnt, ist schnell beantwortet. Mit Ja. In Chemnitz schaufensterbummelt das gesamte umliegende Erzgebirge sowie die tschechischen Nachbarn. In Summe strebt die Region trotz demografischen Wandels auf eine Million Einwohner zu. Shopping-Muffel können aufatmen, zwei Namen großer Kaufhäuser am Ort haben heutzutage gar nichts mehr mit Konsum zu tun. Eines davon ist das 1913 erbaute Warenhaus Tietz, inzwischen heißt es DAStietz und wird genauso geschrieben. Die historische Fassade pflanzt sich in einem Neubau fort, das Konzept lautet Kulturkaufhaus und ist zwar weniger ambitioniert umgesetzt, aber bezieht Chemnitzer und Besucher gleichermaßen ein. Im neuen Tietz sitzen Stadtbibliothek, Volkshochschule, eine Galerie und das Naturkundemuseum.

Das zweite ehemalige Kaufhaus ist kein Experiment, sondern eine Sensation. Im Haus Schocken in der Brückenstraße ist seit 2014 das sächsische Staatliche Museum für Archäologie untergebracht. Die Sammlung übersiedelte von Dresden nach Chemnitz. Die Landeshauptstadt hatte kein geeignetes Gebäude, um die Vielzahl schöner Stücke luftig präsentieren zu können. Chemnitz schon. Und Chemnitz hatte Barbara Ludwig, seine Bürgermeisterin, die zuvor Sachsens Kulturministerin war und ihre Heimatstadt erstens ins Spiel brachte und zweitens dafür sorgte, dass sie im Spiel blieb. Ach ja, Chemnitz ist außerdem Sitz des Deutschen Spielemuseums.

Im Lichthof des Archäologiemuseums, der noch genauso aussieht wie zu Kaufhauszeiten, spielt eine Installation mit der freischwebenden Silhouette Sachsens, auf deren weiße Oberfläche Meilensteine der Landesgeschichte projiziert werden. Dresden und Leipzig hätten zumindest einen Punkt dorthin gesetzt, wo die Stadt liegt. Chemnitz punktet anders.

108. GRUND

Weil Joachim Ringelnatz Sachse war

Mit dem Dresdner Erich Kästner hat der Wurzener Hans Bötticher alias Joachim Ringelnatz manches gemeinsam. Beide waren Zeitgenossen, beide sind an Flüssen groß geworden. Der eine an der Dresdner Elbe, der andere an der Wurzener Mulde, später an der Leipziger Elster. Beide haben ihre Heimat verlassen, sie aber nie ganz abgeschrieben. Ringelnatz gab sich sächsischer als Kästner, Dialekt-Verse tauchten häufiger bei ihm auf als beim Dresdner, der seine Muttersprache höchstens dann bemühte, wenn er andere zurechtwies, die Pseudo-sächsisch faselten. Für Ringelnatz war der Dialekt ein Leuchtturm seiner Heimat und der glücklichen Kindheit dort. Er war schließlich derjenige, der zur See fuhr und mehr dafür tun musste, bei sich zu bleiben.

Wenn man Erich Kästner die feine Feder zuschreibt, hatte Joachim Ringelnatz die grobe. Seine Lyrik kommt hausbackener daher, und plumper in Reime gepresst wirkt sie auch. Seine Verniedlichungen nerven irgendwann, genauso die mutwillig falsch geschriebenen Worte. Sie gefährden die lebensklugen Aussagen, die der Autor tatsächlich gemacht hat.

Dass der Dichter ein Grund ist, Sachsen zu lieben, muss man sich auf der Zunge zergehen lassen. Das drängt sich nicht auf. Denn liebenswert geht anders. Hans Bötticher war ein ungezogenes, verhätscheltes Kind, das Nesthäkchen einer gut situierten Wurzener Familie. Beide Eltern, vor allem aber sein Vater, ließen ihm nahezu alles durchgehen oder waren zu weich und zu beschäftigt, sich mit dem heißspornigen Junior auseinanderzusetzen. Hans kann man als frühes Beispiel antiautoritärer Erziehung identifizieren, vorlaut, stur, dazu lange Haare und feine Kleidung. Sein Vater war Musterzeichner in einer Tapetenfabrik. Das klingt mickrig, war es aber nicht. Die Familie war so vermögend, dass sie einige Jahre nach Hans' Geburt ins nahe Leipzig zog, was deutlich mehr hermachte. War auch gewollt. Der Vater begann, literarische Kalender herauszugeben, und geriet so dem Sohn zum Vorbild. Und noch einen bewunderte Hans maßlos: Onkel Martin, den Bruder der Mutter, der als Kapitän eines Frachters auf den Weltmeeren kreuzte und dem kleinen Neffen mal ein Buddelschiff, mal einen Dolch mitbrachte. Das Schreiben und ein Leben auf hoher See sollten Hans' Biografie Kontur geben.

In den wenigen Kapiteln sächsischer Kindheitserinnerungen reihten sich Streiche und Gehässigkeiten aneinander. Die ältere Schwester verpetzte er, wo es nur ging. Trotzdem hielt sie ihm zeitlebens die Stange, verhalf dem Bruder zu kleinen Werbetextaufträgen in der Firma ihres Mannes und war schließlich auch diejenige, die 1934 im Namen der Familie an der Beerdigung des 51-jährig verstorbenen Ringelnatz in Berlin teilnahm.

Fans böser Satiren fällt es leichter, den Wilhelm Busch des Ostens liebeswert zu finden. Die können auch über die Episode lachen, in der sich der 13-Jährige während einer Südseeschau im Leipziger Zoo von einer Samoanerin ein Tattoo stechen ließ. Interkulturelles Lernen anno 1896. Die Schulleitung sah das anders und sprach einen Verweis aus. Zu diesem Zeitpunkt hatte er sich erstmals richtig gezeigt, der Joachim Ringelnatz in Hans Bötticher, der sich nicht ganz so destruktiv auswirkte wie Gollum auf Smeagol, aber dem Jungen doch ein anderes Gesicht aufsetzte. Ringelnatz' Sicht auf die Dinge und sächsischen Humor trennten Welten. Ringelnatz prägten die Jahre als Seemann und die Sehnsucht nach Berlin. Paradox genug, dass der Dichter und Zeichner mit dem subtilen Humor eines Preußen sächsisch sprach. Dazu passt, dass er in Berlin-Charlottenburg am Sachsenplatz wohnte.

Die Familienbande der Böttichers waren robust. Das ist etwas typisch Sächsisches. Obwohl der Sohn auf hoher See der Heimat entwuchs und sein erwachsenes Ich ins Zeichen des Seepferdchens – Ringelnatz – stellte, besann er sich immer auf seine Herkunft. Verhätschelt oder nicht, seine frühen Jahre hatten ihn selbstbewusst gemacht. Und umtriebig, reiselustig. Er konnte absolut sicher sein, jederzeit zu seiner Familie zurückkehren zu können. Die Böttichers haben ihrem Paradiesvogel Flügel gegeben und ihn wieder hochgepäppelt, wenn er in der Sackgasse steckte oder in Schulden. Kein Schiffbruch war zu gewaltigt, als dass ihn die heimatliche Werft nicht wieder hingebogen hätte. Das wusste er. Die Psychologie nennt das ein sicher gebundenes Kind. Das verbindet Ringelnatz und Erich Kästner aufs Neue.

Fazit: Sollten Sie planen, in Sachsen eine Familie zu gründen, ist das ein guter Grund, Wurzeln zu schlagen. In Wurzen oder woanders. Was nachwächst gelingt. Auch wenn es die Jugend ein bisschen bunt treibt. Oder geringelt.[9]

Weil Napoleon am Elstermühlgraben baden ging

Napoleon kapitulierte in Waterloo. ABBA machten daraus einen Welthit: »My my, at Waterloo Napoleon did surrender«. Formiert hatte sich der Widerstand gegen den Kaiser der Franzosen bereits zwei Jahre zuvor im Süden Leipzigs. Die Völkerschlacht im Oktober 1813 war die Ouvertüre von Waterloo. Das hat der Song unterschlagen. Deshalb sei es hier nachgeholt.

Napoleon wurde in Leipzig besiegt, musste fliehen und wählte die einzig verbliebene Brücke über den Elstermühlgraben. Weil die auch schon vermint war und seine Anordnung lautete, sie zeitnah zu sprengen, um den Feinden den Weg abzuschneiden, ging ein Teil der französischen Truppen unfreiwillig baden. Damit deutete sich bildhaft an, wie die Geschichte ausgeht.

An der Völkerschlacht beteiligt waren neben den Sachsen und den Franzosen die Österreicher, Preußen, Russen sowie einige Schweden. Dramatisch für den Schauplatz der florierenden, kulturvollen Messestadt Leipzig gestaltete sich, dass Sachsen mit Napoleon verbündet war. Hieß: Es stand auf der falschen Seite und musste dann auch noch alles opfern, seine Bevölkerung, seine Soldaten, sich selbst. Für Europa. Auf lange Sicht war die Völkerschlacht ein bedeutendes Ereignis. Damals bedeutete sie bedingungslosen Verzicht. 200 Jahre später erst hat die Stadt ihren Frieden mit der größten Zäsur ihrer Geschichte geschlossen.

Im Südosten der Stadt gibt es etliche Gedenksteine und kleine Museen, die an die Abläufe der Schlacht erinnern, Dölitz beispielsweise oder Propstheida. Beide Orte sind inzwischen nach Leipzig eingemeindet. 1813 lagen sie eben »bei Leipzig«. In Propstheida hatte Napoleon selbst die Truppen kommandiert, das Dorf lag an der wichtigsten Einfallsstraße in die Messestadt. Die behielt er besonders im Auge. Eine halbe Million Soldaten kämpften in der

Schlacht. Jeder fünfte starb. Nachdem Napoleon und seine Verfolger weitergezogen waren, sahen sich die Leipziger mit Zehntausenden Verwunderten konfrontiert. Der sächsische Pragmatismus blieb aber sogar in dieser Lage vorherrschend: Man arbeitete mit dem, was geblieben war. Überall entstanden Lazarette, das augenfälligste befand sich im Dach des Kirchenschiffs der Thomaskirche, das in einem ungewöhnlich spitzen Winkel zuläuft und deshalb hohen Raum bot.

Bis die Stadt architektonisch, wirtschaftlich und kulturell wieder zu sich fand, vergingen Jahrzehnte. Konsequenterweise standen die Leipziger dem 1913 errichteten Völkerschlachtdenkmal sehr ambivalent gegenüber, nicht zuletzt, weil diverse politische Systeme die Ausführung des Sandsteinzahnes als Abbild modernen Germanentums maßlos überinterpretierten. Zuletzt erklärte DDR-Staatschef Walter Ulbricht, das Mahnmal erinnere an die gute Zusammenarbeit mit den Russen auf sächsischem Boden, um den bösartigen Klassenfeind nach Hause zu schicken. Wir erinnern uns: Sachsen war zum damaligen Zeitpunkt Napoleons Partner. Doppelt peinlich für den gebürtigen Leipziger Ulbricht. Spätestens da hörte jeder Sachse weg, wenn es um das Denkmal ging. Es verfiel vor sich hin.

2013 bekam die verbrannte Erde des Schlachtfelds einen europäischen Friedensauftrag. Das Gedenken zum 200. Jahrestag der Völkerschlacht war nicht mehr rückwärtsgewandt, sondern zukunftsgerichtet. Dass die Sachsen endlich nach ihrer Meinung gefragt wurden, kam gut an. Einer der Ersten, die diesen Gedanken laut äußerten, war der Schriftsteller Erich Loest, der sich in seinem Buch *Völkerschlachtdenkmal*, einer Art sächsischer Familiensaga, bereits 1984 zum Seelenfenster seiner geschundenen Landsleute gemacht hatte. Umso tragischer, das Loest die Umsetzung des Friedensfests nicht mehr erlebte. Ein anderer, der die sächsische Identitätsfrage aufgriff, war Panoramenkünstler Yadegar Asisi. In Leipzig aufgewachsen, erhielt er den Auftrag, die Völkerschlacht in 360-Grad-Breitwandformat nachzuzeichnen. Er nahm die Arbeit persönlich. Das Lob dafür galt neben dem Bild der historischen Einbettung des Ereignisses in eine Ausstellung, die eine Verneigung des Künstlers vor seiner Stadt war. Asisi machte nicht das Schlachtfeld zum Scheitelpunkt des Bildes, sondern die Thomaskirche.

Auch der Elstermühlgraben wurde denkwürdig. An der Jahnallee, deren Straßenführung etwa mit der Route übereinstimmt, die Napoleon auf der Flucht über die alte Brücke ritt, erinnert eine Steinsäule mit der Skulptur einer brennender Kanonenkugel an die Völkerschlacht und die Brückensprengung, die Napoleons Herrschaft über Europa beendete. Das Wasser fließt heute in einem steinernen Bett. Zu DDR-Zeiten war der Kanal wie viele von Leipzig erstaunlich zahlreichen Wasserwegen überbaut worden. Jüngst holte man ihn abschnittsweise zurück ans Licht. Ein Grund zum Staunen. »Saxendi!«, wie der Bayer da sagt. Der historische Zusammenhang könnte nicht besser gewählt sein. Der Ausdruck hat nichts mit Sachsen zu tun, ist aber die 200-jährige eingedeutschte Antwort auf das französische »Sacré Dieu!« (Mein Gott!), das sicher mehr als ein Soldat Napoleons ausstieß, während er aus dem Elstermühlgraben ans Ufer watete.

110. GRUND

Weil in Sachsen Deutschlands Silicon Valley liegt

Dresdner beanspruchen die Koordinaten Silicon Saxonys am liebsten für sich. Unbestritten ist der Vergleich des Großraums Dresden mit dem kalifornischen Namens-Urheber Silicon Valley. Firmen und Forschungsinstitute im Bereich Mikroelektronik und Halbleiterfertigung ballen sich in Sachsens Landeshauptstadt. Seinen Ursprung hat das deutsche Silizium-Hoheitsgebiet indes in Meißen. Entsprechend der sächsischen politischen Landesgeschichte, die dort begann und sich dann einige Kilometer elbaufwärts nach Dresden verlagerte. Meißner Erde steckt voller Quarzsand, aus dem Rohsilizium gemacht wird, das in Solarzellen und Halbleitern weiterverarbeitet wird.

Schon Mikroelektronik aus der DDR war made in Dresden, und obwohl die Kombinate die Wende nicht überlebten, blieben die Sachsen, die blieben, ihrem Bekenntnis zur Innovation treu. Damit lockten sie Investoren und Förderer an die Elbe. Weil es dort schön war, immer schöner und lebenswerter wurde, zogen bald Arbeitskräfte von überallher nach. Die Landeshauptstadt wurde internationaler, wuchs und zog den Leipziger Nachbarn davon. Die Mittelsachsen hatten kein Erzgebirge vor der Tür, das wieder einmal elementaren Anteil am wirtschaftlichen Erfolg hatte. Leipzig als Messestadt verstand es aber, sich über die Jahrhunderte und damit auch nach der Friedlichen Revolution immer wieder neu zu erfinden. Das fiel dem aristokratischen Dresden schwerer. Spät ging den Residenzsachsen auf, dass ihrer Stadt das Argument, dass sie Dresden hieß, Dresden war und Dresden bleiben würde, auf Dauer nicht genügte. Als die ersten Fördertöpfe leer waren und der Chip-Absatz kurzzeitig auf Talfahrt geriet, trudelte Dresden mit. Der freie Fall blieb aber aus. Sobald die Turbulenzen vorbei waren und die Gefahr der Pleite abgewendet, machten die Sachsen einiges anders und vieles besser. Der Name Silicon Saxony wurde Programm und als Branchenverband gegründet, um den Think Tank aus Landeshauptstadt und Erzgebirge zu vermarkten. Innovativ sein und darüber reden, das hatten die Sachsen verinnerlicht. Prompt ging es aufwärts mit dem deutschen Silizium-Tal, und der Standort wuchs in die Breite.

Mittlerweile gehören Medizin-, Umwelt- und Nanotechnologie dazu, und IT steht ohnehin überall drauf und drüber. 50.000 Menschen in 2.000 Betrieben arbeiten im Silicon Saxony. Jeder zweite Chip, der weltweit in ein Mobiltelefon oder ein Fahrzeugsteuerungsmodul eingebaut wird, ist ein sächsisches Produkt. Plasmafernseher mit künstlich erzeugten Kristallen und organische Leuchtdioden sind Innovationen aus dem Freistaat. Photovoltaikanlagen in der ganzen Welt funktionieren mit erzgebirgischen Solarzellen, dort werden auch die Sensoren für die Haus- und Sicherheitstechnik international namhafter Museen, Botschaften und Regierungsbauten entwickelt. An der Alarmanlage zum Schutz der Mona Lisa im Pariser Louvre hatten zuerst Sachsen ihre Finger dran. Womit, denken Sie, sind die Kronjuwelen der britischen Queen in London gesichert? Nu, genau!

111. GRUND

Weil Dresden seine Gäste grüßt

Der Schriftzug ist fast so bekannt wie Frauenkirche, Zwinger und Co: »Dresden grüßt seine Gäste« steht seit 50 Jahren in großen Buchstaben auf dem Dach einer zehngeschossigen Platte an der Freiberger Straße. Downtown Dresden. Nachts ist der Satz sogar beleuchtet, die Worte erscheinen im Wechsel mit Neonblumen. Vom Schriftzug geleitet oder nicht, ein junger Mann aus dem nahen Radebeul hat daraus eine Mission gemacht und von Sachsen aus ein weltumspannendes Netz der Gastfreundschaft geknüpft: Hospitalityclub. Eine halbe Million Mitglieder sind seit dem Jahr 2000 registriert, 7.500 davon in Sachsen.

Es begann mit einem erhobenen Daumen. Veit Kühne war leidenschaftlicher Tramper und Globetrotter, typisch sächsisch eben, an der Elbe daheeme, in der Welt zu Hause. Dass einheimische Kontakte auf Reisen nicht nur weiterhelfen, sondern auch Vorurteile abbauen, empfand der angehende Betriebswirt als wichtiges Werkzeug im Umgang mit der Globalisierung. Im Sommer 2000 war das Internet noch jung, Facebook noch nicht geboren, somit schwang sich der damals 22-jährige Student auf, Sozialnetzwerker der ersten Stunde zu werden. Seine Vision: die Welt im Wohnzimmer. Ein Club ehrenamtlicher Gastgeber, die Besucher kostenlos beherbergen und als Gegenleistung auf Sofa-Schlafgelegenheiten von Argentinien bis Zypern bauen konnten. Viel Wert für wenig Geld.

Kühnes Hospitalityclub ist die Online-Ausgabe der 1949 gegründeten Organisation Servas. Die funktionierte genauso, als Verzeichnis offener Türen, mit interkultureller Verständigung im Austausch für ein Bett. Daran, die Mitglieder via Computer zu vernetzen, machte sich im Folgenden das polnische Projekt Hospex, das im Hospitalityclub aufging. Ein Problem war die Pflege der wachsenden Datenbank, die gleichzeitig nutzerplausibel und sicher sein musste, aber non-profit bleiben sollte. Zwei Jahre lang dokterten der Gründer aus Sachsen und sein internationales Team an einer Lösung. Dann lief die Seite rund und hatte 1.500 Mitglieder. Gastgeber wie Gäste registrierten sich mit ihrer E-Mail-Adresse und hinterlegten auf der Webseite ihr Profil, das seitens der Betreiber geprüft und freigeschalten wurde. Das war alles. Die Reise konnte entweder beginnen oder Dresden und der Rest der Welt seine Gäste grüßen. Ein halbes Dutzend Nachahmer hat der Hospitalityclub inzwischen weltweit. Die US-Seite Couchsurfing ist mit fünf Millionen Mitgliedern die erfolgreichste Plattform.

Auch der Spruch »Dresden grüßt seine Gäste« prangt nicht mehr solo über den Dächern der Altstadt, in Spuckweite ist das 2013 eröffnete Zwinger-Forum mit Hotel, Geschäften und dem Welcome Center von Stadt und Universität Dresden emporgewachsen. Auf seinem Dach sind ebenfalls Buchstaben montiert: »Ein Leben ohne Freude ist wie eine Reise ohne Gasthaus« steht dort, ein Zitat des griechischen Philosophen Demokrit. Ein Sofa ist irgendwo in der Stadt aber sicher auch noch frei!

Literaturhinweise

1 *Erich Ohser – e.o. plauen: Politische Karikaturen, Zeichnungen, Illustrationen und alle Bildgeschichten. – Vater und Sohn. Konstanz 2000.*

2 *Günter Leonhardt, »Wiedersehen mit Antarktika«. In: Schneeberger Heimatbüchlein Nr. 12, hg. vom Rat der Stadt Schneeberg, 1972, S. 7.*

3 *Johann Gottfried Seume: Spaziergang nach Syrakus im Jahre 1802.*

4 *Sämtliche wörtlichen Zitate sind dem Band »Robert und Clara Schumann. Briefe einer Liebe« entnommen, Ausgabe Athenäum Königsstein, 1982.*

5 *Petra Oelker: Nichts als eine Komödiantin: Die Lebensgeschichte der Friederike Caroline Neuber. Weinheim 1993.*

6 *Gorch Pieken & Cornelia Kruse: Preußisches Liebesglück: Eine deutsche Familie aus Afrika. Berlin 2007.*

7 *Michael Strauven: Jedermanns Lieblingsschurke: Gert Fröbe. Berlin 2012*

8 *August Horch: Ich baute Autos. Berlin 1937, S. 324*

9 *Helga Bemmann: Joachim Ringelnatz. Leben und Werk des Dichters, Malers und Artisten. Berlin 1996.*

TANJA KASISCHKE ist im Schwarzwald groß geworden, las begeistert die Kinderbücher Erich Kästners und übersiedelte zwei Jahrzehnte später als Beutesächsin in dessen Geburtsstadt Dresden. Sie hat Geschichte studiert und Sachsen nur deshalb wieder verlassen, um in Berlin ihren Doktor zu machen. Geschichte(n) schreibt sie auch als Kindermedienredakteurin und pendelt zwischen beiden Wahlheimaten.

Tanja Kasischke
111 GRÜNDE, SACHSEN ZU LIEBEN
Eine Liebeserklärung an das großartigste Bundesland der Welt

ISBN 978-3-86265-518-2
 | Cover Titelfoto: © ScorpionPL/depositphotos.de; Fotos links v.o.n.u.: © Batareykin/depositphotos.de; Fotos 2-6: © Tanja Kasischke; © Jule_Berlin/depositphotos.de | Aufmacherfotos: S. 11: © manfredxy/depositphotos.de; S.39: © Tanja Kasischke; S. 85: © robertmandel/depositphotos.de; S.107: pabkov/depositphotos.de; S.171: © Andreas Metz/depositphotos.de; S.193: © panama7/depositphotos.de | Fotos im Innenteil: S.11: © manfredxy/depositphotos.de; S.39 © Tanja Kasischke; S.85: © robertmandel/depositphotos.de; S.107: © pabkov/depositphotos.de; S.171: © Andreas Metz/depositphotos.de; S.193: © panama7/depositphotos.de

Schwarzkopf & Schwarzkopf Verlag GmbH
Kastanienallee 32, 10435 Berlin
Telefon: 030 – 44 33 63 00
Fax: 030 – 44 33 63 044

INTERNET | E-MAIL
www.schwarzkopf-schwarzkopf.de
info@schwarzkopf-schwarzkopf.de